333教育综合
冲刺必背
200题

洪志祥　主编

彭双惠　马春晖　副主编

电子工业出版社
Publishing House of Electronics Industry
北京·BEIJING

图书在版编目（CIP）数据

333 教育综合冲刺必背 200 题 / 洪志祥主编 . -- 北京：
电子工业出版社 , 2024. 11. -- ISBN 978-7-121-48973
-0

Ⅰ. G40-44

中国国家版本馆 CIP 数据核字第 20241H0Z51 号

责任编辑：黄益聪

印　　刷：三河市良远印务有限公司
装　　订：三河市良远印务有限公司
出版发行：电子工业出版社
　　　　　北京市海淀区万寿路 173 信箱　　邮编：100036
开　　本：787×1092　1/16　印张：15　字数：355 千字　插页：44
版　　次：2024 年 11 月第 1 版
印　　次：2024 年 11 月第 1 次印刷
定　　价：59.80 元

凡所购买电子工业出版社图书有缺损问题，请向购买书店调换。若书店售缺，请与
本社发行部联系，联系及邮购电话：（010）88254888，88258888。

质量投诉请发邮件至 zlts@phei.com.cn，盗版侵权举报请发邮件至 dbqq@phei.com.cn。

本书咨询联系方式：（010）68161512，meidipub@phei.com.cn。

前言

亲爱的同学们：

你们好！

纵使考研之路漫漫，也终将抵达彼岸。很开心你在此刻打开这本书继续你的教育硕士考研之旅，这说明你离最终的胜利又近了一步。

《333教育综合冲刺必背200题》（以下简称《必背200题》）是继《333教育综合超能笔记》《教育学考研核心速记口诀》之后，教育学洪哥超能图书系列的第三本书。本书以2025年《教育综合考试大纲》为依据，以"冲刺背诵＋答题技巧"为核心，力求帮助每位同学在最后的备考阶段做到学习有法、提升快速，是教育硕士考研冲刺复习的宝典。为了让同学们更好地使用本书，将本书的特色之处及使用指南总结如下。

（一）《必背200题》的特色之处

应新大纲，灵活备考。 本书根据最新考试大纲，将全书分为上篇（核心必背基础题）、下篇（技巧拓展拔高题）和附录A（客观题点睛）。上篇侧重对基础知识的再巩固，熟记此部分内容可应对选择题；下篇侧重对答题技巧的梳理，精准攻克论述题和材料分析题；附录A则整理了四门学科中有关"最"和"第一"的知识点，可快速攻克选择题。上篇、下篇和附录A都包含了中国教育史、外国教育史、教育心理学、教育学原理这四门学科的内容。

以题呈现，即背即答。 无论是上篇还是下篇，都以"题目＋答案"的形式呈现精选的内容，让同学们背完就可以完整答题。上篇为精选的各学科重点题目，下篇则在上篇的基础上进行了升华，有比较题、综述题、启示题、热点题、情境题、材料题六种题型，六种题型分六个部分呈现。

妙招提示，样样不少。 本书创造了"点点"和"滴滴"两个伴学小书童，帮助同学们速记和答题，同时，也见证着同学们考研的点点滴滴。**"点点小妙招"** 即记忆口诀或记忆方法，帮助同学们更快速地记住该知识点；**"滴滴小提示"** 即知识点的不同考查方式、不同类型题目的解题思路或解题技巧，帮助同学们掌握解题方法，以更好地适应考试的灵活性与开放性。

免费赠课，冲刺点睛。 为了帮助同学们厘清考试重点，掌握答题技巧，洪哥本人及团队将会为同学们提供免费的"冲刺点睛"课程。希望这本书带给同学们的不仅是知识的积累，更是对教育硕士考研之旅百分之百的坚定。

（二）《必背200题》的使用指南

上篇： 根据最新考试大纲，精选了四门学科中的重点内容来构成本书的核心必背基础题。对于上篇所包含的题目，并不要求同学们将其一字不落地全部背诵。那到底应如何背？要背到什么程度？在每道题目后面给同学们做出了提示，即**"要点背诵"** 或**"逐字背诵"**，同学们可以根据每道题目后面的提示进行背诵。

下篇： 根据最新考试大纲，整理了六种题型来构成本书的技巧拓展拔高题。对于下篇包含的**比较题、综述题、启示题、热点题、情境题、材料题**六种题型，其重点不在于背诵，而在于掌握答题的思路，真正学会分析问题、解决问题。同学们要注重学习和思考其中的解题方法。

附录 A： 根据最新考试大纲，归纳了四门学科中有关"最"和"第一"的知识点来构成本书的客观题点睛。对于附录 A 所包含的题目，同学们要注重抓住每道题的题眼，将"最""第一"与其对象对应起来，以便在考试中选出正确答案。

"点点小妙招"： 记忆口诀或记忆方法。为进一步减轻同学们的背诵难度，上篇中部分题目的答案下方会有点点小妙招，同学们可以利用其来快速记忆。

"滴滴小提示"： 知识点的不同考查方式、不同类型题目的解题思路或解题技巧。"滴滴小提示"既存在于上篇，也存在于下篇。同学们可以通过滴滴小提示明确某门学科的某个知识点有什么不同的考查方式，对于不同类型的题目可以有什么不同的解题思路。

《333 教育综合冲刺必背 200 题自测清单》（赠品）： 根据《必背 200 题》所整理的与其完全相匹配的一本自我检测清单。它以表格形式呈现，通过填空的方式来提醒各个题目的背诵重点。同学们可以通过自测清单检查自己对每个题目的背诵情况。

在考研复习的过程中，同学们一定要记住：背诵固然重要，但活用才是根本。本书作为教育硕士考研冲刺复习的宝典，希望帮助同学们在最后冲刺阶段稳固信心，继续努力向前。

你我皆是平凡之人，但只有你自己可以决定你的未来。不必焦虑，不必恐慌，既然选择了，就要全力以赴，相信最终会是你和理想院校之间的"双向奔赴"！

洪志祥

目录

上篇　核心必背基础题 ★

第一部分　中国教育史 ★

第二部分 外国教育史

第三部分 教育心理学

第四部分 教育学原理

下篇　技巧拓展拔高题 ★

第一部分　比较题

第二部分　综述题

第三部分　启示题

第四部分　热点题

第五部分　情境题 ★

第六部分　材料题 ★

附录 A　客观题点睛 ★

上篇

核心必背
基础题

第一部分 中国教育史 ★★

一、教育思想

题目1 **论述孔子的教育实践与教育思想** ·逐字背诵·

答： 孔子，名丘，字仲尼，春秋时期鲁国人，是中国古代伟大的思想家、教育家，儒家学派的创始人，也是私学的创始人之一。孔子是我国历史上**第一个**将毕生精力贡献给教育事业的人。

（1）教育实践：编订"六经"与创办私学

孔子编订"六经"，即《诗》《书》《礼》《易》《乐》《春秋》。他整理和保存了我国古代文化典籍，奠定了儒家教学内容的基础。他还开创了私人讲学之风，创办的私学在春秋时期是**规模最大、持续时间最长、影响最深远**的学校。

> 👤 **滴滴小提示**
>
> "六经"的具体内容易考选择题，需要掌握各经书的内容特征。
>
> **《诗》：** 中国最早的诗歌选集。诗分为"风、雅、颂"三种类型，"风"是民歌，记录社会风尚，是《诗》中最有价值的篇章；"雅"是宫廷诗歌，记录贵族生活和政治情况；"颂"是庙堂的诗歌，歌颂先祖的丰功伟绩。
>
> **《书》：** 又称《尚书》，是古代历史文献的汇编，目的是要人学习先王之道。
>
> **《礼》：** 又称《士礼》，传于后世称为《仪礼》，是基于周礼改良的一部士君子必须掌握的礼仪规范。
>
> **《乐》：** 各种美育形式的总称，与诗、歌、舞、曲密切结合在一起，以此陶冶情操，形成崇高品格。
>
> **《易》：** 又称《周易》，是一部卜筮之书。
>
> **《春秋》：** 一部历史教材，主要记录鲁、周历史。

（2）教育与社会的发展："庶、富、教"

"**庶**"指要有较多的劳动力；"**富**"指要使人民群众有丰足的物质生活；"**教**"指要使人民受到政治伦理教育，知道如何安分守己。只有在先"庶"、先"富"的基础上才能有效地进行教化，发展教育事业。经济的发展是教育发展的物质基础，孔子是我国**最早**论述教育与经济发展关系的教育家。

（3）教育与人的发展："性相近也，习相远也"

"**性**"指先天素质，"**习**"指后天习染。孔子**首次**论述了教育与人的关系。他认为人们的先天素质是很接近的，但是在成长中有了千差万别，这是后天"习染"的结果。该观点肯定了人不论等级贵贱，生来在天赋素质上平等，这就说明教育是一种特殊的环境，承认了教育的必要性和关键性。

（4）教育对象："有教无类"

"类"指"种类"，即贵贱、贫富、尊卑。"有教无类"的本意是：不分贵贱贫富与种族，人人都可以入学接受教育。孔子"有教无类"的提出是针对奴隶主阶级垄断学校教育而言的，**打破了"礼不下庶人"的等级制度，把受教育的对象扩大到平民，是历史性的进步。**

（5）教育目标："学而优则仕"

学习是通向做官的途径，培养官员是教育最主要的政治目的，而学习成绩优良是做官的重要条件。"学而优则仕"与"任人唯贤"的路线配合一致，**把读书和做官紧密联系在一起，**成为封建统治者维护统治和笼络人才的手段。

（6）教育内容："六艺"

孔子继承西周贵族"六艺"教育传统，并根据现实需要创设了新的学科，主要包括《诗》《书》《礼》《易》《乐》《春秋》等典籍的学习。孔子的私学以**"六艺"为教学科目**，主要的**六种教材是孔子编订的"六经"**，而孔子对弟子们普遍传授的主要教材是《诗》《书》《礼》《乐》。孔子的教学内容有三大特点，即偏重社会人事、偏重文事、轻视科技与生产劳动。

（7）教育方法

①**学、思、行结合：**学是求知的途径，也是求知的唯一手段。孔子强调要在学习的基础上深入思考，把学习和思考结合起来。在论述学与思的关系时，他说："学而不思则罔，思而不学则殆。"此外，孔子还强调学习知识要"学以致用"。

②**启发诱导：**孔子认为，学习知识和培养道德要建立在学生自觉需要的基础上，充分发挥学生的主动性、积极性，因此他提倡启发式教学。孔子是世界上最早提出启发式教学的教育家。

③**因材施教：**根据学生的个性特点和个别差异采取不同的教学方法，主要解决教学中的统一要求和个别差异的矛盾。孔子是我国历史上首倡因材施教的教育家。

④**好学与实事求是的态度：**孔子认为，教学需要师生双方配合协作，学生端正学习态度，这是教学成功的重要条件。

> **点点小妙招**
>
> 孔子的教育方法的记忆口诀：学导好求才。才：因材施教。

（8）论道德教育

①**道德教育内容。**"仁"和"礼"是孔子道德教育的主要内容。"仁"是最高道德准则，是成为君子的重要条件，"仁"的实行最重要的两项是"孝"和"忠"。"礼"是道德规范，凡符合"礼"的道德行为，都要以"仁"的精神为指导。

②**道德教育原则和方法。a. 立志：**指树立远大的志向，确定以仁道为个人志向和人生理

想。**b. 克己**：指约束和克制自己的言行，使之合乎礼、仁的规范。**c. 力行**：指在道德实践中，要言行相顾，言行一致，不要出现脱节，道德认识依靠道德实践的检验而证实。**d. 中庸**：指凡事不过分，以恰到好处为处事原则。**e. 内省**：就日常所做的事进行自我检查，看其是否合乎道德规范。**f. 改过**：孔子提出"过则勿惮改"，鼓励学生要勇于改正错误。

点点小妙招

孔子的道德教育的记忆口诀：立刻改变平庸的内力是道德仁礼。立：立志；刻：克己；改变：改过；平庸：中庸；内：内省；力：力行。

（9）教师观

①**学而不厌**：教师要尽自己的社会职责，应重视自身的学习修养，掌握广博的知识，具有高尚的品德，这是教人的前提条件。要保持一种"学如不及，犹恐失之"的积极精神状态，要求自己不断地进步。

②**温故知新**：教师既要了解掌握过去的政治历史知识，又要借鉴有益的历史经验认识当代的社会问题，知道解决问题的办法。

③**诲人不倦**：教育是高尚的事业，需要对学生、对社会有高度责任心的人来为其服务。教师以教为业，也以教为乐，要树立"诲人不倦"的精神。

④**以身作则**：教师对学生进行教育的方式，不仅有言教，还有身教。言教在说理，以提高道德认识。身教在示范，实际指导行为方法。

⑤**爱护学生**：孔子十分爱护关怀学生，表现在要学生努力进德修业，成为具有从政才能的君子，为实现天下有道的政治目标而共同奋斗。

⑥**教学相长**：本意并非教与学相互促进，而是指教的这一方以教为学，后引申为教与学相互促进。

点点小妙招

孔子的教师观的记忆口诀：学会以爱教温。会：诲人不倦。

滴滴小提示

"孔子的教育实践与教育思想"可作为整体考查，其中的小点如"教学方法""道德教育""教师观"等可单独考论述题。回答此类小角度的教育思想题，须先介绍教育家，再分点论述教育思想，最后进行简单的总结或评价。

如何快速记忆"孔子的教育实践与教育思想"呢？

建议同学们先记总维度，再记关键词，至于解释性的话不需要记得非常准确，能做到"言之有理"即可。虽然洪哥的要求是"逐字背诵"，但并不要求与原文一模一样。

总维度：教育实践、教育作用（个体作用与社会作用）、教育对象、教育目标、教育内容、教学方法、道德教育（德育内容与德育方法）、教师观。

关键词：无法随意修改或替换的特有名词均属于关键词。如"有教无类""学而优则仕"等。

题目2 论述孟子的教育思想 ◆逐字背诵

答：孟子，名轲，字子舆，是继孔子之后儒学的主要代表人物，被尊称为"亚圣"。以孟子为代表的"思孟学派"成为儒学派别中最有影响的学派，被后来的统治者视为儒学正统，与孔子文道一起合称为**"孔孟之道"**。

（1）人性论："性善论"

孟子认为人先天具有恻隐之心、**羞恶之心、恭敬之心、是非之心**，即**"仁、义、礼、智"四个"善端"**，而教育的过程就是"扩充"本性的过程。孟子从人性论上肯定了每个人发展的可能性。"性善论"说明人性是人类独有的、区别于动物的本质属性。

点点小妙招

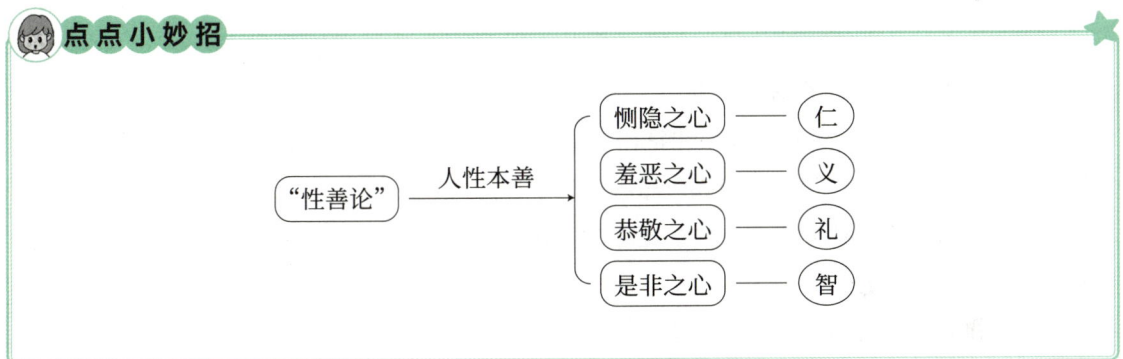

（2）教育的个体作用：扩充善性

"善"的社会习得依靠教育，教育的作用表现在两个方面：一是**"存心养性"**，把人的天赋的"善端"加以保持、培养、扩充、发展；二是**"求放心"**，乃是寻求失落、放任的心灵，启发人们恢复天赋的善良本性，把已经丧失的"善端"找回来，使人成为道德上的"完人"。

（3）教育的社会作用：行仁政、得民心

孟子继承和发展了孔子的"仁"和"德治"思想，提出了"仁政"学说，中心是"民本"思想，强调教育是"行仁政""得民心"的最有效手段。孟子认为教育的全部作用就是在于经过扩充人固有的善性而达到对国家的治理。

（4）教育目的："明人伦"

"人伦"就是五对关系：**"父子有亲，君臣有义，夫妇有别，长幼有序，朋友有信。"**"五伦"体现了中国古代社会的宗法关系，维护上下尊卑的社会秩序和道德观念，为人们所普遍接受。以伦理道德为基本教育内容，以"孝悌"为伦理道德基础的教育，是整个中国封建社会教育的重要特点。

（5）"大丈夫"的理想人格与修养学说

①**内涵。**"富贵不能淫，贫贱不能移，威武不能屈，此之谓大丈夫。"其一，"大丈夫"有高尚的气节，他们决不向权势低头，决不无原则地顺从。其二，"大丈夫"有崇高的精神境界——"浩然之气"。

②**培养途径。** a.**"持志养气"：**"持志"指坚持崇高的志向，"气"指精神状态。也就是一个人有了志向和追求，就会有好的精神状态。b.**"动心忍性"：**也就是意志锻炼，尤其是要在逆境中得到磨砺。c.**"存心养性"：**虽然人生来就有"仁、义、礼、智"四个"善端"，但善端要成为实在的善性善行要靠存养和扩充。d.**"反求诸己"：**也就是"厚于责己"，当你的行动未得到对方相应的回应时，就应当首先反躬自问，从自己身上找原因，对自己提出更高的要求，然后以身作则。

> **点点小妙招**
>
> "大丈夫"培养途径的记忆口诀：东村吃饭。东："动心忍性"；村："存心养性"；吃："持志养气"；饭："反求诸己"。

（6）教学思想（教学方法与原则）

①**"深造自得"：**指深入地学习和钻研，必须有自己的收获和见解，不轻信、不盲从。要求读书不拘于文字表层意思，而应通过思考去体会深层意蕴。

②**"盈科而进"：**强调学习和教学过程的循序渐进，要懂得教学是一个自然有序的过程，要把握正确的教学进程。

③**"教亦多术"：**强调对不同情形的学生采取不同的教法。

④**"专心致志"：**强调学习必须专心致志，不能三心二意。

> **点点小妙招**
>
> 孟子的教学思想的记忆口诀：找人交心。找："深造自得"；人："盈科而进"；交："教亦多术"；心："专心致志"。

题目3 论述荀子的教育思想 逐字背诵

答：荀子，名况，战国末期赵国人，是**先秦儒家最后一位大师**，也是先秦思想的集大成者。他曾在稷下学宫**"三为祭酒"**，成为学术首领。讲学则**"最为老师"**，是公认的最有德望的先生，并被齐国君主授予**"列大夫"**头衔。

（1）"性恶论"与教育作用

荀子认为人的本性是恶的，但是通过后天的教育可以变善。具体包括以下三个方面：

①**"性伪之分"。**荀子认为人与生俱来的本能是"性"，人的本性是恶的，因为人的本能中

不存在道德和理智，如听任本能而不加节制，必将产生暴力。

②**"性伪之合"**。仁义礼法都可以被任何人认识，任何人都可以习得善，通过"化性起伪"实现性伪之合。只有"性伪合"才能实现对人和对社会的改造。

③**教育作用："化性起伪"**。荀子认为人的成长是"化性起伪"的过程，教育具有"起伪"的作用，能帮助人们不断地积累礼仪、知识、道德等，使人的本性得到改变，从而化恶为善，在环境、教育和个体努力的共同作用之下成为君子甚至禹那样的高尚人物。

（2）教育目标："大儒"

荀子认为大儒是最理想的一类人才，他们不仅知识广博，而且能以已知推未知，自如地应对新事物、新问题，自如地治理好国家，所以教育应当以大儒作为理想目标。

> 🧑 **滴滴小提示** ⭐
>
> 荀子把当时的儒者划分为几个层次：俗儒、雅儒、大儒。
>
> 俗儒：徒有儒者的外表，但对"先王"之道，对《诗》《书》礼义中的仅会当作教条诵读而已，全然不知其用，而且人格低下，还会谄谀当权者。
>
> 雅儒：言行基本符合"礼"的规范，他们不侈谈"先王"，懂得取法"后王"。面对未知问题，他们能承认无知，不自欺欺人。
>
> 大儒：最理想的一类人才。

（3）教育内容：儒家经典

荀子以《诗》《书》《礼》《乐》《春秋》等儒家经典为教育内容，其中《礼》是学习的重点，也是荀子整个教育理论的核心。荀子重视以儒家经典为内容的文化知识的传授，且由于荀子的"传经"实践，先秦儒家经典得以保存。

（4）学习过程与方法：闻、见、知、行

"不闻不若闻之，闻之不若见之，见之不若知之，知之不若行之，学至于行之而止矣"，表达了学习过程中阶段与过程的统一。

①**闻、见**：既是学习的起点，也是学习的基础和知识的来源。

②**知**：学习并善于运用思维的功能去把握事物的本质和规律，就能自如应对事物的变化。

③**行**：指在实践中验证知识，是学习的最高阶段。荀子认为由闻、见、知而得的知识带有假设的性质，它最终是否切实可靠，唯有通过行方能得到验证。

（5）论教师

①**教师的地位和作用**：教师与天、地、君、亲具有同等地位，教师关系到国家之兴衰，法度之存亡。

②**师生关系："师云亦云"**。学生必须无条件地服从教师，就师而学。

③**对教师的要求**：a.有渊博的学问；b.要有尊严和威信；c.讲课有条理而不违师法；d.见解精深而表述合理。

题目4 论述墨子与墨家的教育思想 〔逐字背诵〕

答： 墨子，名翟，春秋末期战国初期宋国人。墨家的创始人。墨家是**第一个批判儒家的学派**，是**"农与工肆之人"**的代表，强调小生产者的利益。墨翟一生的活动主要是**"上说下教"**，具有一种舍命行道的献身精神。

（1）"素丝说"（"染丝说"）

墨子在论述教育个体功能时，以素丝和染丝为喻，来说明**环境和教育**对个体的重要作用。人性生来如同"素丝"那样，"染于苍则苍，染于黄则黄"。人性发展状况完全随着环境和教育的变化而变化，是后天环境习染和教育学习的结果。

（2）教育目标：培养"兼士"或"贤士"

"兼相爱，交相利"的社会理想决定了墨家的教育目标是培养实现这一理想的人，即"兼士"或"贤士"。成为"兼士"或"贤士"，必须具备三个条件——**"博乎道术，辩乎言谈，厚乎德行"**，即对知识技能的要求、思维论辩和道德品行的要求。

（3）教育内容：以科技知识和思维训练为特色

①**"厚乎德行"**的政治与道德教育。墨子认为，要通过"兼爱"，实现人与人之间的平等与和睦；通过"非攻"，去除"强凌弱、众暴寡"的非正义征战等。

②**"博乎道术"**的生产技能和科技知识教育。这包括生产和军事科学技术知识教育及自然科学知识教育，其目的在于帮助兼士获得"各从事其所能"的实际本领。墨家的自然科学知识教育有很高的造诣，涉及数学、光学、声学、力学以及心理学等许多方面。实用科学技术知识教育也有出色的成就，主要表现为器械制造。

③**"辩乎言谈"**的文史知识教育。墨子主张"非乐"，认为只须学好对实现"兼爱"有用的主张和本领，并多实践即可。这种主张有批判儒家"六艺"教育脱离生产劳动和社会实际的针对性，却表现出某种片面与狭隘性。

④**重视培养思维能力。**这包括认识和思想方法的教育、形式逻辑的教育。其目的在于训练和形成逻辑思维能力，善于与人论辩，以雄辩的逻辑力量去说服他人，推行自己的政治主张。

🧑 点点小妙招

墨子的教育内容的记忆口诀：思维由薄变厚。薄："博乎道术"；变："辩乎言谈"。

🧑 滴滴小提示

墨家的"三表法"

第一表，立论要依据历史的经验和知识。

第二表，立论要依据民众的经历，以广见闻。

第三表，必须在社会实践中检验思想与言论的正确与否。

"三表法"表现了尊重实践、尊重民众意愿的进步性。但是，"三表法"显然带有经验主义的特征，因为鬼神之类荒诞无稽的传闻也被它所证明了，这是其局限性。

（4）教育方法

①**主动说教**。墨子不赞成儒家"叩则鸣，不叩则不鸣"的被动施教的态度，主张"虽不叩必鸣者也"的"强说人"精神，即人们不来请教，教育者也应该主动上门去教。

②**创造（述作结合）**。墨子批评孔子"述而不作"的主张，"述"是对古代文化而言，"作"是对当代文化而言。意思是，古代优秀的东西应当传承下来，当今优秀的东西应当努力创作发明，这样一来优秀的东西就越来越多。这既反映了墨子对待传统文化遗产的正确态度，也体现了他重创造的教育方法论。

③**实践**。墨家的实践除道德和社会政治的之外，还有生产的、军事的和科技的实践。

④**量力**。墨子所言的量力要求具有两方面的含义：一是就学生的精力而言，不能同时进行几方面的学习；二是就学生的知识水平而言，应当量力而教。

👩 **点点小妙招** ⭐

墨子的教育方法的记忆口诀：主动创造实力。

题目5 **论述董仲舒的道德教育观** • 要点背诵

答： 董仲舒是研究《公羊春秋》的大家，汉景帝时曾为博士。他的著作很多，但流传下来的很少，其中以《春秋繁露》和保存在《汉书·董仲舒传》中的《对贤良策》影响最大。

（1）德育作用："立政之本"

董仲舒的社会政治思想虽然主张教化与刑罚并用，但强调以道德教化为本、为主，刑罚为末、为辅。他说："教，政之本也；狱，政之末也。"

（2）德育内容："三纲五常"

"三纲五常"是董仲舒伦理思想体系的核心，也是其道德教育的中心内容。"三纲"即"君为臣纲，父为子纲，夫为妻纲"；"五常"即仁、义、礼、智、信。

（3）德育原则和方法

①**确立重义轻利的人生理想**。董仲舒认为，个体行为的动机比行为的效果更具有道德价值。"正其谊（义）不谋其利，明其道不计其功"正是董仲舒对这一道德修养原则的总概括。

②**"以仁安人，以义正我"**。董仲舒要求人们从尊重他人的价值与权利出发，以"仁者爱人"的情怀去爱护、关心他人，宽以容众，"躬自厚而薄责于人"。

③**"必仁且智"**。董仲舒认为，在道德修养中必须做到"仁"与"智"的统一，强调道德修养中情感与认知的统一。

题目6 **论述王充的学习观** ●要点背诵

答： 王充是东汉杰出的唯物主义思想家和教育家。他著有《讥俗》《政务》《论衡》《养性》等书，但流传至今的只有《论衡》一书，其他都已失传。

（1）学知与闻见

王充坚持唯物主义立场，认为天地之间没有生而知之的人，学习是获得知识的唯一途径。"知物由学"可谓古代最有价值的认识论命题之一。

学习过程分为感性和理性两个阶段。"闻、见"是学习的感性认识阶段，指教学中首先依靠耳闻、目见、口问、手做，去直接接触客观事物，这是积累经验知识的一个基本手段。

（2）思考与求是

"思考"是学习的理性认识阶段，指教学不能停留在感性认识阶段，必须把感性认识加以深化提高。只有用理性的知识加以审查，才能获得对知识的正确认识。

王充认为，分辨知识真伪一个行之有效的方法是坚持"效验""有证"的原则，要使立论成立，不仅仅要有雄辩的推理，更要有事实的根据，有实践的检验。

（3）"问难"与"距师"

王充对当时儒者"好信师而师古，以为贤圣所言皆无非"的盲从、迷信学风进行了尖锐的批评。他强调治学一定要有"问难"精神。"问难"不同于一般的未经思考的提问，而是经过个人思考后，有自己的看法。"距师"即与老师保持距离，也就是不能完全附和老师，要有自己的思考和见解。

王充并没有彻底否定孔子等圣贤的教师观，而是提倡一种追求学术真谛的精神，也就是勤于思索、实事求是的态度。在当时师道尊严盛行的环境下，王充的思想具有反潮流意义。

题目7 **论述颜之推的儿童（家庭）教育思想** ●要点背诵

答： 颜之推写出了我国封建社会第一部系统完整的家庭教科书——《颜氏家训》，用以训诫其子孙，这部著作是后世家庭教育著作的蓝本。

①**早教原因：** 一方面，儿童心灵纯净，可塑性强，容易受教育和环境的影响；另一方面，儿童受外界干扰少，记忆力好，精神专注。

②**教育内容：** 语言教育、道德教育和立志教育。

③**原则与方法：** 当时儿童教育主要在家庭中进行，对儿童教育提出的原则与方法，即是家庭教育的原则与方法。

a. 及早施教： 幼儿教育及早进行，最好实行胎教。

b. 严慈相济： 儿童教育应做到威严和慈爱相结合，这样才能收到良好的教育效果。

c. 均爱原则： 在家庭教育中切忌偏宠，应以同样的爱护与教育标准来对待所有子女。

d. 重视语言教育： 语言教育要规范，重视通用语言，不强调方言。

e. 重视道德教育： 道德教育包括以孝悌为中心的人伦道德和立志教育两个方面。他认为对儿童进行道德教育应以"风化"的方式进行，即通过长辈的道德行为的示范，使儿童受到潜移默化的影响。

f. 重视体罚： 严格的教育才能使子女成器。

点点小妙招

颜之推儿童教育思想的原则与方法的记忆口诀：早教严慈通用语，均爱道德重体罚。通用语：重视语言教育。

滴滴小提示

颜之推的儿童教育思想总结自《颜氏家训》，考及"《颜氏家训》的教育思想"时同样作答即可。

题目8 论述韩愈的师道观 要点背诵

答： 韩愈，唐代著名文学家、教育家，代表作是**《韩昌黎集》《师说》**。韩愈的《师说》是中国古代**第一篇集中论述教师问题的文章**，文中详细论述了尊师的原因、教师的任务、择师的标准以及建立合理的师生关系等重要教育思想。

（1）尊师的原因

首先，教育过程是一个先觉传后觉，先知传后知的过程。**教师闻道在先**，在教学活动中起主导作用。其次，**天地君亲师**，尊敬师长就是效忠皇帝，指出尊师的深层原因。最后，提出用尊师来维护儒家的道统。

（2）教师的标准："道"

在坚持儒家传统的择师标准前提下，不管出身贵贱、地位高低、年龄大小，只要学有所成，合乎儒道，就符合做教师的条件。

（3）教师的任务和职责：传道、授业、解惑

所谓**传道**，指传承儒家仁义道德之道统，传承儒家"修身、齐家、治国、平天下"之道。所谓**授业**，指向学生讲解传授古文典籍、儒家经典和"六艺"等方面的知识技能，使学生掌握一定的古籍文献知识，具有一定的读写技能。所谓**解惑**，指教师在教学过程中解答学生在学习"道"与"业"的过程中提出的各种疑难问题，启发培养学生的"思"。

（4）民主平等的师生关系

师生关系是相对的，在一定条件下可以转化，相互为师。韩愈强调师生关系在"道"和"业"面前是一种平等的关系，这是对维护教师绝对权威的师道尊严思想的一种否定。

👤 **滴滴小提示**

韩愈的教育思想中考频最高的是师道观（教师观），此题只要求同学们记住维度与关键词，解释性的话能自圆其说即可。维度与关键词正确是答题的基本要求，若能恰当引用几句文言文作为观点佐证，更可起到"锦上添花"的作用。

题目9 论述"朱子（朱熹）读书法" ▸要点背诵

答：朱熹为南宋理学思想的集大成者，一生酷爱读书，对于如何读书有深切的体会，提出了许多精辟的见解，他的弟子将其概括为"朱子读书法"。

①**循序渐进：**第一，读书应该按一定的次序，不要颠倒；第二，应根据自己的实际情况和能力安排读书计划，并切实遵守；第三，读书要扎扎实实打好基础，不可囫囵吞枣，急于求成。

②**熟读精思：**读书既要熟读成诵，又要精于思考。读书中，无论是发现问题还是解决问题，都必须尽心思考。

③**虚心涵泳："**虚心"指读书时要虚怀若谷，精心思考，仔细体会书中的意思，不要先入为主，牵强附会；"涵泳"指读书时要反复咀嚼，细心玩味。

④**切己体察：**读书不能仅仅停留在书本上、口头上，而必须见之于自己的实际行动，要身体力行。

⑤**着紧用力：**第一，必须抓紧时间，发愤忘食，反对悠悠然；第二，必须抖擞精神，勇猛奋发，反对松松垮垮。

⑥**居敬持志：**最重要的读书法。"居敬"指读书时精神专一，注意力集中；"持志"指要树立远大的志向，高尚的目标，并要以顽强的毅力长期坚持。

👧 **点点小妙招**

记忆口诀：朱子进京游泳，体力不支。朱子："朱子读书法"；进：循序渐进；京：熟读精思；游泳：虚心涵泳；体：切己体察；力：着紧用力；支：居敬持志。

题目10 论述王守仁的儿童教育思想 ▸要点背诵

答：王守仁十分重视儿童教育，在《训蒙大意示教读刘伯颂等》一文中，比较集中地阐发了自己的儿童教育思想，主要有以下四点内容：

(1) 揭露和批判传统儿童教育不顾儿童的身心特点

王守仁指出当时的教育不顾儿童的身心特点，把他们当作小大人，这是传统儿童教育的致命弱点。他认为这种儿童教育的结果，往往与施教者的愿望相反。

（2）儿童教育必须顺应儿童的性情

一般来说，儿童的性情总是爱好嬉游，而厌恶拘束。因而，王守仁主张儿童教育必须顺应儿童的身心特点，使他们"趋向鼓舞""中心喜悦"。

（3）儿童教育的内容是"歌诗""习礼""读书"

在王守仁看来，对儿童进行"歌诗""习礼""读书"教育，是为了培养儿童的意志，调理他们的性情，让他们在德育、智育、体育和美育诸方面都得到发展。

（4）儿童教育的原则是"随人分限所及"，量力施教

王守仁认为儿童的精力、身体、智力等方面都处于不断发展中，教学必须考虑到儿童的实际接受能力。他把这种量力施教的思想，概括为"随人分限所及"。

题目 11 论述王夫之的教育思想 ◆要点背诵

答：王夫之是我国明清之际伟大的思想家和卓越的教育家，晚年隐居于石船山，后人称其为船山先生。

（1）教育作用

①**教育是治国之本**。王夫之认为治理国家不外乎政治和教育两大问题，其中教育最为根本。

②**教育对人的发展起重要作用**。王夫之认为，教育可以继善成性，使之为善；还可以改变青少年时期因"失教"而形成的"恶习"。

（2）教学思想

王夫之认为，教学是教师和学生共同活动的过程，教师在这个过程中居于主导地位。善教、乐施的教师，必有善学、乐受的学生。其教学思想主要有以下几点：

①**"因人而进"**。王夫之指出，学生之间存在着个别差异。教师要熟悉、了解学生，在实际教学活动中应该采用各种不同的方法。

②**"施之有序"**。王夫之认为，事和理都有序，人的能力也是逐步发展的，因而教学也应该按顺序进行。

③**学思"相资以为功"**。王夫之指出，人们获得知识的途径有两条，即学与思。他主张学习必须虚心，要尽量吸取前人的宝贵经验，以丰富自己的学识；同时还要敢于独立思考，充分发挥自己的聪明才智。

（3）道德观和道德修养论

王夫之的道德观具有两个显著特点。

①**他主张"天理"和"人欲"紧密相联，"天理"存在于"人欲"之中**。王夫之强调"天理"和"人欲"紧密联系，并不是赞成纵欲，而是主张依据"天理"适当满足人们的欲望，即所谓"节欲"。

②**他提倡不以"一人之私"而废"天下之公"**。王夫之认为，在君臣关系上，臣该不该忠君，不能一概而论，取决于君主是否为"天下之君"，能否为"天下所共奉"。尽管王夫之还没

有从根本上否定君为臣纲,然而他对传统的君臣之伦和忠君观念表示了异议,做出了自己的理解和分析,富有时代气息。

在道德修养方面,以下三点是重要的。

①**强调立志**。王夫之十分重视"志"在道德修养中的重要作用,甚至认为一个人的道德修养取决于立志是否远大坚定,圣人和普通人的不同之处,就在于圣人有远大而坚定的志向。

②**主张自得**。王夫之认为道德修养的关键在于学生的自觉。

③**重视力行**。王夫之指出,道德修养不能仅停留在知识阶段,还必须将道德知识变成实际行动。

(4)论教师

王夫之重视教师在教育过程中的主导作用,对于"教者之事",即为师之道,提出了明确的要求。概括起来,主要有以下几点:

①**"必恒其教事"**。王夫之认为,教师对待教育工作,应该像园丁精心培育花卉、农夫辛勤耕耘土地一样,要孜孜不倦,坚持不懈。

②**"明人者先自明"**。王夫之认为,教师只有具有渊博的知识,深刻领会了道理,才能胜任教育工作。

③要**"正言""正行""正教"**。王夫之强调,教师应该以身作则,为人师表,要以自己的模范行为,即"正言""正行""正教",教育和影响学生,以扶正世道人心。

题目 12 **论述颜元的教育实践与教育思想** ◆要点背诵

答:颜元是清初杰出的唯物主义思想家和教育家。他深刻批判传统教育,尤其是宋明理学教育,竭力提倡"实文、实行、实体、实用"的教育,创立了以**"实学"**为特征的教育理论体系。

(1)教育实践:漳南书院

漳南书院的办学目的是反对当时盛行的程朱理学,培养"实才实德之士"。颜元晚年主持漳南学院,将其分为六斋,各斋分别设计相应的课程,主张经世致用的实学教育,培养实用专门人才。

(2)培养目标:"实才实德之士"

所谓"实才实德之士",即品德高尚、有真才实学的经世致用人才。具体来说,一种是"上下精粗皆尽力求全"的通才;另一种是"终身止精一艺"的专门人才。

(3)教育内容:"实学"与"六斋"

在教育内容上,颜元针对理学教育的虚浮空疏,提出了"真学""实学"的主张,提倡以"六艺"为中心的"三事""六府""三物"教育内容。为了实践实学的教育,陈设六斋,实行"分斋教学",六斋即**文事斋、武备斋、经史斋、艺能斋、理学斋和帖括斋**。

👩 **点点小妙招**

"六斋"的记忆口诀:文武经理能删帖。

（4）教学方法："习行"

①强调在教学过程中要联系实际，坚持练习和躬行实践。他认为要获得真正有用的知识，必须通过自己亲身"习行"。

②反对传统的静坐和空谈理义。因为静坐读书、空谈心性脱离实际，不能解决实际问题，且终日坐在书房中，影响健康。

③颜元所强调的"习行"，并非排斥通过读和讲学习书本知识，而是主张读书、讲说与"习行"相结合，并且要在"习行"上下更多的功夫，花更大的精力。

④人获得知识的目的在于实用，因此"习行"是培养经世致用人才的主要途径和方法。

题目13 论述张之洞的"中体西用"思想及其历史作用与局限性 逐字背诵

答： 张之洞是清晚期洋务派的主要代表人物，他在《劝学篇》中全面阐述了"中学为体，西学为用"的教育观点。因其积极倡导改革传统教育和大力兴办新式教育，成为我国封建教育制度的掘墓人和近代教育制度的奠基人。

(1)《劝学篇》中对"中体西用"思想的系统阐述

张之洞在《劝学篇》中全面阐述了"中学为体，西学为用"的教育观点，试图为中国教育改革提供理论依据。《劝学篇》分内篇和外篇，"内篇务本，以正人心；外篇务通，以开风气"，通篇主旨归于"中学为体，西学为用"。

①**"中学"与"西学"的内涵。"中学"** 也称"旧学"，"四书五经，中国史事、政书、地图为旧学"，"中学"各个方面都要通其大概，但最注重的是纲常名教；**"西学"** 也称"新学"，"西政、西艺、西史为新学"，西政指西方文教政策、工商财政等，西艺指近代西方科技。

②**"中学"与"西学"的关系。一方面，"旧学为体，新学为用，不使偏废"**，即以中国的纲常名教作为决定国家社会命运的根本，但是采用西方资本主义国家的近代科学技术来促进中国社会的发展，中学和西学二者都要学，不可偏废。**另一方面，"中学治身心，西学应世事"**，即以中国的传统学问修养身心，以西方的科学技术应对时事。

(2)"中体西用"思想的历史作用与局限性

①**历史作用。** a.启动了中国近代教育改革的步伐，催发新式教育产生，兴办新式学堂，教育内容增加了自然科学知识，开展留美教育等，打破了儒学一统天下的传统教育格局。b.引进西方近代科学、课程及制度，对清末教育改革既有思想层面的启发，又有实践层面的推动。c.极大地冲击了传统教育的价值观，为新式教育进一步推广扫清了障碍。

②**局限性。** a.由于"中体西用"的根本目的是维护封建统治，它使新式教育一直受到"忠君""尊孔"的封建教条的束缚，阻碍了新式教育的发展进程，尤其是阻碍了维新思想的广泛传播，不利于近代刚开始的思想启蒙运动。b."中体西用"作为中西文化接触后的初期结合方式，有其历史的合理性，但它在没有克服中西文化之间固有矛盾的情况下直接嫁接，必然会引起二者间的排异性反应。

滴滴小提示

张之洞的"中体西用"思想重在理解，切勿死记硬背。其中"中学"与"西学"的内涵需要记忆准确，"中学"与"西学"的关系、"中体西用"思想的历史作用与局限性做到言之有理即可。

题目14 论述梁启超的教育思想 要点背诵

答：梁启超与康有为一样，都持"教育救国论"的观点，在百日维新期间倡行新法新政，代表作有《变法通议》《湖南时务学堂学约》。

（1）教育作用

①**"开民智"：**"一分智一分权，三分智三分权"，要求改变愚民现实，培养新思想、新精神、新品格。

②**"伸民权"：**真正实现人人平等，建立民主自由的资产阶级社会。梁启超认为只有造就出"新民"，才能拯救国家的危亡，振兴中华民族。

（2）教育宗旨（目的）

梁启超提出教育要培养"特色之国民"（"新民"）。"新民"的标准是：具有新思想、新精神、新品格和适应资本主义社会生活的知识技能。

（3）教育改革主张

①**改革儿童教育：**梁启超主张为儿童办新式学校，学校的教育内容应该丰富多彩，要合乎儿童年龄特征；要改进教学方法，适应儿童的年龄特点，由浅入深，循序渐进。

②**变科举，兴学校：**这实际上是废科举、兴学校的方案，通过学校取士，保留科举制的各级科名，科举实体不复存在。

③**师范学校，群学之基：**1896年，梁启超于《时务报》上发表《变法通议·论师范》，在中国近代教育史上**首次**专文论述师范教育问题。他主张参考日本，专门设置师范学堂，培养维新的新教师。

④**倡导女子教育：**梁启超从主张男女平权的思想出发，要求仿照西方各国，创办女学。他参与了**第一所女学——经正女学**的创办，认为凡男子可学的，女子都可以学。

点点小妙招

梁启超教育改革主张的记忆口诀：儿科失效，导女教。儿：改革儿童教育；科：变科举，兴学校；失效：师范学校，群学之基；导女教：倡导女子教育。

（4）论西方教育

①**论学校教育制度：**梁启超根据当时西方心理学中的年龄与身心发展的关系的研究成果，将受教育者划分为5岁以下、6~13岁、14~21岁、22~25岁四个年龄阶段，分别介绍了各个年

龄阶段的学生在身体、知、情、意、自观力等方面的发展情况和基本特征，然后根据学生身心发展的阶段性特征来确定学制的不同阶段和年限。

②**论教育经费**：梁启超建议清政府采取以下办法来筹措经费，推行普及教育。a. 小学教育经费由公产所入支办；b. 学校所在的各级区域都应设立教育会议所，由本区域居民选举出若干人作为教育议员；c. 学校税为法定收税项目，如有违抗不肯交纳者，依法完取。

题目15 论述严复的"三育论" 要点背诵

答：严复针对中国所面临的愚、贫、弱三方面问题，提出"鼓民力""开民智""新民德"的"三育论"。

①**"鼓民力"**：民力即体育。"鼓民力"就是要使国民有健康的身体。他认为要使国家富强，必须以国民的身体健康为基础。

②**"开民智"**：民智即智育。"开民智"就是要改变以八股取士为核心的旧教育，学习西学，使国民具有实际的知识和从事实业的本领。

③**"新民德"**：民德即德育。"新民德"其实质是以民主自由平等的道德观念代替传统的以"三纲五常"为核心的伦理道德，进行道德更新和重建，全面提高国民的道德水准。

点点小妙招

记忆口诀：鼓励开心。鼓励："鼓民力"；开："开民智"；心："新民德"。

题目16 论述蔡元培的教育实践与教育思想 逐字背诵

答：蔡元培是中国近代著名的资产阶级革命家和民主主义教育家，1917年任北京大学校长后，以自由、民主的原则改革北大，为中国高等教育开辟了一片新天地，被毛泽东誉为**"学界泰斗，人世楷模"**。

(1)"五育"并举的教育方针

①**军国民教育**：即军事教育和体育。除了军事训练，蔡元培也十分重视体育锻炼。

②**实利主义教育**：包括各种文化科学知识的学习。蔡元培把实利主义教育当作富国的手段。

③**公民道德教育**：蔡元培认为，在"五育"之中，公民道德教育是核心。至于公民道德教育的具体内容，用蔡元培的话说即资产阶级的自由、平等、博爱思想。

④**世界观教育**：培养人超乎现世之观念，蔡元培认为，只有站在超越现象世界之高度，才能判定现象世界的价值，才能处理现象世界的问题。

⑤**美感教育**：美育是引导人由现象世界至实体世界的桥梁。蔡元培大力提倡美育，这是蔡元培教育思想与实践的重要特点。美育是作为宗教对立物提出的，所以他又提出"以美育代宗教"的口号。

（2）改革北京大学的教育实践

①抱定宗旨，改变校风： 大学应该是"研究高深学问之地"。a. 改变学生的观念。蔡元培对学生提出三点要求：一是抱定宗旨；二是砥砺德行；三是敬爱师长。b. 整顿教师队伍，延聘积学热心的教员。在教师聘任上采取"学诣"第一的原则。c. 发展研究所，广积图书，引导师生的研究兴趣。大学不仅要传授知识，还要创新知识，推动学术的进步。d. 砥砺德行，培养正当兴趣。在师生中提倡道德修养，同时成立了各种学会，培养学生正当的兴趣。

②贯彻"思想自由，兼容并包"的办学原则。 a. 蔡元培明确声明，在学术上循"思想自由"原则，取"兼容并包主义"，各种学问都可以在大学里被自由地研究和讲授，这样大学才能对学术的发展起促进作用。b. 蔡元培以"学诣"为主，罗致各类学术人才，使北大教师队伍一时出现流派纷呈的局面。

③教授治校，民主管理。 蔡元培在《大学令》中确立了教授治校、民主管理的大学校务管理原则，其目的是把推动学校发展的责任交给教授，让真正懂得学术的人来管理学校。

④学科与教学体制改革。 a. 扩充文理，改变"轻学而重术"的思想。蔡元培认为，大学要偏重纯粹学理研究的文、理两科。在这一思想指导下，他将北京大学工科停办，商科改为商业学，并入法科；同时扩充文、理两科的专业门类，加强两科的建设。b. 沟通文理，废科设系。蔡元培认为，传统文、理分科的做法不适应近代科学相互联系、相互渗透的发展趋势。为了避免文、理两科学生相互隔绝，互不沟通，蔡元培采取了"沟通文理，废科设系"的措施。c. 改年级制为选科制。改年级制为选科制体现了蔡元培"尚自然""展个性"的教育思想，同时也是落实"沟通文理"思想的一个具体措施，为文、理两科学生相互选修课程提供了方便。

（3）教育独立思想

1922年，蔡元培在《新教育》上发表了《教育独立议》一文。教育独立的基本要求可大致归结为以下四点：

①教育经费独立： 政府指定固定的款项，专作教育经费，不能移作他用，并建立独立的教育会计制度等。

②教育行政独立： 设立专管教育的行政机构，不附设于政府部门，由懂教育的专业人士主持。教育总长不得因政局的变动而频繁变动。

③教育学术和内容独立： 教育方针应保持稳定，不受政治的干扰。能自由编辑、出版、选用教科书。

④教育脱离宗教而独立。

题目 17 论述杨贤江的青年教育思想 要点背诵

答： 杨贤江是中国**最早**的马克思主义教育理论家和青年教育家，为马克思主义理论在中国的传播和创立中国无产阶级教育理论体系做出了重要贡献，代表作有**《新教育大纲》**等。

(1)"全人生指导"与青年教育

"全人生指导"就是对青年进行全面关心、教育和引导，不仅要关心他们的文化知识学习，同时对他们生活中各种实际问题给以正确的指点和疏导，使之在德、智、体诸方面都得以健康成长，成为一个"完成的人"，以适社会改进之所用。

（2）青年教育的原因

杨贤江认为，青年期是人的身心发生显著而重要变化的时期，或向上，或堕落，人生很大程度上取决于此。因此，青年教育显得尤为必要和重要。

（3）青年教育的内容

①指导青年树立正确的人生观并引导他们走上革命的道路，是杨贤江青年教育思想的核心。

②主张青年要干预政治，投身革命。

③青年必须学习，这是青年的权利和义务。

④青年生活指导：健康生活、劳动生活、公民生活和文化生活等。其宗旨是要有强健的体魄和精神，要有工作的知识和技能，要有服务人群的理想和才干，要有丰富的风尚和习惯。

题目18 论述黄炎培的职业教育思想及实践 ·逐字背诵

答： 黄炎培是中国近现代著名的爱国主义者和民主主义教育家，是我国近代职业教育的创始人和理论家，被誉为我国的**"职业教育之父"**，是我国职业教育现代化的重要奠基人。

（1）职业教育的探索——中华职业教育社

1917年，黄炎培先生联合蔡元培、梁启超等48位教育界、实业界知名人士在上海创立中华职业教育社，中华职业教育社成立后发表的**《中华职业教育社宣言书》**标志着以黄炎培为代表的职业教育思潮的形成。

（2）职业教育的地位

①**一贯的：** 指应建立起从初级到高级的职业教育系统，并贯彻于全部教育过程和全部职业生涯。

②**整个的：** 指不仅在学校教育体系中应有一个独立的职业教育系统，而且其他各级各类的教育也要与职业教育相互沟通；不仅普通教育要适应职业需要，而且职业教育也要防止偏执实用的片面。

③**正统的：** 指应破除以为升学做准备的普通教育为正统，而以为就业做准备的职业教育为偏系的传统观念，职业教育的地位应与普通教育等量齐观。

点点小妙招

黄炎培职业教育的地位的记忆口诀：一个桶。桶：正统的。

（3）职业教育的目的："使无业者有业，使有业者乐业"

①所谓**"使无业者有业"**，指通过职业教育为资本主义工商业发展造就适用人才，同时解决社会失业问题，使人才不至浪费，使生计得以保障。

②所谓**"使有业者乐业"**，指通过职业教育形成人的道德智能，使之胜任所职、热爱所职，进而能有所创造发明，造福于社会人类。

（4）职业教育的作用

①**理论价值**："谋个性之发展""为个人谋生之准备""为个人服务社会之准备""为国家及世界增进生产力之准备"。

②**社会作用**：有助于解决中国最大、最重要、最困难、最急需解决的人民生计问题，消除贫困并使国家每一个公民享受到基本的自由权利。

（5）职业教育的办学方针：社会化、科学化

①**社会化**：职业教育较之普通教育与社会生产和生活联系更紧密，更多地受制于社会发展，所以职业教育须适应社会需要。职业教育的社会化包括：办学宗旨的社会化、培养目标的社会化、办学组织的社会化、办学方式的社会化。

②**科学化**：用科学来解决职业教育问题。物质方面的工作和人事方面的工作均须遵循科学原则。

（6）职业教育的教学原则

"手脑并用""做学合一""理论与实际并行""知识与技能并重"是开展职业教育教学工作必须坚持的原则。

（7）职业道德教育：敬业乐群

①**敬业**：热爱所业、尽职所业，有为所从事职业和全社会做出贡献的追求。

②**乐群**：有高尚情操和群体合作精神。

题目 19 论述晏阳初的"四大教育"与"三大方式" ●逐字背诵

答： 晏阳初认为，中国的平民普遍都具有**"愚、穷、弱、私"**这四大问题。针对这四大问题，晏阳初提出在农村推行"四大教育"与"三大方式"。

（1）"四大教育"

①**以文艺教育攻愚，培养知识力**。文艺教育包括文学和艺术教育，要解决愚的问题，具体做法是"从文字及艺术教育着手，使人民认识基本文字，得到求知识的工具，以为接受一切建设事务的准备"。

②**以生计教育攻穷，培养生产力**。生计教育是指普及科学知识，改善农民的生计组织，以提高其生活水平。它从农业生产、农村经济、农村工业各方面着手，以达到农村建设的目标。

③**以卫生教育攻弱，培养强健力**。注重大众卫生和健康，及科学医药的设施，使农民在他们现有的经济状况下，能得到科学治疗的机会，以保证他们最低程度的健康。

④**以公民教育攻私，培养团结力**。公民教育在"四大教育"中占有特别重要的地位，公民教育就是施以公民道德的训练，使每一个公民，都了解个人与社会的关系，以发扬他们公共心的观念。

> 👧 **点点小妙招**
>
> "四大教育"的记忆口诀：愚穷弱私，滋生见解。滋：知识力；生：生产力；见：强健力；解：团结力。

（2）"三大方式"：平民教育的途径

①**学校式教育**：采用平民学校的形式办教育，具体有"初级平民学校""高级平民学校"。学校式教育是"四大教育"的总枢纽。

②**社会式教育**：由平民学校毕业生从各个方面发挥示范作用，积极引导和帮助全村农民按照计划接受"四大教育"。

③**家庭式教育**：中国的特殊教育方式。它主要是"联合各个家庭中地位相同的分子施以相当的训练"，使在家庭中的男女老少都能得到相当的教育。

题目20 论述梁漱溟的乡村建设与乡村教育理论 ·逐字背诵

答：梁漱溟是我国现代史上著名的教育家、思想家，乡村教育运动的代表人物之一，也是20世纪30年代乡村建设运动的倡导者和实践者，代表作有《乡村建设理论》《中国文化要义》。

（1）乡村建设与乡村教育理论

①**中国问题的症结**：文化失调，西方的入侵使中国文化秩序坏乱不堪。

②**如何解决中国的问题**：乡村建设。梁漱溟认为，首先，中国社会是乡村社会；其次，中国传统文化的根在乡村，道德和理性的根在乡村；最后，中国社会已被破坏得不堪收拾，乡村经济尤其陷于破产，中国如要从头建设，必须一点一滴地从乡村建设起。

③**乡村建设与乡村教育的关系**：乡村建设与乡村教育是一个问题的两个方面，乡村建设应以乡村教育为办法，而乡村教育须以乡村建设为目标，"建设、教育二者不能分开"。

（2）乡村教育的实施

①**乡农学校的设立**。1933年，山东省政府将邹平、菏泽划为县政建设实验区。实验区里，整个行政系统与各级教育机构合一，希望以教育的力量代替行政的力量，开办乡农学校。

②**乡农学校的组织原则**。a."政教养卫合一""以教统政"，即乡农学校是教育机构和行政机构的合一。b.学校式教育与社会式教育"融合归一"，在乡农学校中成立儿童部、成人部、妇女部和高级部。

③**乡农学校的教育内容**。a.总要求：所有教育内容强调服务于乡村建设，密切适合农村生产生活的需要。b.课程分两大类：一类是各校共有的课程，包括识字、唱歌等普通课程和"精

神讲话"，尤重后者；另一类是各校根据自身生活环境需要而设置的课程，如产棉地区学习植棉技术。

题目21 **论述陈鹤琴的"活教育"思想** •逐字背诵

答： 陈鹤琴是中国近代学前儿童教育理论和实践的开创者。1919年，他创办了**中国第一所实验幼稚园——鼓楼幼稚园**，进行中国化、科学化的幼儿园实验。1941年，他创办**《活教育》**杂志，标志着"活教育"理论的形成和"活教育"运动的开始。

(1) 目的论："做人，做中国人，做现代中国人"

"做人"是"活教育"最为一般意义的目的，"做中国人"体现了"活教育"目的的民族特征，而陈鹤琴进一步提出"做现代中国人"，则使"活教育"目的进而体现时代精神，因此更为具体。针对中华民族所面对的严峻使命，反思中华民族的优点与缺陷，陈鹤琴赋予"现代中国人"五方面要求：a. 要有健全的身体；b. 要有建设的能力；c. 要有创造的能力；d. 要能够合作；e. 要服务。

> 👧 **点点小妙招**
>
> "现代中国人"的记忆口诀：全社造和服。全：健全；社：建设；造：创造；和：合作；服：服务。

(2) 课程论："大自然、大社会都是活教材"

①**所谓"活教材"是指取自大自然、大社会的"直接的书"**，即让儿童在与自然、社会的直接接触中，在亲身观察中获取经验和知识。需要说明的是，陈鹤琴虽主张从自然和社会中直接获取知识，但他并未绝对强调经验，决然否定书本。

②"活教育"课程追求完整的儿童生活，教学组织形式打破惯常的按学科组织的体系，采取活动中心和活动单元的形式，即能体现儿童生活整体性和连贯性的**"五指活动"（儿童健康活动、儿童社会活动、儿童科学活动、儿童文学活动、儿童艺术活动）**。

> 👧 **点点小妙招**
>
> "五指活动"的记忆口诀：小康社会学文艺。小康：儿童健康活动；社会：儿童社会活动；学：儿童科学活动；文：儿童文学活动；艺：儿童艺术活动。

(3) 教学论

①**教学方法："做中教，做中学，做中求进步"**。这种教学的特点有：a. 强调以"做"为基础，确立学生在教学活动中的主体性；b. 儿童的"做"往往带有盲目性，因此在鼓励学生积极"做"的同时，教师要进行有效的指导。

②**教学步骤：实验观察、阅读思考、创作发表和批评研讨。**

a. 实验观察： 从直接经验的要求出发，实验观察是获得知识的基本方法，也是儿童未来进行科学发明的钥匙。

b. 阅读思考： 实验观察往往获得的是直接知识，而间接知识和直接知识是互为补充、缺一不可的。通过阅读思考，就可以弥补实验观察的不足。

c. 创作发表： 儿童从实验观察和阅读思考中获取的直接、间接的知识经验，需要通过加工整理，以故事、报告、讲演的形式表达出来，创作发表有助于培养和体现儿童的主动性和创造力。

d. 批评研讨： 儿童在学习中得到的结论不可能完全正确，就需要通过集体和小组讨论，共同研究，以便互相启发和鼓励，臻于完善。

> **点点小妙招** ★
>
> 陈鹤琴的教学步骤的记忆口诀：十月创评。十：实验观察；月：阅读思考。

题目 22 论述陶行知的"生活教育"思想及实践 （逐字背诵）

答： 陶行知是我国著名的教育革命家，"生活教育"是其教育思想的核心。他开展了丰富的教育实践，建立了晓庄学校、山海工学团、育才学校，并推行"即知即传"的"小先生制"。

（1）生活教育实践

①**晓庄师范学校：** 原名试验乡村师范学校，是陶行知于 1927 年在南京创办的学校，后改名为晓庄学校。他在晓庄学校中，确立"生活即教育""社会即学校""教学做合一"的生活教育理论，并亲自试验，希望从乡村教育入手寻找改造中国教育和社会的出路。

②**山海工学团：** 1932 年，陶行知在上海郊区大场创办山海工学团，提出"工以养生，学以明生，团以保生"，力图将工场、学校、社会打成一片，以达到普及教育之目的。

③**育才学校：** 1939 年，为了收容战争中流离失所的难童，培养具有特殊才能的幼苗，陶行知在重庆创办育才学校，培养了一批艺术人才，其中不少成为新中国的干部。

④**小先生制：** "即知即传"，人人将自己认识的字和学到的文化随时随地教给别人。"小先生"不仅教别人识字学文化，还教别人做"小先生"，由此将知识不断推广。

（2）生活教育理论

"生活教育"是陶行知教育思想的核心，这一思想集中反映了他在教育目的、内容和方法等方面的主张，反映了陶行知探索适合中国国情和时代需要的教育理论的努力。

①**"生活即教育"。**

a. 生活含有教育的意义。 生活的矛盾无时无处不在，生活也就随时随地在发生教育的作用。从生活的横向展开来看，过什么生活也便是在受什么教育；从生活纵向的发展来看，生活伴随人生始终。

b. 实际生活是教育的中心。 生活与教育是一回事，是同一个过程，教育不能脱离生活。教育要通过生活来进行，无论是教育的内容还是教育的方法，都要根据生活的需要。

c. 生活决定教育，教育改造生活。 一方面，生活决定教育，表现为教育的目的、原则、内容、方法都为生活所决定，是为了"生活所必需"；另一方面，教育又能改造生活，推动生活进步。因此生活决定教育，教育改造生活，相辅相成。

② **"社会即学校"。**

"社会即学校"是生活教育理论另一重要主张，是"生活即教育"思想在学校与社会关系问题上的具体化。其内涵主要有以下两个方面：

a. "社会含有学校的意味"（"以社会为学校"）。 由于到处都是生活，到处都是教育，"整个的社会是生活的场所，亦即教育之场所"，因此，我们又可以说"社会即学校"。

b. "学校含有社会的意味"。 学校通过与社会生活相结合，一方面"运用社会的力量，使学校进步"；另一方面"动员学校的力量，帮助社会进步"，使学校真正成为社会生活必不可少的组成部分。

③ **"教学做合一"。**

"教学做合一"是"生活即教育"在教学方法问题上的具体化。它的含义是：教的方法根据学的方法，学的方法根据做的方法。"教学做合一"包含以下四个要点：

a. "教学做合一"要求"在劳力上劳心"。 主张"手脑并用"，将传统教育下相互割裂的"劳力"和"劳心"连接起来。

b. "教学做合一"是因为"行是知之始"。 "做"是知识的重要来源，也是创造的基础，身临其境，动手尝试，才有真知，才有创新。

c. "教学做合一"要求"有教先学"和"有学有教"。 "有教先学"即"以教人者教己"，或者说教人者先教自己。"有学有教"即"即知即传"，是"小先生制"思想的体现。

d. "教学做合一"还是对注入式教学法的否定。 主张教师教学必须考虑学生的实际情况和社会生活的实际需要，反对以教师的教、书本的教为中心的"教授法"。

二、教育著作

题目 1 论述《大学》的"三纲领"和"八条目" ●要点背诵

答： 《大学》是《礼记》中的一篇，是儒家学者论述大学教育的一篇论文。它着重阐明"**大学之道**"——大学教育的纲领，被认为是与论述大学教育之法的《学记》互为表里之作。

(1) "三纲领"

关于大学教育的目标，《大学》提出："大学之道，在明明德，在亲民，在止于至善。"这被称为"三纲领"。

① **"明明德"：** 指把人天生的善性——"明德"发扬光大。这是每个人为学做人的第一步。

②"**亲民**"：指推己及人，把个人自身的善转化为他人，尤其是民众的善。

③"**止于至善**"：指大学教育的终极目标，每个人都应在其不同身份时做到尽善尽美。

(2)"八条目"

为了实现"三纲领"，《大学》提出格物、致知、诚意、正心、修身、齐家、治国、平天下八个步骤，被称为"八条目"，说明了一个整体、连贯的教育过程。

①**格物、致知**：格物、致知被视为"为学入手"或"大学始教"，格物就是学习儒家"六德""六行""六艺"之类，致知则是在格物基础上的提高。

②**诚意、正心、修身**：诚意主要指人的意念、动机的纯正；正心则要求摆脱情绪对人认识和道德活动的影响；修身是人的一种综合修养过程，是人品质的全面养成。

③**齐家、治国、平天下**：齐家是一个施教过程，即成为家庭与家族的楷模，为人效法；治国是齐家的扩大和深化；平天下是治国的扩大。

🧑 **点点小妙招** ⭐

"八条目"的记忆口诀：搁置诚心，身家过天。搁：格物；置：致知；诚：诚意；心：正心；身：修身；家：齐家；过：治国；天：平天下。

题目2 **论述《中庸》的教育思想** 要点背诵

答：《中庸》是《礼记》中哲理性较强的名篇，其中包含着一些对教育基本问题的丰富论述。中庸实际上是指对儒家认识事物和处理问题的一种哲学观点和方法。

(1) 教育的本质与作用：性与教

《中庸》开篇便说："天命之谓性，率性之谓道，修道之谓教。"教育的作用就在于率性，尽量把天赋的善性保存和发扬出来。

(2) 道德准则：中庸

《中庸》对中庸作了阐发，其意为既无过，也无不及，不偏不倚，"两端执其中"。在政治和道德实践中，杜绝一切过激的行为，以恰到好处为处事原则。

(3) 教育途径："自诚明"与"自明诚"，"尊德性"与"道问学"

依《中庸》之见，人们可以从两条途径得到完善：一是发掘人的内在天性，进而达到对外部世界的体认，这就是"自诚明，谓之性"，或者"尊德性"；二是通过向外部世界的求知，以达到人的内在本性的发扬，这就是"自明诚，谓之教"，或者"道问学"。

(4) 学习过程和步骤：学、问、思、辨、行

《中庸》中的"博学之，审问之，慎思之，明辨之，笃行之"，把学习过程具体概括为学、问、思、辨、行五个先后相续的步骤。这一表述概括了知识获得过程的基本环节和顺序，它是对从孔子到荀子先秦儒家学习过程思想——学、思、行的发挥和完整表述。

题目3 论述《学记》的教育思想 逐字背诵

答：《学记》是《礼记》中的一篇，是世界上最早出现的专门论述教育问题的著作，被认为是**"教育学的雏形"**。其作者一般认为是思孟学派中孟子的学生乐正克。

（1）教育作用与目的

《学记》所主张的教育目的有两个：一是培养具有"建国君民"能力的统治者；二是要"化民成俗"，把人民教化成"安分守己"的顺民。

（2）教育制度与学校管理

①**学制**：《学记》提出建立从中央到地方的按行政建制建学的设想，这种设想对后世封建国家兴办学校影响很大。

②**学年**：《学记》把大学教育定为两段、五级、九年。第一、三、五、七学年毕，共四级为一段，七年完成，谓之**"小成"**；第九学年毕为第二段，共一级，考试合格，谓之**"大成"**。这是古代年级制的萌芽。

③**视学与考试**：考试上，每隔一年考查一次，考查内容包括学业成绩和道德品行，不同年级要求不同。

（3）教育教学原则

①**预防性原则**：要求事先预计到学生可能会出现的种种不良倾向，预先采取防治措施。

②**及时施教原则**：教育应该按照学生的年龄特征和心理状况安排适当的教学内容。

③**循序渐进原则**：教学必须遵循一定的顺序，要求教师根据知识本身的难易程度和逻辑结构来施教。

④**学习观摩原则**：在学习过程中，同学之间要相互切磋研究，共同提高，既要专心学习，又要融入集体。

以上四个原则简称为"豫、时、孙、摩"。

⑤**长善救失原则**：教师应了解不同学生的个别差异，帮助他们发扬优点，克服缺点。

⑥**启发诱导原则**：引导学生，但又不牵着学生的鼻子走；督促勉励，又不勉强、压抑；打开学生的思路，但又不提供现成的答案。

⑦**藏息相辅原则**：既有计划的正课学习，又有课外活动和自习，有张有弛，让学生感受到学习的乐趣，感受到老师、同学的可亲可爱，使学习成为学生的一种内在需要。

⑧**教学相长原则**：教学相长的本意并非教与学的相互促进，仅指教的这一方以教为学，后引申为在教学过程中教师和学生双方相互促进，共同提高。

👧 **点点小妙招**

《学记》教育教学原则的记忆口诀：老孙教媳妇长秀发。老孙："豫、时、孙、摩"；教：教学相长原则；媳妇：藏息相辅原则；长：长善救失原则；秀发：启发诱导原则。

 **滴滴小提示**

解释教育教学原则内涵的文言文同学们无须背诵，只需掌握每一句文言文的大意，以及其对应的教学原则，应对考选择题。

（4）教学方法

①**讲解法**。《学记》提出："约而达"，即语言简约而意思通达；"微而臧"，即义理微妙而说得精善；"罕譬而喻"，即举少量典型的例证而使道理明白易晓。

②**问答法**。教师的提问应该先易后难，要遵循问题的内在逻辑。而答问则应随其所问，有针对性地作答，恰如其分，适可而止，无过与不及。

③**练习法**。根据学习的内容来安排必要的练习，练习需要规范，并且应逐步地进行。

（5）论教师：尊师重教与教学相长

《学记》十分强调尊师，要求社会形成普遍尊师的风气。它还概括出一个教师自我提高的规律——教学相长。

三、教育制度

题目1 **论述西周"六艺"教育的内容和特征** ●逐字背诵

答：（1）内容

①礼：礼的内容极广，包括政治、伦理、道德、礼仪等。

②乐：指当时的艺术教育，包括诗歌、音乐、舞蹈。

③射：指拉弓射箭的技术训练。

④御：指驾驭马拉战车的技术训练。

⑤书：指文字读写，当时出现的《史籀篇》是中国历史上记载**最早**的儿童识字课本。

⑥数：指算法以及历法等与数学计算有关的知识。

（2）特征

"礼乐"是"六艺"的中心。"礼乐射御"是大学的课程，"书数"是小学的学习内容，所以"礼乐射御"是大艺，"书数"是小艺。"六艺"教育经历了夏、商的发展，到西周最为完备，是西周教育的特征和标志。其具体特征有：

①既重视思想道德，也重视文化知识。

②既注意传统文化，也注意实用技能。

③既重视文事，也重视武备。

④既要求符合礼仪规范，也要求内心情感修养。

题目2 论述稷下学宫的性质及办学特色 ◆逐字背诵

答：稷下学宫是战国时期齐国的一所著名学府，因其建于齐国都城临淄城西的稷门附近而得名。它既是战国时期的一所高等学府，也是战国时期百家争鸣的中心与缩影。

（1）性质

①一所由官家举办而由私家主持的特殊形式的学校。

②一所集讲学、著述、育才活动于一体并兼有咨政议政作用的高等学府。

（2）办学特色

①**学术自由**。这是稷下学宫的基本特点，体现在四个方面：a. 容纳百家；b. 各家各派学术地位平等；c. 欢迎游学，来去自由；d. 相互争鸣与吸取。

②**待遇优厚**。a. 政治待遇："不治而议论"，即学者们不担任具体职务，不加入官僚系统，却可以对国事发表批评性的议论，起到智囊团作用。b. 物质待遇：学者们得享相当于上大夫的俸禄，可以专心于学问。

③**管理规范**。稷下学宫制定了**我国历史上第一个学生守则——《弟子职》**，对学生的衣食住行、仪表仪容等进行了严格的规定。

> 👧 **点点小妙招**
>
> 稷下学宫办学特色的记忆口诀：管自优。管：管理规范；自：学术自由；优：待遇优厚。

题目3 论述汉初（董仲舒）的三大文教政策 ◆要点背诵

答：汉朝率先提出"独尊儒术"思想的董仲舒，是当时最负盛名的儒家学者之一，有"**汉代孔子**"之称。董仲舒前后三次回答汉武帝的策问，其中三条建议后来成为政府施行的三大文教政策。

（1）"推明孔氏，抑黜百家"（"罢黜百家，独尊儒术"）

汉初在文化教育上所采取的宽松政策，虽然给各学派的发展提供了良好的机会，但是各学派之间相互争雄，势必危及政治思想的统一。董仲舒站在儒家的立场上，从《春秋》大一统的观点出发，论证了儒学在封建政治中应居独一无二的统治地位。

（2）兴太学以养士

为了保证封建国家在统治思想上的高度统一，也为了改变统治人才短缺的局面，董仲舒在对策中提出了"兴太学以养士"的建议。实际上，兴办太学，政府直接掌握教育大权，决定人才的培养目标，也是整齐学术、促进儒学独尊的重要手段之一。

（3）重视选举，任贤使能

针对汉初人才选拔和使用中的弊病，董仲舒提出了加强选举、合理任用人才的主张。董仲舒以儒家的经书和道德观念为选才标准，对促进儒学取得独尊地位具有重要作用。

题目4 论述太学的特点 •要点背诵

答： 汉武帝下令为五经博士设弟子，标志着太学的正式设立，也标志着以经学教育为内容的中国封建教育制度正式建立。汉朝太学是中国教育史上第一所拥有完备规制、史实详尽可考的学校。

（1）教师与学生： 汉朝太学的正式教师是博士；汉朝太学对学生的称谓有"博士弟子"（简称"弟子"）"诸生""太学生"等。

（2）培养目标： 太学教育的目标是为国家培养"经明行修"的官吏。"经明行修"是指通晓一种经书或两种经书以上，品行端正。

（3）教学内容： 太学实际上是一所儒学专门学校，所传授的知识是单一的儒家经典。

（4）教学形式： 太学初建时，学生的名额较少，每位博士只有10名左右的学生，采用个别或小组教学。随着太学的发展，出现了一种称为"大都授"的集体上课形式，主讲的博士称为"都讲"。除此之外，次第相传的教学形式也在太学内出现。

（5）考试制度： 太学的考试基本上采取"设科射策"的形式。"策"是教师（主考）所出的试题；"射"是以射箭的过程来形象描写学生对试题的理解和回答过程；"科"是教师（主考）用以评定学生成绩的等级标记。学生所取得的实际等级是授官的依据。

题目5 论述隋唐时期学校教育制度的特点 •要点背诵

答： 隋唐时期，中国封建教育进入一个新的历史阶段。唐朝继承和发展了隋朝的学校教育制度，在统一的中央集权统治下，出现了封建文化教育高度繁荣发展的局面。隋唐时期学校教育制度的特点可以归纳为以下几点：

（1）学校体系的形成

隋朝在学校设置方面有一些创新，中央官学已有五学，地方官学也有州县学，但并未形成一个全面稳定的学校体系。唐朝吸取隋朝的经验教训，恢复了官学，又设立律学、经科、法科、实科、医学等，形成了一定的教育体系。

（2）教育行政体制分级管理的确立

国家实行分级管理的教育行政体制，中央官学由国子监祭酒负责管理，地方官学由州县长官负责管理，而专科性学校则归对口的行政部门管理，以利于专业教育的实施。

（3）学校内部教学管理制度及法规的完善

隋唐时期对过去学校教学的规定和惯例加以梳理，按现实的需要，做了新的规定。对规定作了一番检查修订，使入学资格、学校礼仪、专业教学、成绩考核、违规惩罚、休假处理等方面都纳入法治轨道，此后可依法制对学校教学进行管理。

（4）专业教育的重视

由于统一的中央集权国家需要大量人才，才能满足行政管理和事业发展的需要，所以在国子监添设算学专科，以培养算学的专门人才，在太医署附设医药专科，以培养医药专门人才，还有其他一些专科教育。

（5）学校教育与行政机构及事务部门的结合

一些事务部门，如司天台、太医署、太仆寺等，负起双重任务，既为政府进行专业服务，又担负起培养专业人才的任务，学生在这种条件下学习，可以更好地将专业知识学习与专业实践密切结合起来。

点点小妙招

记忆口诀：行政管理体系专教结合。

题目6 论述北宋的三次兴学 ·逐字背诵

答： 随着时间的推移，宋朝统治阶级内部一些有识之士逐渐认识到，仅仅依靠科举考试选拔人才是远远不够的，还必须广设学校培育人才，所以北宋时期先后出现了三次著名的兴学运动。

（1）第一次兴学运动是范仲淹在宋仁宗庆历四年主持的，史称"庆历兴学"。主要内容有：

①**中央官学：** 创建太学。主要是扩建校舍，扩充生源，聘请名师主教，推行先进教学法，将胡瑗的"苏湖教学法"引进太学。

②**地方官学：** 普遍设立地方学校。仁宗曾下诏令诸路府州军都建立学校。

③**科举考试：** 改革科举考试。规定科举考试先策，次论，次诗赋，罢帖经和墨义。

（2）第二次兴学运动是王安石在宋神宗熙宁年间主持的，史称"熙宁兴学"。主要内容有：

①**中央官学：** 改革太学管理制度，创设"三舍法"。扩增太学校舍，充实和整顿太学师资，将太学分为外、内、上三舍，学生依据学业成绩依次升舍。

②**地方官学：** 恢复和发展州县地方学校，为路州郡县学划拨学田以解决办学经费。

③**科举考试：** 改革科举制。编撰《三经新义》（《诗经》《尚书》《周礼》）给各级学校作为必读教材，统一学校和科举的内容。

④**专门学校：** 恢复和创设武学、律学和医学，整顿和发展专科学校。

（3）第三次兴学运动是蔡京在宋徽宗崇宁年间主持的，史称"崇宁兴学"。主要内容有：

①**中央官学：** 新建辟雍，发展太学。

②**地方官学：** 全国普遍设立地方学校。

③**科举考试：** 罢科举，改由学校取士。

④**专门学校：** 恢复设立医学，创设算学、书学、画学等专科学校。

⑤**学制系统：** 进一步完善学制，建立了县学、州学、太学三级相联系的学制系统。

上述三次兴学运动，虽然前两次均未能取得预期效果，但都不同程度地将宋朝教育事业向前推进了一大步。第三次兴学，对宋朝教育事业发展所起的促进作用更是超过了前两次。因此，这三次兴学运动是宋朝"兴文教"政策最直接，也是最重要的体现。

题目7 论述洋务学堂的类型及特点 要点背诵

答：洋务学堂的兴办目的在于培养洋务运动所需的翻译、外交、工程技术、水陆军事等多方面的专门人才，教学内容以"西文"与"西艺"为主。洋务学堂是随着洋务运动的展开而逐渐开办的。

（1）类型

①**外国语（"方言"）学堂：**如京师同文馆等，以学习外国语为主，主要培养翻译人员。

②**军事（"武备"）学堂：**如福建船政学堂等，培养能使用洋枪、洋炮的士兵和军官。

③**技术实业学堂：**如福州电报学堂等，培养会使用、维修洋机器的人员和通信人员。

（2）特点：新旧杂糅

①**新的方面。**

a. 培养目标：造就各项洋务运动事业需要的专门人才。

b. 办学性质：提供专门训练的专科性学校，属于部门办学，直接为本部门培养需要的人才。

c. 教学内容：以"西文"与"西艺"为主，注意学以致用。

d. 教学方法：按照知识的接受规律由浅入深、循序渐进地安排教学内容，重视理解，理论与实际相结合，一定程度上改变了偏重死记硬背的传统学风。

e. 教学组织形式：制定有分年课程计划，确定了学制年限，采用班级授课制。

②**旧的方面。**

a. 缺乏全国性的整体规划和学制系统，学校之间很孤立。

b. 在"中学为体，西学为用"的总原则下，在传授西文、西艺的同时，不放弃四书五经的学习。

c. 管理上有封建官僚习气，关键管理环节受洋人挟制，影响了学堂的正常运营。

题目8 论述"百日维新"中的教育改革 要点背诵

答：在"百日维新"的103天中，光绪皇帝颁布了一系列改革法令，其中教育改革是一个重要的方面。

（1）创办京师大学堂

1898年光绪皇帝在《明定国是诏》中宣布设立京师大学堂，各省大学堂均属京师大学堂管辖。**《京师大学堂章程》的具体内容：**a. 京师大学堂不仅是全国最高的学府，也是全国最高的教育行政机关；b. 办学宗旨是"中学为体，西学为用"；c. 课程设置方面，西学比重高于中学；d. 封建等级性非常浓厚。

（2）废除八股考试，开设经济特科

1898年6月，光绪皇帝下诏废除八股考试，八股废除后，人们不得不寻求新的学问，促进了西学的传播。同年7月，光绪皇帝下诏催立经济特科，以选拔维新人才。

（3）实力讲求西学，普遍建立新式学堂

维新派主张各地大小书院一律改为兼习中学、西学的新式学堂，还计划设立铁路、农务、茶务、蚕桑等实业学堂，广派人员出国游学游历，设立译书局和编译学堂，奖励开设报馆，开放言论，书籍、报纸免税等。

百日维新中的教育改革措施反映了资产阶级维新派的主张和愿望，对封建传统教育产生了强大冲击。因为改革时间短，且部分措施触及了守旧派的切身利益，所以改革在推行中层层受阻。但是，百日维新中那种"人人谈时务，家家言西学"的局面，激荡起一股思想解放的潮流。

题目9 论述清末新政时期的教育改革 ·要点背诵

答： 清朝末期，面对内忧外患，清廷出台了一些变科举、兴学校的措施，主要有以下几点：

（1）颁布"壬寅学制"和"癸卯学制"

① "壬寅学制"于1902年颁布，这是中国近代第一个以中央政府名义制定的全国性学制系统。"壬寅学制"公布后未及实行，很快被"癸卯学制"所取代。

② "癸卯学制"于1904年颁布，这是中国近代由中央政府颁布并首次得到施行的全国性法定学制系统，较"壬寅学制"更为系统完备。

（2）废科举，兴学堂

1905年，张之洞、袁世凯等人联名上奏，要求立即停止科举，广泛设立学校，清政府采纳建议，规定从1906年起，所有乡会试一律停止。

（3）建立教育行政体制

1905年，清廷批准成立学部，作为统辖全国教育的中央教育行政机关，并将原来的国子监并入。1906年，各省设提学使司作为各省专管教育的行政机构。至此形成了一套新的从中央到地方的教育行政系统。

（4）制定教育宗旨

1906年3月，学部针对民权思想的流行和资产阶级革命派的活动，制定"忠君、尊孔、尚公、尚武、尚实"的五项教育宗旨。这五项教育宗旨虽未脱"中体西用"的窠臼，但较以前仅一般说明中西学的关系要进一步。这是中国近代第一次正式宣布的教育宗旨。

（5）留学教育的勃兴

① 留日高潮的兴起。以留日学生为骨干，形成了资产阶级革命派群体，促成了辛亥革命的爆发，对中国近代社会的变革产生了重大的影响。

② "退款兴学"与留学潮流的转向。通过"退款兴学"，美国达到了"把中国的留学潮流引向美国"的目的。1909年之后，留美人数逐年增加，中国留学生的流向结构从此发生了重大的变化。

题目 10 论述 1922 年"新学制" 〔逐字背诵〕

答: 1922 年 11 月 1 日,以大总统令公布了《学校系统改革案》,这就是 1922 年"新学制",或称"壬戌学制",由于采用的是美国式的六三三分段法,又称"六三三学制"。

(1)"新学制"的七项标准

a. 适应社会进化之需要;b. 发扬平民教育精神;c. 谋个性之发展;d. 注意国民经济力;e. 注意生活教育;f. 使教育易于普及;g. 多留各地伸缩余地。七项标准是新学制的指导思想,体现了"民主"与"科学"的精神。

👩 **点点小妙招** ★

"新学制"七项标准的记忆口诀:生个会捕鲸鱼的平民。生:注意生活教育;个:谋个性之发展;会:适应社会进化之需要;捕:使教育易于普及;鲸:注意国民经济力;余:多留各地伸缩余地;平民:发扬平民教育精神。

(2)"新学制"的特点

①根据儿童身心发展规律划分教育阶段。将学制阶段的划分建立在对我国儿童身心发展阶段的研究上,这在中国近代学制发展史上还是第一次。

②初等教育阶段趋于合理,更加务实。缩短小学年限至 6 年,有利于初等教育的普及。幼稚园也纳入初等教育阶段。

③中等教育阶段是改制的核心,是"新学制"中的精粹。主要内容包括:a. 延长中学年限至 6 年;b. 中学分成初、高中两级;c. 在中学开始实行选科制和分科制。

④建立了比较完善的职业教育系统,用职业教育替代清末民初的实业教育。

⑤改革师范教育制度,使师范教育种类增多、程度提高、设置灵活。如增设师范大学,并在大学设教育科。

⑥高等教育阶段缩短年限,取消大学预科,有利于大学进行专业教育和科学研究。

题目 11 论述平民教育思潮与科学教育思潮的主要内容 〔要点背诵〕

答: (1) 平民教育思潮

倡导平民教育,是新文化运动中民主思潮在教育领域里的反映和重要的组成部分。平民教育思潮的共同点,在于批判传统的"贵族主义"的等级教育,破除千百年来封建统治者独占教育的局面,使普通平民百姓享有教育权利,获得文化知识,改变生存状况。

①初步具有共产主义思想的知识分子。

a. 观点: 陈独秀、李大钊等人认为要真正解决平民教育问题,必须先解决经济和政治制度问题,因为在资本家生产制度之下,工人的工作时间长、工资少,即使他们有受教育的权利,也没有条件接受教育。

b. 实践： 1917年，毛泽东在湖南第一师范学校创办工人夜校；1919年，邓中夏发起组织"平民教育讲演团"并负责筹办长辛店劳动补习学校等。

②资产阶级和小资产阶级知识分子。

a. 观点： 他们把平民教育视为救国和改良社会的主要手段，希望通过平民教育来实现平民（民主）政治。

b. 实践： 1919年，北京高等师范学校的教职员和学生组织的平民教育社，是实践此种思想的最早团体；1922年，晏阳初主编出版平民教育教材《平民千字课》；1923年，中华平民教育促进总会（简称"平教会"）成立。

（2）科学教育思潮

1914年，任鸿隽等人在美国发起组织"中国科学社"，倡导科学教育，主张将科学内容与方法应用于各项社会事业。次年刊发《科学》杂志，向国内宣传其主张。"中国科学社"在美国开展活动之时，正值新文化运动在国内兴起。海内外相呼应，科学教育蔚为社会思潮。

①内容。

a. 科学的教育化： 提倡在学校中进行科学教育，即按照教育原理和科学方法进行教育，培养学生具有科学的知识、技能和态度。

b. 教育的科学化： 提倡以科学的方法研究教育，包括对儿童心理和教育心理的研究、各种心理和教育统计与测量的试验及量表的编制应用。

②流派。

a. 以**任鸿隽**为代表的中国科学社和《科学》杂志，倡导以科学内容，尤其是科学方法渗透、充实社会各项事业，尤其是教育。

b. 以**陈独秀**为代表的激进民主主义者，通过文化反思倡导科学启蒙，主张以理性的态度看待中国传统教育，建设未来教育。

c. 以**胡适**为代表的实证主义，将科学的方法理解成"大胆地假设，小心地求证"，以之为解决一切学术和社会问题的有效方法。

③影响。

a. 以科学的方法研究教育蔚然成风，教育及心理测量、智力测验等成为流行的研究手段。

b. 各种新教学方法的试验广泛开展，道尔顿制、设计教学法等方法，为人们所耳熟能详。

c. 高校中培养教育学专门人才的学科和专业开始设置。

题目12 论述革命根据地教育的基本经验 逐字背诵

答： 苏区、抗日民主根据地和解放区的教育都是在极其艰苦的条件下进行的，然而革命根据地教育所取得的成绩又是不同寻常的，所以根据地教育的基本经验极具学习价值。

（1）教育为政治服务

①培养目标： 在安排各类教育的发展时，正确处理了特定环境下的轻重缓急，保证了最迫

切需要的满足，培养出了大量根据地急需的骨干和领导力量。

②**教育内容**：始终服从战争的需要。抗日战争和解放战争时期，根据地的学校教育都注重讲抗战、讲时事、讲政策、讲国家前途和民族命运。

③**教学组织**：充分考虑战争条件和政治需要。抗大创造的"且战且训，且训且战"的教学训练形式，体现了这一追求。

（2）教育与生产劳动相结合

①**教育内容**：紧密联系当时当地的生产和生活实际，进行劳动习惯和观点、劳动知识和技能的教育。

②**教学组织**：教育教学的组织形式和时间安排注意适应生产需要，根据地的教学要根据对象、季节而作灵活处理。

③**教育对象**：要求学生参加实际的生产劳动。

（3）依靠群众办学

根据地教育之所以能在严峻的战争环境中、困难的经济条件下办得生气勃勃，其重要原因就是依靠群众办学。依据群众需要，出于群众自愿，并实行民办公助的政策，成为根据地教育的巨大动力。

题目 13 　论述书院的特点 ·要点背诵

答：书院是我国封建社会自唐以来一种重要的教育组织形式。"书院"的名称始出现于唐朝，但书院在当时还不普遍，规模一般也不大，还没有形成系统的规章制度。书院作为一种教育制度形成和兴盛则在宋朝，并出现了官学化倾向。元朝书院的官学化倾向更为明显，最终在清朝，书院完全官学化。

①**书院精神**：书院提倡自由讲学的精神，给学者创设了一个自由讨论的环境，学术风气浓厚，开辟了新的学风，推动了教育和学术的发展。

②**书院功能**：书院集教学、学术研究、藏书及祭祀于一身，是相对独立于官学和其他教育形式（如私学）之外的教育机构。

③**书院教学**

a. 教学目的：培养博学多闻、有道德、有理想、胸怀天下的实用人才。

b. 教学内容：儒家所宣扬的人伦道德之道和治国安邦之术，教材是儒家经典和理学家的著作。

c. 教学组织形式：教学活动与学术研究紧密结合，逐步形成讲会制度。

d. 教学方法：以集中讲授为主，重视学生自学与讨论。

e. 师生关系：师生关系融洽，自由平等交往。

👧 点点小妙招

记忆口诀：慕容方是教师。慕：教育目的。

④书院管理

a. 书院掌管：实行山长负责制，书院的主持者称为"山长"或"洞主"，负责书院的组织管理与教育教学工作。

b. 书院生徒：以官学、私学各级学校的学生为主，甚至还通过考试选拔其中优秀者进入书院学习。

c. 书院学规：《白鹿洞书院揭示》成为书院教学的总方针，明确了书院的教育宗旨、教育教学原则、生活基本守则等根本问题。

d. 书院经费：初期以自筹经费为主，后逐渐出现了官办和私办官助等形式。官方资助主要有拨划学田、赠赐房屋等形式。

e. 书院发展倾向：自南宋起出现了官学化倾向，政府加强对书院的控制，书院陆续被纳入官学体系，逐步成为科举的附庸。

> 🧑 **点点小妙招**
>
> 记忆口诀：经管学生谋发展。

题目 14 论述科举制的影响及其与学校教育的关系 ·要点背诵

答： 科举制是从隋唐到清末由政府所实行的一套选拔官吏的制度。因为采用分科取士的办法，所以又叫科举。科举制的创立，是中央集权的需要，是选士制度发展的结果。

（1）影响

①**积极影响：** a. 有利于封建君主专制统治；b. 标准统一，选拔人才较为客观公正；c. 考教合一，促进了学校教育的发展；d. 养成了勤奋读书的社会风气。

②**消极影响：** a. 当国家只重分科取士而忽略了学校教育的时候，学校逐渐成为科举制的附庸；b. 科举制束缚思想，败坏学风；c. 科举制具有很大的欺骗性，如评分时主观随意因素会影响评分客观性、考官受贿现象严重等。

（2）与学校教育的关系

学校教育是科举制的前提与基础，科举制又是学校学生取得官职的必由之路，是学校教育的指挥棒。科举制与学校教育的关系遵循着统一的原则，二者是一个有机的整体，相互依存、相互制约。

①**科举制的演进，推动了封建学校教育的繁荣。** 具体体现为以下几点：

a. 士子们有了目标，学习的动机更加强烈。

b. 科举以儒经为主要内容，统一了教学内容，也统一了人们的主导思想。

c. 科举的科目众多，尤其是明法、明算、武举等，冲击了"儒学独尊"的局面。

d. 科举制造就了大批科举人口，促进了民间私学的发展，而学校教育的繁荣又为科举提供了大量的考生来源。

e.科举制促进了学校教育的发展。学校根据科举考试的要求来组织教学活动，学校教育成为科举考试的前提，科举制又是学生做官的必由之路。

②**科举制对学校教育的消极作用。**中唐以后，科举制重"乡贡"轻"生徒"，致使许多知识分子可以不经过学校教育就博取入仕资格，严重影响了官学教育的养士功能，重科举轻学校的现象日益突出，学校教育逐渐成为科举制的附庸。科举制制约着学校教育的发展方向、教学内容和教学方式。

题目15 论述蒙学教材的类型及特点 ·要点背诵

答：蒙学教材的发展大体经历两个阶段：第一个阶段是周秦至汉唐，《史籀篇》《仓颉篇》《千字文》等都属于这一阶段的蒙学教材，该阶段的蒙学教材多为综合性读物，以识字为主，也进行品德修养的教育，包含各方面的知识。第二个阶段是宋代以后，该阶段的蒙学教材开始出现分类按专题编写的现象，到明清时期蒙学教材的发展相当完备。

(1) 类型

①**识字教学的教材。**如《三字经》《百家姓》等，主要目的是教儿童识字，使其掌握文字工具，同时也综合介绍一些基础知识。

②**伦理道德的教材。**如《童蒙训》《少仪外传》等，侧重向儿童传授伦理道德知识以及为人处世、待人接物的准则。

③**历史教学的教材。**如《十七史蒙求》《叙古千文》等，这类教材，有的是简述历史的发展，有的是选择历史故事或历史人物的嘉言善行，既向儿童传授历史知识，又对他们进行思想教育。

④**诗歌教学的教材。**如《训蒙诗》《小学诗礼》等，选择适合儿童的诗词、歌赋供他们学习，对他们进行文辞和美感教育。

⑤**名物制度和自然常识教学的教材。**内容涉及天文、地理、人事、鸟兽、草木、衣服等。

(2) 特点

①分类按专题编写，使蒙学教材在内容和形式上呈现多样化。

②一些著名学者亲自编撰教材，提高了蒙学教材的质量。

③注意儿童的心理特点，采用韵语形式，文字简练，通俗易懂，并力求将识字教育、基本知识教育和伦理道德教育有机地结合起来。

第二部分 外国教育史

一、古代及近代教育的曙光

题目1 论述斯巴达教育的特点 （要点背诵）

答：斯巴达是古希腊城邦之一，经济以农业为主，实行寡头政治。其教育特点如下：

①教育性质：**完全由国家控制。**

②教育对象：a.教育具有**阶级性**；b.重视**女子教育**，女子和男子接受同样的军事体育训练。

③教育目的：培养勇猛善战、保家卫国的**战士。**

④教育内容：以**军事体育训练和道德教育为主**，不重视文化知识的学习。

⑤教育方法：**野蛮**训练和体罚鞭笞。

⑥教育过程：a.**0~7岁**在家接受母亲的养育；b.**7~18岁**进入军事训练营接受以"五项竞技"为主的军事体育训练、强制的道德灌输以及严酷的身心磨炼；c.**18~20岁**进入**青年军事训练团**接受正规的军事训练；d.年满**20岁**的公民子弟开始接受实战训练；e.**30岁**正式获得公民资格。

评价：斯巴达教育**内容单一、教育方法严厉**，只注重军事体育和道德训练，忽视综合素质教育，导致民族文化素质低下，社会文化事业**停滞甚至倒退**，这种封闭的文明状态及教育模式最终导致斯巴达城邦日趋衰落，教育也随之走向终结。

> 🧑 **滴滴小提示**
>
> 考查城邦教育的特点，要先简单介绍该城邦，再介绍该城邦教育的特点，最后对该城邦的教育作简要评价。雅典教育的特点答题思路相同。
>
> **论述雅典教育的特点**
>
> **答：**雅典是古希腊城邦之一，经济以商业贸易为主，实行奴隶主民主政治。其教育特点如下：
>
> ①教育性质：不完全由国家控制，私人办学盛行。
>
> ②教育对象：a.教育具有阶级性；b.不重视女子教育，女子在家中接受教育。
>
> ③教育目的：培养身心和谐发展的国家公民。
>
> ④教育内容：丰富多样，包括德育、智育、体育和美育。
>
> ⑤教育方法：温和、民主。
>
> ⑥教育过程：a.7岁之前儿童在家中由父母养育；b.7岁以后男孩开始进入私立、收费的文法学校、弦琴学校学习；c.13岁左右除在文法学校和弦琴学校学习外，还要进入体操学校（角力学校）接受各种体育训练；d.十五六岁的大多数公民子弟开始从事各种职业，少数显贵子弟进入国立体育馆接

受体育、智育和审美教育；e. 18~20 岁进入青年军事训练团接受军事教育；f. 20 岁经过一定仪式被授予公民称号。

评价：在城邦政治稳定的前提下，雅典教育把雅典公民培养成了有道德、有文化、英勇善战的全能型人才，为城邦的繁荣发展做出了巨大的贡献。其丰富的教育实践活动成为古希腊教育思想产生的基础，对后世的教育思想和实践产生了重要影响。

斯巴达和雅典的教育特点易考选择题，需要特别注意。

题目2 论述智者派的教育活动 要点背诵

答：智者又称诡辩家，在公元前 5 世纪后期，被用来专指**以收费授徒为职业的巡回教师**。智者派的共同思想特征是**相对主义、个人主义、感觉主义和怀疑主义**。智者不仅在古希腊文化史上占有重要的地位，作为西方最早的职业教师，对古希腊教育实践和教育思想的发展同样做出了重大的贡献。智者派主要的教育活动（观点）有以下六个：

①促进了文化的传播，**扩大了教育对象范围**，促进了社会流动。因为智者派云游各地、授徒讲学，以钱财而不以门第作为教学的唯一条件。

②确定了"七艺"中的前"三艺"，**即文法、修辞和辩证法**，在西方教育史上沿用千年之久，拓展了学术研究的领域，扩大了教育内容的范围。

③提供了新型教育——**政治家或统治者的预备教育**。智者最关心道德问题和政治问题，把系统的道德知识和政治知识作为主要的教育内容。

④智者派的出现，标志着**教育工作开始职业化**。

⑤意识到**教育活动的特殊性**，将其与政治现象、道德现象等社会现象相区分。

⑥认识到**教育与政治、道德的相互联系**，教育在国家生活中有举足轻重的作用。

点点小妙招

智者派的共同思想特征的记忆口诀：各怀感想。各：个人主义；想：相对主义。

滴滴小提示

回答智者派的教育活动或贡献时，要先介绍智者派的含义和共同思想特征，再介绍智者派的教育活动。智者派的教育活动也体现了其教育观点，同时也是智者派对教育的贡献。

智者派的"三艺"和柏拉图的"四艺"共同组成了"七艺"，是选择题容易考查的点。

题目 3 论述中世纪大学产生的原因、特征和意义 ·要点背诵

答：(1) 中世纪大学产生的原因

①政治经济条件：西欧封建制度进入发展的鼎盛时期之后，王权日渐强固，**社会趋于稳定**，农业生产稳定上升，**手工业**逐渐成为专门的职业。

②阶级条件：**新兴的城市市民阶层**成为推动社会向前发展的主要力量，提出了新的政治、经济和文化要求。

③文化条件：十字军东征使许多已经销声匿迹的**古希腊、古罗马时期的经典著作**重新被发现，加强了不同文化的交流。

在这种情况下，传统的宫廷学校和骑士教育已经不能满足大众崇尚文化的需要，新的教育机构和形式开始出现。

(2) 中世纪著名大学

意大利的萨莱诺大学和波隆那大学、法国的巴黎大学、英国的牛津大学和剑桥大学等。

(3) 中世纪大学的特征

①性质：**自治的教授和学习中心**。

②目的：进行**职业训练**，培养社会所需要的专业人才。

③体制：按领导体制可分为**"学生"大学**和**"先生"大学**两种。

④课程：大学课程开始时并不固定，后趋向统一，应社会需求分**文、法、神、医四科进行学习**。

⑤制度：已有学位制度，学生修毕大学课程，经考试合格，可得**"硕士""博士"**学位。

⑥教学方法：**讲演和辩论**。

⑦中世纪大学享有的一些**特权**：大学自治，大学师生免税、免服兵役，大学有权设立特别法庭处理大学师生与外人发生的诉讼，大学有集体迁移自由、颁发教师许可证等。

(4) 中世纪大学的意义

①中世纪大学是**新的社会因素**的反映，它不仅是一种新型的教育组织，更代表了一种新的教育思想和精神。

②打破了教会对教育的垄断，促进了**教育的普及**。

③推动了世俗文化和自然科学的进步及文化的交流，促进了**城市的发展**。

④在思想上，动摇了人们盲目的宗教信仰，**讲求时效和理解力**，对传统的死记硬背等教育方法有了突破。

⑤在权力上，中世纪大学争取了一定的**独立性及特权**，为学术和科研的发展提供了客观条件。

⑥在制度上，现代意义上的大学基本上都直接源于欧洲中世纪大学，现代大学的一系列组织结构和制度原则都与中世纪大学有着直接的历史联系。中世纪大学的出现标志着**现代欧洲大学的起源**。

⑦在局限性上，**宗教色彩浓厚**，大学教学受经院哲学的影响很深。

> **点点小妙招**
>
> 中世纪大学的特征的记忆口诀：自治教授学习，职业学生先生，硕博文法神医，特权讲演辩论。
> 中世纪大学的意义的记忆口诀：新因素，促普及；城发展，讲时力；争特权，成起源。

题目4 论述人文主义教育的基本特征和影响 要点背诵

答： 人文主义是文艺复兴时期最重要的文化标志，表现在教育方面就是人文主义教育。

（1）特征

①**人本主义**。人文主义教育在培养目标上注重个性发展，在教育教学方法上反对禁欲主义，尊重儿童天性，坚信通过教育这种后天的力量可以重塑个人、改造社会和自然，这些都表现出人本主义内涵，人的力量、人的价值被充分肯定。

②**古典主义**。人文主义教育思想吸收了许多古人的见解，人文主义教育实践尤其是课程设置亦具有古典性质，但非纯粹的"复古"，而是古为今用，在当时是一种进步。

③**世俗性**。不论从教育目的还是从课程设置等方面看，人文主义教育充满着浓厚的世俗精神，关注人道而非神道，教育更关注今生而非来世，与中世纪教育有根本区别。

④**宗教性**。人文主义教育仍具有宗教性，几乎所有的人文主义教育家都信仰上帝。他们虽然抨击天主教会的弊端，但不反对宗教更不打算消灭宗教，他们希望以世俗和人文精神改造中世纪陈腐专横的宗教性，以造就一种更富世俗色彩和人性色彩的宗教性。

⑤**贵族性**。这是由文艺复兴运动的性质决定的，人文主义教育的对象主要是上层子弟，教育的形式多为宫廷教育和家庭教育而非大众教育，教育的目的主要是培养上层人物，如君主、侍臣、绅士等。

（2）积极影响

①重视教育在人的培养中的作用，强调培养**身、心两方面**和谐发展的"新人"。

②强调学校**课程内容的拓宽和学科范围的扩大**。

③提倡使用新的教育教学方法；**重视直观教学，注重发展理性**。

④人文主义教育思想闪烁着新时代教育的曙光，是**人类思想的一次大解放**，具有进步意义。

（3）消极影响

①所宣扬的人性，主要还是**资产阶级的人性**，把追求自由、平等、享乐、幸福等作为人的自然本性，显然是唯心的。

②反对盲目的宗教迷信，但并**不反对教会制度本身**。这些都表现了资产阶级的阶级本性和反封建的不彻底性。

点点小妙招

人文主义教育特征的记忆口诀：古人是宗族。是：世俗性。

二、国家教育的发展

滴滴小提示

教育法案的内容、影响和法案名称的对应易考选择题，需要特别注意。

题目 1 论述《1944 年教育法》的内容和影响 要点背诵

答： 为了进一步改革英国教育制度，1944 年，英国政府通过了以巴特勒为主席的教育委员会提出的教育改革法案《1944 年教育法》（《巴特勒法案》）。其主要内容如下：

①加强**国家对教育的控制和领导**，设立教育部统一领导全国的教育。同时，设立中央教育咨询委员会，负责向教育部部长提供咨询和建议。

②加强**地方教育行政管理权限**，设立由初等教育、中等教育和继续教育组成的**公共教育系统**。

③实施**5~15 岁的义务教育，父母**有保证子女接受义务教育和在册学生正常上学的职责，**地方**教育当局应向义务教育超龄者提供全日制教育和业余教育。

④法案提出了宗教教育、师范教育和高等教育改革等要求。

影响：形成了**中央和地方相结合，地方为主的管理方式**，并建立了初等教育、中等教育和**继续教育相互衔接的学校制度；扩大了国民受教育的机会，对英国战后教育发展的基本方针和政策**产生了重要影响。

点点小妙招

内容的记忆口诀：44 巴特勒，中央设部地系统，义务 515，还有宗师高。

影响的记忆口诀：中地结合地方主，初中继衔接建制度，机会扩大影响巨。

记忆口诀：80 年代费里法，义务免费世俗化。

题目 2 论述美国的公立学校运动及其影响 要点背诵

答： 从 19 世纪 20 年代起，随着人们受教育的呼声越来越强烈，美国工人阶级掀起了设立免费公共学校的斗争，即"公立学校运动"，**贺拉斯·曼**是主要的推动者。其主要内容如下：

①建立了**以各州为主的教育领导体制**。州政府对公共学校的监督和组织成为公立学校运动

的主要组成部分，从而推动了公共教育的制度化。

②确立了**征收教育税制度**。征收教育税成为稳定的公共教育经费的主要来源。

③促进了**师范教育的兴起**。公共师范学校迅速发展起来。

④加快了**学校内部的教育改革**。初步实行分班教学，增设新学科，宗教与教学分离，裴斯泰洛齐教学法逐渐得到推广，这些都提高了公共学校的吸引力。

影响：公立初等教育的发展，促进了美国**师范学校**的发展；19世纪上半期，这一运动主要是在**小学**，19世纪后期至20世纪初期，主要在**中学**，公立中学实行免费原则，为更多的人提供了接受中等教育的机会；公立学校的建立不仅奠定了美国教育制度的基础，也成为美国**普及教育运动的开端**。

> 👧 **点点小妙招** ⭐
>
> 记忆口诀：领导体制征收税，师范兴起改校内。

题目3 论述美国初级学院运动 ▸要点背诵

答： 19世纪末至20世纪初，为了解决四年制大学年限长、费用高、不利于吸收更多的高中毕业生等问题，美国开始探索高等教育目标和结构方面的改革。

（1）性质

初级学院是美国高等教育大众化和民主化进程的产物，适应美国社会政治、经济和文化发展的需要，成为美国高等教育的重要组成部分，构成美国高等教育体系中的一个重要层次。

（2）改革过程

①芝加哥大学校长哈珀率先提出把大学的四个学年分为两个阶段的设想。第一阶段的两年为"初级学院"，第二阶段的两年为"高级学院"。同年，加利福尼亚大学也对学校的体制进行了改革，建立了"初级证书"制度，设想把大学的四年分成各为两年的两个阶段，规定学生在读完第一阶段的两年并取得"初级证书"后，才能继续下一阶段的学习。

②在"初级学院"设想的影响下，一些州建立了新的"初级学院"；一些四年制大学改为两年制的"初级学院"；部分原属于中等教育范畴的中学、师范学校和一些职业技术学校，或增加中学后课程（大学1~2年级），或改为"初级学院"。

（3）主要内容

①招收高中毕业生，学制两年。

②传授比高中稍广一些的普通教育和职业教育方面的知识。

③初级学院由地方社区以及私人团体和教会开办，不收费或收费较低。

④学生就近入学，可走读，无年龄限制，也无入学考试。

⑤初级学院课程设置多样，办学形式灵活，学生毕业后可直接就业，也可以转入四年制大

学的三年级继续学习。

（4）影响

①初级学院满足了希望进大学继续学习的人的要求，并为学生提供了接受职业教育的机会，使受高等教育的人数迅速增加。

②对美国的高等教育的自身结构改革产生了影响，促进了美国高等教育的普及和发展。

③二战后，公立初级学院一般改称为社区学院，在美国高等教育大众化进程中发挥了十分重要的作用。

题目 4 **论述《国防教育法》的内容和影响** ·要点背诵

答： 1957 年，**苏联卫星**上天，美国朝野一片震惊，加之**国内教育质量下降，**开始反思自身的教育问题，并将教育提高到保卫国家的国防高度，要求对教育进行改革。在此背景下，1958 年，美国国会颁布了《国防教育法》。其主要内容如下：

①加强**普通学校**的**自然科学、数学和现代外语（"新三艺"）的教学。**为提高这些学科的教学水平，要求大力更新教学内容，设置实验室、视听设备、计算机等现代教学手段，提高师资的质量。

②加强**职业技术教育。**要求各地区设立职业技术教育领导机构，有计划地开展职业技术训练。

③强调**"天才教育"。**鼓励有才能的学生完成中等教育，攻读考入高等教育机构所必需的课程并升入该类机构，以便培养拔尖人才。

④增拨大量**教育经费，**作为对各级学校的财政援助。

影响：该法是作为改革美国教育、加快人才培养的紧急措施推出的，有利于美国教育的发展，有利于**教学质量的提高，**有利于**培养科技人才，**使美国教育能够适应现代科学技术的发展并满足**国际竞争**的需要。

> 👧 **点 点 小 妙 招** ⭐
>
> 记忆口诀：普职天费。

题目 5 **论述明治维新时期的教育改革** ·要点背诵

答： 19 世纪后半叶，日本倒幕派推翻德川幕府统治，建立了**大地主、大资产阶级联合执政的明治政府。**日本明治政府为抵御外患、富国强兵，实施了一系列资产阶级性质的改革，史称**"明治维新"。**其主要内容如下：

①建立**中央集权式的教育管理体制。**在中央设立文部省，主管全国的文化事业，并兼管宗教事务。1872 年颁布的《学制令》，是日本近代史上第一个新学制。

②**普及初等义务教育**。《小学令》将初等教育年限确定为 8 年，分两个阶段实施，前 4 年为寻常小学阶段（义务教育），后 4 年为高等小学阶段（收费）。

③《学制令》的颁布催生了日本近代中等学校，《中学校令》为**中等教育**的发展做出具体规范。到 19 世纪末，日本中等教育机构已构筑完成，主要包括中学（寻常中学与高等学校）、中等技术学校与女子中学。

④努力发展**高等教育**。新大学的创办以东京大学的成立为开端。《帝国大学令》对大学的任务和组织做出规定。

⑤建立完善的**师范教育制度**。《师范学校令》将师范学校分为寻常师范学校与高等师范学校两类，在其规范和引导下，师范教育进一步发展。

评价：日本通过改革使得封建教育**向近代资本主义教育转变**。这次改革建立并完善了学制，普及了初等义务教育，发展了中等和高等教育，为日本的发展做出了贡献，提高了日本国民文化水平。但是，明治维新自上而下进行，带有很大的不彻底性，使日本近代资本主义教育的发展从一开始就带有**浓厚的封建主义和军国主义色彩**。

三、教育思想

 **滴滴小提示** ★

各个教育家的名字和教育思想的对应、教育家教育思想的含义易考选择题，需要特别注意。

题目1 论述苏格拉底的教育思想 要点背诵

答：苏格拉底是**古希腊著名的哲学家、教育家**，在西方史上开辟了从自然哲学向伦理哲学转变的新阶段，是西方思想史上有长远影响的第一位教育家。

①教育意义：人天生是有区别的，但不管这种区别有多大，**教育能使人得到改进**。

②教育目的：**培养治国人才**。治国者必须有德有才，深明事理，具有各种实际知识。

③教育方法：**"苏格拉底方法"**，又称问答法、产婆术，是由讥讽、助产术、归纳和定义四个步骤组成的独特方法。

a. 步骤。

•**讥讽：**就对方的发言不断追问，迫使对方自陷矛盾，无词以对，终于承认自己无知。

•**助产术：**帮助对方自己得到问题的答案。

•**归纳：**从各种具体事物中找到事物的共性、本质，通过对具体事物的比较寻求"一般"。

•**定义：**把个别事物归入一般概念，得到关于事物的普遍概念。

b. 评价。

• **优点：**不是将现成的结论硬性灌输或强加于对方，而是与对方共同讨论，通过不断**提问诱导**对方认识并承认自己的错误，**自然而然地得出正确结论；**遵循**从具体到抽象、从个别到一般、从已知到未知**的规则，为后世的教学法所吸取；后世的许多名著都是以**问答体**的形式出现。

• **局限：**受教育者必须有探求真理、追求知识的**愿望和热情；**受教育者必须就所讨论的问题**积累了一定的知识，**否则问答便无法进行；苏格拉底谈话的对象是已经有了一定知识基础和推理能力的成年人，这种方法**不能机械地搬用于幼年儿童。**

> 👧 **点点小妙招** ⭐
>
> "苏格拉底方法"的记忆口诀：记住规定。记：讥讽；住：助产术；规：归纳；定：定义。

④教育内容：德育、智育和体育。

a. 德育：伦理、道德问题是苏格拉底整个思想体系的核心。

• **实践的哲学——道德，**哲学转向自然哲学家的研究不能解决的现实问题。道德是人间的、实践的哲学。

• 在道德问题上应该探寻有效的**"一般"，**寻求本质，研究伦理概念的一般定义。

• **智慧即德行。**（美德即知识）**正义和一切其他德行都是智慧。教人道德就是教人智慧，**教人辨别是非、善恶，正确地行事。从"知德统一"的观点出发，苏格拉底提出**"德行可教"**的主张。

• **教育的首要任务是培养道德，**教人"怎样做人"。道德教育的具体内容是培养人们具有智慧、正义、勇敢、节制等美德。

b. 智育：治国者必须具有广博的知识。

c. 体育：身体是人们做一切事情的基础。健康不是天生的，锻炼可以使人身体强壮。

⑤评价：苏格拉底的教育思想是对古典时代雅典的社会、政治和教育状况的深入反思，就此而言，他为后人留下了一份宝贵的思想遗产。

题目2 **论述《理想国》中的教育思想／柏拉图的教育思想** `要点背诵`

答：柏拉图是古希腊教育思想家，其教育思想主要体现在其代表作**《理想国》**中。

①教育作用：高度评价教育在**人的塑造**中的作用；**理想国的建立与维持**主要通过教育来实施。

②教育目的：最高目的是**培养哲学王，**即哲学家兼政治家；最终目的是促使**"灵魂转向"，**实际上就是看问题的立足点和世界观的转变。

③教育内容：**广泛的教育内容。**将算数、几何、天文、音乐理论（后来称为"四艺"）列入教学科目，和智者派的"三艺"合称为"七艺"。

④教育方法：a.**"寓学习于游戏"**的最早提倡者。b.第一次提出以**考试**作为选拔人才的手段之一。c.**节制，**即一种好秩序或对某些快乐和欲望的控制。

⑤教育制度：a.对儿童实行**公养公育**。教育由国家来集中管理，取消私人办学，对全体公民实施强迫教育。b.**女子**和男子接受同样的教育，从事同样的职业。c.重视**早期教育，**柏拉图是西方国家首先提出学前教育的人。d.**教育阶段：**7岁前着重对儿童进行道德熏陶；7岁后学习初步的读写算、音乐和体育；18~20岁时主要进行军事训练；20~30岁时少数经过筛选的优秀青年深入学习"四艺"；30~50岁时经过选拔，一部分人学习辩证法并在实际工作中进行锻炼；50岁时在工作中和学习中成绩优异并通过考试的人，从事管理国家事务并继续研究哲学，最终成为哲学王。

⑥评价：柏拉图强调**国家对教育重视，教育与政治结合，**提出的一系列创新性的教育观点，对后世教育有深刻影响；但其过于强调一致性，**忽视个性发展，拒绝变革，**认为变革会给国家带来危害，这些思想显然是有局限性的。

题目3 论述亚里士多德的教育思想 ●要点背诵

答：亚里士多德是古希腊百科全书式的学者，他创办了吕克昂学园。其著作主要有《论灵魂》《政治学》。

（1）理论基础

①世界观：承认物质世界的客观存在；提出蜡块说和白板说，认为知识是从外面经过感觉进入到意识的。

②灵魂论：人的灵魂由三个部分构成，即**营养的灵魂、感觉的灵魂和理性的灵魂，**这三个部分相应于植物的灵魂、动物的灵魂和人的生命。

（2）教育作用论

①人形成为人的三个要素，即**天性、习惯和理性。**由于天性、习惯和理性不能经常统一，要使它们相互协调并服从于理性，除了通过立法者的力量，还寄托于教育。

②重视人的**天性，**在良好的环境和正当的行为中养成良好的**习惯，**并通过教育发展人的**理性，**使天性和习惯受理性的领导，人就能成为有良好德行的人。

③亚里士多德并**不认为教育在人的形成中的力量是万能的。**教育不能使那些天性卑劣又在不良环境中养成坏习惯的人服从理性的领导，对这种人需要进行法治。只有当法治、良好的环境影响、正确的家庭影响和教育形成合力时，人才能成为道德高尚的人。

（3）德育论

①论美德：伦理美德就是中道，中道在两种过错之间，一方是过度，一方是不及。美德就是适度，恰如其分，恰到好处。

②道德教育的目的就在于养成具有"中道、适度、公正、节制"的美好德行。

③美德在于实践：人们必须先进行有关德行的现实活动，才能获得德行。

（4）自由教育论（文雅教育或和谐教育）

亚里士多德提出的**体、德、智、美和谐发展**的教育思想有着丰富的内涵，对后世产生了极大的影响。自由教育**反对教育具有功利性**，其目的不是进行职业准备，而是发展人的各种能力，使其达到一种完美的卓越，使人从无知和愚昧中解放出来。

（5）普遍的公立教育与教育立法

教育应该是国家的事务，立法者应首先注意少年人的教育。亚里士多德提倡教育立法，认为"教育应由法律规定"。

（6）自然教育论与年龄分期论

①**自然教育论：** 亚里士多德从灵魂论出发，根据人的身心发展的特征，**首次提出并论述了教育效法自然的原理，奠定了近代西方自然主义教育思想的理论基础和基本观念。**

②**年龄分期论：** 亚里士多德将教育过程按照年龄划分为三个时期，即0~7岁为第一时期，7~14岁为第二时期，14~21岁为第三时期。

a. 0~7岁：家庭教育。 5岁之前不可教授任何功课，以免妨碍身体的正常发育。5岁之后适当学习功课，应劳逸结合，注重体格锻炼与良好习惯的培养。

b. 7~14岁：初等教育。 发展人的非理性的灵魂，以情感道德培养为主，同时要求体、德、智、美诸方面得到和谐发展，更要求接受良好的自由教育。

c. 14~21岁：中、高等教育。 教育应把理性灵魂的培养放在最重要的位置。学习内容包括"四艺"以及哲学、物理、文法和文学等。

（7）评价

亚里士多德以其丰富的哲学、伦理学、政治学思想为基础而提出的系统的教育理论，是西方历史上继柏拉图之后出现的又一个重要的思想体系。

题目4 论述昆体良的教育思想 要点背诵

答： 昆体良是**古罗马**著名的教育家，主要著作是《**雄辩术原理**》。昆体良的教育理论和实践都以培养雄辩家为宗旨。

（1）教育观

①**教育作用：** 高度评价**教育在人的形成中的巨大作用**。雄辩家是天赋和学习共同起作用的结果。

②**教育目的：** 培养善良而精于雄辩术的人。

③**学校教育优于家庭教育。**

④**重视学前教育：** 在幼儿能说话的前后就应该对他进行智育，但在7岁前每次学习的量应当很少；在教育史上第一次提出双语教育的问题；实施早期教育的主要场所是家庭。

（2）教学观

①**教学组织形式：实行集体教学的组织形式。**（班级授课制的萌芽）

②**课程设置：专业知识应该建立在广博的普通知识的基础上；道德原理应该成为学校的主**

要课程。

③**教学方法：启发诱导和提问解答。**

④**教学原则：劳逸结合。**教师所传授的知识的深度、分量要适合儿童的天性，避免给学生过重的负担。

（3）教师观

对教师的要求：德才兼备；宽严相济；有耐心；懂得教学艺术；因材施教。

（4）评价

昆体良的教育思想是比较全面和丰富多彩的。他所论述的教育、教学的原理、原则和方法为整个古罗马帝国的学校和教师所重视和效法，并在文艺复兴时期对人文主义教育家产生了深刻的影响。

题目5 论述夸美纽斯的教育思想 ◆要点背诵

答：夸美纽斯是 17 世纪捷克伟大的爱国者、教育改革家和教育理论家，是欧洲从封建社会向资本主义过渡时期的伟大教育家，被誉为"近代教育学之父"。

（1）教育的目的和作用

①**教育目的：宗教性教育目的**——教育的目的是达到"永生"，现实的生活只是为"永生"做准备；**现实性教育目的**——教育要使人认识世界上的一切事物，以便享受现世的幸福。

②**教育作用：**高度评价教育的作用，**一是**把教育看作改造社会、建设国家的手段；**二是**高度评价教育对人的发展作用——人都是有天赋的，这种天赋发展得如何，关键在于教育。

（2）"泛智"主义与普及教育

夸美纽斯认为普及教育就是人人都可以接受教育。普及教育的思想是夸美纽斯教育思想的核心。普及教育的核心是泛智思想。

①**普及教育的原因：**实现教育普及的可能性首先在于人自身具有接受教育的**先天条件**，然后是教育具有改进社会和塑造人的**重大作用**。

②**"泛智教育"**要求**"把一切事物教给一切人"**，使所有的人通过接受教育获得广泛、全面的知识，并能在智慧上得到全面、充分的发展。

a. 教育内容的泛智化。要把人们现世和来生所需的一切事项，包括智力、道德和宗教信仰全部纳入教育内容当中。

b. 教育对象的普及化。要求学校向全体人民敞开大门，不论贫富贵贱，一切男女儿童都应该进入学校，接受一切有用的教育。

③**普及教育实践：**广泛设立"泛智学校"，采用班级授课制，实行学年制，编写统一的"泛智"教材，建立全国统一学制，建立督学，等等。

夸美纽斯将教育对象扩大到所有人类，体现了其教育思想的民主性；他首次在认识儿童身心发展特点的基础上提出普及教育；他有完善的理论体系，对全国建制建学体系有完整的描述；

他的局限性在于，他认为一切青年男女接受教育的目的和程度都是不相同的，且他的思想带有宗教色彩。

（3）论教育和教学的基本原则

①**教育适应自然的原则**是夸美纽斯教育体系的一条根本性的指导原则。从"泛智"的教育理念出发，夸美纽斯进一步主张要把教育工作建立在科学理论的基础之上，其基本规律是教育要适应自然。

a. 教育要适应自然界的普遍法则。 世界上的一切都是有秩序的，秩序是事物的灵魂，教育活动也是有秩序的。只有借鉴自然界的运行秩序，才能使教育和教学工作步入科学化的轨道。

b. 教育要适应人的自然本性及其发展规律，要适应人的认识发展规律。 因为人是自然的一部分，因此人的发展也有其本身的规则，具体来说，要根据学生的年龄以及已有的知识循序渐进地进行教学。

②**教学的主要原则：** a. 直观性原则；b. 激发学生求知欲望原则；c. 巩固性原则；d. 量力性原则；e. 系统性和循序渐进原则。

（4）论教育和教学管理

①**国家对教育的管理。** 国家应该重视教育，普遍设立学校，并设立督学，对全国的教育进行监督。

②**构建国家学校体系。** 国家要采用统一学制的思想建立制度、设立学校。夸美纽斯根据教育适应自然的原则提出了建立全国统一学制的主张。他把儿童从出生到青年分为四个阶段，每个阶段六年，并设立与之相适应的学校。

③**建立学校的教学管理制度。**

a. 学年制：根据学年制度，各年级应在同一时间开学和放假。每年只招一次生，学生同时入学，以便使全班学生的学习进度一致。学年结束时，经过考试，同年级学生同时升级。

b. 班级授课制：把不同年龄、不同知识水平的儿童，分成不同年级，通过班级进行教学。

④**明确校长的职责。** 校长的职责是对学校的各项工作进行领导与协调。

（5）道德教育与健康教育

①**道德教育：** 把培养德行看作学校的主要任务之一，甚至认为德育比智育更重要。把智慧、勇敢、节制、公正作为道德教育的内容，还纳入了一个崭新的概念——劳动教育。道德教育的方法：a. 尽早开始正面教育；b. 从行动中养成道德习惯；c. 重视榜样；d. 格言与行为规则；e. 择友；f. 纪律。

②**健康教育：** a. 倡导提高生命教育的质量；b. 注意身体的保养和锻炼。

（6）评价

夸美纽斯被誉为"近代教育学之父"，其教育思想为近代教育学理论建立了基本框架。他总结了教育实践中的宝贵经验，进行了理论上的论述，从而大大加强了学校工作的计划性，提高了工作效率。但他的教育思想中有过于浓郁的宗教气息，对科学知识及教育科学的认识不准确，这些缺陷既有他本人认知上的原因，也有时代的局限性。

> **滴滴小提示**
>
> 夸美纽斯根据教育适应自然的原则提出了建立全国统一学制的主张，把儿童从出生到青年分为四个阶段，每个阶段六年，并设立与之相适应的学校，对应如下：
>
> 第一阶段：1~6 岁—婴儿期—母育学校—每个家庭—春
>
> 第二阶段：6~12 岁—儿童期—国语学校—每个村落—夏
>
> 第三阶段：12~18 岁—少年期—拉丁语学校—每个城市—秋
>
> 第四阶段：18~24 岁—青年期—大学与旅行—每个王国—冬

题目6 论述洛克的绅士教育思想 ·要点背诵

答：洛克是英国著名的实科教育和绅士教育的倡导者。他的"白板说"以及他在其教育代表作《教育漫话》中所阐述的绅士教育的主张都对西方近代教育和社会发展产生了重要影响。

（1）绅士教育

洛克认为一国之中绅士教育是最应该注意的，他注重**贵族子弟**的教育，**主张把他们培养成为身体强健，举止优雅，有德行、智慧和才干的事业家。**洛克所倡导的绅士教育是一种**资产阶级贵族化的教育，**在教育内容和方法上有许多新特点。他首次把教育的三大部分——体育、德育、智育做了明确的划分和详细的论述。

①**关于体育，**洛克强调体育的重要性，认为人们要能工作、有幸福，必须先有健康；针对当时贵族子弟多娇生惯养的风气，他强调生活各方面的忍耐劳苦。

②**关于德育，**洛克认为道德观念来自教育和生活环境，他把德行放在比知识更重要的位置。洛克把听从理性的指导、克制自己的欲望看成是一切道德与价值的重要标准及基础。

他还提出了德育的方法，认为道德教育一是要重视理性的领导，二是要重视榜样的示范作用，强调德育中的早期教育、行为习惯和良好榜样，主张尽可能不要使用体罚。

③**关于智育，**洛克尤其强调两点，一是德行重于学问，学问的内容必须是实际有用的广泛知识；二是强调要培养学生的良好态度，提高他们的能力，使他们能采用正确的方法求知。

（2）评价

洛克强调了体育、德育的重要性，并赋予其丰富的内容，提高了它们在教育学中的地位。他对智育内容、方法同样有所贡献。其教育思想以其世俗化、功利性为显著特点，比夸美纽斯更为彻底地破除了宗教神学的束缚。但他的教育思想局限于绅士教育，缺乏夸美纽斯教育思想的民主性。

题目7 论述斯宾塞的科学教育思想 · 要点背诵

答: 斯宾塞是19世纪英国的教育家,代表作是《教育论》。他是反对当时英国学校古典主义教育、提倡科学教育的主要代表人物之一,对英国教育内容的革新产生过深刻影响。

①**论教育目的:"生活准备说"**。教育的目的是为完满的生活做准备,呼吁教育应从古典主义的传统束缚中解放出来,适应社会生活、生产的需要。

②**知识价值论:"科学知识最有价值"**。最重要的问题不在于某些知识有无价值,而在于它们的比较价值。比较的尺度在于各类知识与生活、生产和个人发展的关系,知识对生活的作用越大,则价值越大。

③**课程设置:根据知识的比较价值,与人类活动的重要性对应,斯宾塞提出五类课程**。第一类是生理学和解剖学,提供直接自我保全的知识;第二类是逻辑学、社会科学、数学、生物、力学、化学等,提供间接自我保全的知识;第三类是生理学、心理学和教育学,提供抚养子女、教育子女的知识;第四类是历史学,调节自己的行为、履行公民的职责;第五类是文学、艺术,满足人们闲暇时休息与娱乐的需要。

④**教学原则与方法:** a.教学应符合儿童心智发展的自然顺序;b.儿童所接受的教育必须在方式和安排上同历史上人类的教育相一致;c.教学的每个部分都应该从实验到推理;d.引导儿童自己进行探讨和推论;e.注重学生的学习兴趣;f.重视实物教学。

⑤**评价:** 斯宾塞反对传统教育照本宣科、死记硬背等忽视学生身心健康的教学方法。其教育思想突出知识的实用性和科学性,尊重科学教育的发展,重视学生的心理规律、兴趣和实验等,表现出**鲜明的历史进步性**。斯宾塞及其他科学教育者的教育思想不仅冲击了英国古典教育传统,还推动了**科学教育运动的发展**。

题目8 论述卢梭的自然教育理论 · 要点背诵

答: 卢梭是18世纪法国启蒙思想运动中著名的思想家和教育家,代表作是**《爱弥儿》**,该书不仅包含了卢梭的革命思想,更体现了他的自然教育理论。

(1)理论基础

在卢梭的思想理论中,与教育有密切联系的是**性善论**和**感觉论**。前者指明人的本性,后者指明人的知识来源。

(2)基本内容

①**基本含义**。a.自然教育的核心是**"归于自然"**。b.**善良的人性存在于纯洁的自然状态之中**。15岁前的教育必须在远离城市的农村中进行。c.儿童所受的教育来源于三种:**自然的教育、人为的教育、事物的教育**。应该以自然的教育为中心,使事物的教育和人为的教育服从于自然的教育。d.发挥儿童的主动性,主张**"消极教育"**。

②**教育对象：富人**。

③**培养目标：培养"自然人"**，即独立自主、平等自由、道德高尚、能力和智力极高、能够适应社会生活的一代新人。

④**方法和原则：** a.正确看待儿童；b."消极教育"；c.教育要符合儿童发展的年龄特征；d.尊重儿童天性的个体差异，因材施教。

⑤**自然教育的实施：** a.婴儿期（0~2岁），主要进行体育；b.儿童期（2~12岁），又称"理性睡眠期"，主要进行感觉教育和身体发育；c.青年期（12~15岁），主要进行智育和劳动教育；d.青春期（15~20岁），主要进行道德教育和宗教教育。

（3）评价

卢梭在教育界发动了一场**哥白尼式的大革命**，把儿童放在教育过程的中心。同时他的教育思想奠定了实用主义哲学和进步主义教育理论的基础，对欧美教育产生了深远的影响。但也存在对"爱弥儿"的教育大多依靠想象，**缺乏实践证实**等局限。

> 👧 **点点小妙招** ⭐
>
> 自然教育理论的方法和原则的记忆口诀：正消征因。正：正确看待儿童；消："消极教育"；征：符合儿童发展的年龄特征；因：因材施教。

题目9 论述裴斯泰洛齐的教育思想 ◆要点背诵

答： 裴斯泰洛齐是瑞士著名的民主主义教育家，代表作是《林哈德与葛笃德》。他自幼便同情穷苦人民的遭遇，痛恨封建统治阶级。

（1）论教育目的

裴斯泰洛齐认为教育的首要功能是促进人的发展，尤其是人的能力的发展。这一思想的基本内涵是：

①每个人生来都有天赋的潜能，具有发展的要求和发展的可能性。

②人的发展必须通过教育。

③教育意味着完整的人的发展。

④通过教育完美地发展人的能力，提高人民的素质，授予人民谋生的本领。

（2）和谐教育论

裴斯泰洛齐在初等学校中根据人性的发展规律组织合适的教学内容。他认为，在人的本性中存在人的心、脑和手的能力的均衡性，并构成人的整体性和统一性，教育也就应使儿童德、智、体诸方面的能力得到均衡、和谐的发展。他的和谐教育思想主要体现在以下三方面：

①**受教育机会平等**。裴斯泰洛齐认为人人都应该受教育，所谓平等的教育权利就是要求每一个人都必须获得符合他的天性和社会地位的教育。

②**教育适应自然**。教育应适应儿童能力的发展，遵循儿童发展的自然顺序。

③**教育必须培养完整的人性**。每个人生来都有发展的要求和发展的可能性，教育就在于使人的天赋才能得到充分、和谐的发展。

（3）论教育心理学化

裴斯泰洛齐是第一个明确提出"教育心理学化"口号和诉求的教育家。教育心理学化的具体要求有以下四点：

①**教育目的的心理学化**。要求将教育的目的和教育的理论指导置于儿童本性发展的自然法则的基础之上，充分认识到人生来具有的天赋潜能和发展规律。

②**教育内容的心理学化**。要求教育内容的选择和编制适合儿童的学习心理规律。教育内容首先要使学生的本性得到全面、均衡的发展，同时要探索教育内容中普遍存在的基本要素，他提出了要素教育理论。

③**教学原则和教学方法的心理学化**。教育要遵循自然规律，教学程序、教学原则要和学生的认识过程相协调，并把直观性和循序渐进看作心理学化的原则。

④**教育者要适应儿童的心理，让儿童成为他自己的教育者**。使儿童成为自己教育中的动因，调动儿童的能动性和积极性。

评价：裴斯泰洛齐的教育心理学化思想对 19 世纪欧洲教育心理学化的思潮产生了重大的影响，但由于时代局限性，裴斯泰洛齐对人的心理的理解和解释基本上是感性的，尚未清晰地揭示出心理学的基本规律，并不十分科学。

> **滴滴小提示**
>
> 裴斯泰洛齐的教育心理学化思想易单独考查。答题时，先简要介绍提出者裴斯泰洛齐和教育心理学化的基本含义，再介绍教育心理学化的具体内容，包括教育目的、教育内容、教学原则、教学方法的心理学化，以及让儿童成为他自己的教育者，最后简要评价。

（4）论要素教育

裴斯泰洛齐认为，任何事物都是由最基本的要素构成的，儿童掌握了这些要素就能很到位地学习。教育也应从最基本、最简单的要素开始，由易到难，循序渐进，适合儿童的接受能力。

①**德育：**儿童对母亲的爱是道德教育最基本的要素。德育是裴斯泰洛齐整个教育思想的核心。

②**智育：**裴斯泰洛齐把事物的数目、形状、语言确定为教学的基本要素。培养这三种能力的学科分别是算数、几何和语文。

③**体育：**关节活动是体育最基本的要素。可以让儿童掌握一些基本的劳动技能，并且这些训练应该与感觉训练和思维训练结合起来。

（5）建立初等学校各科教学法

裴斯泰洛齐从要素教育和教学心理学化的观点出发，分析了初等学校各科教学法。裴斯泰洛齐认为，教学艺术首先要培养人最基本的说话能力、计算能力和测量能力。因此，他对初等学校的语言教学、算术教学和测量教学十分重视。

①**语言教学**：裴斯泰洛齐认为，语言教学最基本的要素是词，而词的最基本要素是声音。因此，语言教学应当分三步进行：首先是发音教学，其次是单词教学，最后是语言教学。

②**算术教学**：在教学中，首先要让儿童对数目形成感觉印象，数字"1"是最基本的要素。学生可以利用手指、石子、豆子等实物学习计数。在初步掌握了加法之后，再学习乘法、除法、减法。裴斯泰洛齐指出，以感觉印象为基础，算术教学就会变得异常容易。

③**测量教学**：测量教学基本的要素是直线。测量教学应当充分利用各种实物和图形，先让儿童形成直观的印象，然后再进行测量，最后通过绘画表现出来。直线、曲线等形状要素也是绘画、写字教学的简单要素。

（6）教育与生产劳动相结合

裴斯泰洛齐不是第一个提出教育与生产劳动相结合思想的人，却是西方教育史上第一个将这一思想付诸实践的教育家，而且他在自己的实践活动中推动和发展了这一思想。

①**初步实验**：**新庄"贫儿之家"时期**。裴斯泰洛齐认为这是帮助未能进学校接受教育的农村贫民子弟提高劳动能力、学会谋生本领、改善生活状况的最好途径。

②**成功实验**：**斯坦兹孤儿院时期**。这次实验具有以下特点：a. 明确地把学习与手工劳动、学校与工场相联系；b. 以安排学习为主，参加手工劳动为辅；c. 在学习和手工劳动能够结合之前，二者必须分别打好基础；d. 他深信教育与生产劳动相结合对培养人具有重大的教育意义。

题目10 论述赫尔巴特的教育思想 *要点背诵*

答：赫尔巴特是19世纪德国的哲学家、心理学家、教育家。他提出把教育学建成一门独立学科的设想，并建立了较为完整的教育理论体系，代表作是《普通教育学》。赫尔巴特被称为"现代教育学之父"。

（1）理论基础

①**伦理学**：赫尔巴特的伦理学的基本内容之一是五种道德观念，即内心自由、完善、仁慈、正义、公平。

②**心理学**：赫尔巴特是西方历史上第一位把心理学作为一门独立学科进行研究的教育家，被认为是"现代教育心理学的创始人"。

（2）道德教育理论

赫尔巴特的教育理论中，道德教育是最为重要的内容。

①**教育的目的**。赫尔巴特认为，教育所要达到的目的可分为两种，即所谓"可能的目的"和"必要的目的"。

　　a. **"可能的目的"** 是指与儿童未来所从事的职业有关的目的，这个目的是要发展多方面的兴趣，使人的各种潜力得到和谐发展。

　　b. **"必要的目的"** 是指教育所要达到的最高和最为基本的目的，即道德，这个目的就是要养成内心自由、完善、仁慈、正义和公平五种道德观念。

　　②**教育性教学原则。** 教育性教学原则是通过教学来进行教育的原则。赫尔巴特重视教学的作用并提出了一个非常重要的原则，即教育性教学原则。

　　a. 教育性教学的含义：教育（道德教育）通过，而且只有通过教学才能真正产生实际作用，教学是道德教育的基本途径。

　　b. 通过教学进行道德教育：**首先，** 教学的目的要与整个道德教育的最高目的保持一致，即养成德行；**其次，** 为实现这个目的，要设立一个近期的目标，即培养"多方面的兴趣"；**最后，** 教学和道德教育之间是手段和目的的关系，教师应当寓道德教育于教学。

　　③**道德教育（儿童管理与训育）。** 在赫尔巴特的概念体系中，与道德教育直接相关的是"训育"这个概念。但是从某种意义上讲，他所谓的"儿童管理"也是一种道德教育。训育是要形成美德，儿童管理是要预防恶行。

　　a. 儿童管理的目的在于创造秩序，使教学得以更好地进行。

　　b. 训育是指有目的地进行培养，其目的在于形成"性格的道德力量"。训育可以分为四个阶段：道德判断、道德热情、道德决定和道德自制。（相当于知、情、意、行）

　　（3）课程理论

　　①**经验、兴趣与课程：** 主张课程内容的选择与儿童的经验与兴趣相一致。

　　a. 经验：儿童在日常生活中获得的经验是教学活动赖以进行的基础。但儿童早期的经验并不是完美无缺的，而是分散的、杂乱的，需要教学加以补充和整理。反映在教材中则为直观教材。

　　b. 兴趣：兴趣存在于经验之中，因此只有与儿童经验相联系的内容，才能引起儿童浓厚的兴趣。

　　c. 课程体系：赫尔巴特把多种多样的兴趣分为两大类，即经验的兴趣和同情的兴趣。其中经验的兴趣包括经验的、思辨的、审美的兴趣；同情的兴趣包括同情的、社会的、宗教的兴趣。

　　②**统觉与课程：** 统觉理论是赫尔巴特课程理论的又一重要基础。依据统觉原理，他要求课程的安排应当使儿童能够不断地从熟悉的材料逐步过渡到密切相关但还不熟悉的材料；同时提出了"相关"与"集中"的课程设计原则。

　　a. 相关：指学校不同课程的安排应当相互影响、相互联系。

　　b. 集中：指在学校的所有课程中，选择一两门科目作为学习的中心，使其他科目都作为学习和理解它的手段。赫尔巴特把历史和数学当作所有学科的中心。

　　③**儿童发展与课程：** 赫尔巴特把儿童发展与课程联系起来，深入探讨了儿童的年龄分期，进而提出了课程的顺序。他认为，婴儿期要注意身体的养护和加强感官训练，发展儿童的感受

力；幼儿期应发展儿童的想象力；童年期和青年期应发展其理性。

④评价：赫尔巴特提出的课程理论是**近代教育史上最为完整和系统的**，防止编制课程的盲目性和随意性，重视兴趣的作用和学生的身心发展规律。**但在实践中课程编制过分重视知识体系，反而弱化了学生生活和兴趣的需要，走向机械论。**

（4）教学理论

①**教学进程理论：**赫尔巴特认为，统觉过程的完成大体上有三个环节：感官的刺激、新旧观念的分析和联合、统觉团的形成。与此相应，他提出了三种不同的教学方法：单纯提示教学、分析教学和综合教学。这三种方法之间的联系，就产生了他所谓的"教学进程"。

a. 单纯提示教学。实际上就是直观教学，其目的在于通过感官的运用，得到一些与儿童观察过的事物相类似、并与之有关联的感觉表象，从而为观念的联合做好准备。

b. 分析教学。分析教学是在单纯提示教学的基础上进行的，它的作用在于对同时出现在感官前的事物、物体加以分析，通过分析使儿童对当前刺激的反应更为清晰，从而为观念的联合做好准备。

c. 综合教学。通过综合教学，由单纯提示所提供的清晰表象和分析教学产生的对表象的区分，就形成了观念的联合，即获得了新的知识和概念。

②**教学形式阶段理论：**赫尔巴特教学形式阶段理论的突出贡献是，在严格按照心理过程规律的基础上，对教学过程中的一切因素和活动进行高度的抽象，以建立一种明确的、规范化的教学模式。

a. 明了（清晰）：教师通过运用直观教具和讲解的方法，进行明确的提示，使学生获得清晰的表象。

b. 联想（联合）：通过师生谈话把新旧观念结合起来。

c. 系统：教师要运用综合的方法，使知识系统化。

d. 方法：通过练习把所学知识应用于实际，以检查学生对新知识的理解是否准确。

（5）评价：赫尔巴特是近代教育科学的开拓者，也是近代教育心理化的先驱。赫尔巴特的统觉理论、教学形式阶段理论以及教育性教学理论等，都超出了前人的探索，开辟了教育学发展的新途径。但是，赫尔巴特的教育理论也有不足之处。如其教育体系中充满思辨和神秘色彩，许多论述也都带有一定程度的机械性和片面性。

题目 11 **论述福禄培尔的教育思想** ◖要点背诵◗

答：福禄培尔是 19 世纪德国著名的教育家，被誉为**"幼儿教育之父"**，代表作是《人的教育》。

（1）教育目的

福禄培尔认为，教育的目的是揭示潜存在人体内的"神的本原"。

（2）教育的基本原理

福禄培尔以裴斯泰洛齐的方法为基础，尔后运用自己的哲学观点及教育经验加以改进、发展与扩充，提出了教育的基本原理，即统一的原则、顺应自然的原则、发展的原则、创造的原则。

（3）幼儿园教育理论

①**幼儿园工作的意义**：幼儿园教育应当作为家庭教育的**补充**而非代替，强调幼儿园是家庭生活的**继续和扩展**。

②**幼儿园工作的任务**：幼儿园通过各种游戏和活动，培养儿童的**社会性与道德**，使之**认识自然和人类**，发展智力、体力，为下一阶段的发展做准备；幼儿园还应该承担起**训练幼儿园教师**、**推广幼儿园教育经验**的任务。

③**幼儿园教育方法**：其基本原理是自我活动或自动性；重要方法是**游戏和社会参与**。

④**幼儿园课程**：建立了一个以**活动和游戏为主要特征的幼儿园课程体系**，包括游戏与歌谣、恩物、手工作业、运动游戏、自然研究、唱歌、表演和讲故事等。

⑤**幼儿园到学校的过渡**："**中间学校**"，帮助儿童顺利实现从感觉直观到抽象思维的转折。

（4）论学校教育

①**教育目的**：使学生彻底了解一切事物的统一性。

②**课程设置**：认识心灵的科目（宗教与宗教教学）；认识外在世界的科目（自然科学与数学）；统一二者的科目（语言）。此外，还增加了表现人的内心的科目（艺术）。

（5）评价

福禄培尔顺应了19世纪以来发展幼儿教育的需要，创立了**系统的幼儿园教育理论**，建立了**第一所幼儿园**，使得幼儿教育成为教育实际工作和教育理论中的一个独立的部分，对幼儿教育的发展发挥了重要作用。其儿童教育观是19世纪末欧美**儿童中心主义教育思潮的渊源之一**。

题目12 **论述杜威的教育思想** ▸要点背诵

答：杜威是20世纪美国著名的哲学家、社会学家和教育家，被称为"哲学家们的哲学家"。杜威的代表作《民主主义与教育》最集中、最系统地表述了他的教育理论。

（1）论教育的本质

"教育即生活""教育即生长""教育即经验的改造"这三个命题，是杜威教育理论的总纲领。

①**"教育即生活"**。杜威从教育与社会生活的关系这一角度提出"教育的本质即生活"的观点。在杜威看来，人不能脱离学校，也不能脱离眼前的生活。

a. 教育即生活本身，而不是为未来生活做准备。

b. 学校生活应与儿童自己的生活相契合，满足儿童的需要和兴趣。

c. 学校生活应与学校以外的社会生活相契合，适应社会变化的趋势并成为社会发展的重要力量。

d. 杜威进一步提出"学校即社会"，意在使学校生活成为一种经过选择的、净化的、理想的社会生活，使学校成为一个合乎儿童发展的雏形的社会。

e. 要落实"学校即社会"，就必须改革学校课程。将代表社会生活的活动性课程引入是使学校与社会生活相关联的基本保证。

②**"教育即生长"**。"教育即生长"是针对当时的教育无视儿童天性、消极对待儿童、不考虑儿童的需要和兴趣等弊端而提出的。

a. 生长是一个持续不断的过程，没有终极目标，是机体与环境相互作用的结果，是持续不断的社会化的过程。

b. 杜威要求摒除压抑、阻碍儿童自由发展之物，使一切教育和教学适合儿童的心理发展水平、需要和兴趣，要求尊重儿童，但反对放纵。

c. 杜威提出的"儿童中心主义"教育原则，是杜威民主理想的反映。他认为儿童充分生长本身便是民主主义的要求，便含有丰富的价值意义。

③**"教育即经验的改造"**。杜威认为"一些真正的教育从经验中产生"，他把教育视为从已知经验到未知经验的连续过程。

a. 克服了经验与理性的对立。经验的过程是一个实验的过程、运用智慧的过程、理性的过程。

b. 拓宽了经验的外延。经验不只是知识的积累，而是构成人的身心各种因素的全面改造、全面发展、全面生长。

c. 强调经验过程中人的主动性。不单是有机体受着环境的塑造，还存在着有机体对环境的主动改造。

（2）论教育的目的

①**教育无目的（"教育即生长"）**。由儿童的本能、冲动、兴趣所决定的具体的教育过程（"生长"），就是教育的目的。

②**教育的社会性目的是民主，为社会进步服务，为民主制度完善服务**。教育是社会进步及社会改革的基本方法，学校是社会进步和改革的最基本、最有效的工具。过程以内的目的并不否定教育的社会作用和社会目的。民主不仅是教育的目的，也是教育的要求。

（3）论课程与教材

①**批判传统课程**。杜威强烈反对传统教育所使用的以既有知识体系为中心的课程和教材，认为这种教材违反儿童的天性，超出儿童已有的经验范围。他认为教材应该和儿童的活动经验相联系，依据儿童的心理发展水平，让儿童从做中学。

②**"从做中学"**。在经验论的基础上，杜威要求从做中学、从经验中学，要求以活动性、经验性的作业取代传统书本的统治地位（如开设园艺、烹饪、印刷、纺织、油漆、绘画、唱歌等经验性课程）。这些活动既能满足儿童的心理需要，又能满足社会性的需要，还能使儿童对事物的认识具有统一性和完整性。

③**"教材心理化"**。"教材心理化"是指把各门学科的教材或知识各部分恢复到原来的经验，恢复到它所被抽象出来的原来的经验，也就是把间接经验转化为直接经验，即直接经验

化。之后再把直接经验组织化，从而形成能提供给有技能的、成熟的人的教材形式。

④杜威课程理论的不足之处。 杜威的课程理论在当时学校课程严重脱离社会实际和儿童身心发展条件的情况下是有积极作用的，但从实践的角度去看，疑点很多。

a.杜威意在通过直接经验去理解系统知识，但在一定程度上忽视了理解直接经验需要以一定的系统知识为条件。

b.并非所有的系统知识都可以还原为直接经验。

c.怎样将学生的个人直接经验组织成较为系统的知识，是一个非常难解决的问题。

（4）论思维与教学方法

杜威反对以教师、教科书、教室为中心的传统教学方法，他推崇的教学方法是一种"从做中学"的方法，这是一种在经验的情境中思维的方法。

杜威力倡反省思维，即对某个经验情境中的问题进行反复、严肃、持续不断的思考，其功能在于求得一个新情境，把困难解决、疑虑排除。

反省思维包括五个步骤，由此形成了教学的五个步骤：a.学生要有一个真实的经验的情境；b.在这个情境内部产生一个真实的问题；c.拥有知识资料，进行必要的观察；d.开发解决问题的方法；e.通过应用来检验想法。

（5）论道德教育

①道德教育的主要任务 是协调个人与社会的关系。认为个人的充分发展是社会进步的必要条件，社会的进步又可以为个人的发展提供更好的基础。

②道德教育的目的 就是要培育出时代的新人。这种人不会因追逐个人私利而不顾公利，也并不头脑僵化、固守成规而对变动不居的社会熟视无睹。

③道德教育的途径和方法： 杜威认为道德教育应在社会性的情境中进行，要求学校生活、教材、教法皆渗透社会精神，视学校的现实生活、教材和教法为"学校德育之三位一体"。在方法方面他主要抓学生的情感反应，培养学生趋善避恶的内在要求。

④杜威将道德教育的原理分为社会方面和心理方面。 社会方面的道德教育原理是关于道德教育的"目的和内容"方面，是指道德教育应有社会性的情境、社会性的内容和社会性的目的。心理方面的道德教育原理则是关于道德教育的"方法和精神"方面，是指道德教育若要取得成效，就必须建立在学生本能冲动和道德认识、道德情感的基础上。

题目13 **论述马卡连柯的集体主义教育思想** ⬦要点背诵

答： 集体主义教育是马卡连柯教育体系的核心。他创立了**"在集体中、通过集体、为了集体"**的教育体系，集体是以社会主义的结合原则为基础的人与人相互接触的总体。并且，他认为只有在社会主义条件下，才可能有真正的集体。

①尊重与要求相结合原则： 在他看来，要求与尊重是一回事，既要尊重学生，也要严格要求学生。

②**平行教育影响原则：**强调教育个人与教育集体的活动应同时进行，每一项针对集体开展的教育活动应收到既教育集体又教育个人的效果。

③**前景教育原则：**马卡连柯认为，集体的生命活力在于不停地前进，他要求教师不断地向集体提出新的奋斗目标来刺激集体的活力。这种新的目标就是前景，是人们对美好前途的希望。

④**作风与传统：**马卡连柯认为，培养优良的作风和传统，对美化集体和巩固集体具有重大意义。培养集体的优良作风和传统，既是苏维埃教育的主要任务，又是进行集体主义教育的重要方法。

⑤**论纪律教育：**纪律是达到集体目的的最好方式，也是良好集体的外部表现形式。马卡连柯认为，社会主义社会的纪律是自觉的，不是强制的。良好的纪律是通过争取合理的教育产生的，要求既是教育的基础，又是纪律教育不可缺失的因素和方法。

⑥**评价：**集体主义的教育理论和方法反映了教育的客观规律且具有普遍的指导意义，是在全面总结苏联社会主义教育实践和自己的教育实践的基础上，逐渐形成和发展起来的。对苏联及其他国家的教育都产生过重要影响。

👧 **点 点 小 妙 招** ⭐

记忆口诀：高高理学一般。

四、教育思潮

🧑 **滴 滴 小 提 示** ⭐

教育思潮的代表人物、主要观点易考选择题，需要特别注意。

题目1 **论述新教育运动** （要点背诵）

答：新教育运动又称"新学校运动"，是指 **19 世纪末 20 世纪初**在**欧洲**兴起的教育改革运动。**其主要内容是在教育目的、内容、方法上建立起与旧式的传统学校完全不同的新学校，作为新教育的"实验室"。**代表人物有**英国教育家雷迪、德国教育家利茨和法国教育家德莫林**等。

（1）基本原则

①增进儿童的内在精神力量。

②尊重儿童的个性发展。

③使儿童的天赋自由施展。

④鼓励儿童自制。

⑤培养儿童为社会服务的合作精神。

⑥发展男女儿童教育的协作。

⑦要求儿童尊重他人但也保持个人主义。

（2）特征

①强调科学方法和精神，主张将科学方法应用于教育本身的研究和实验。

②强调自由和民主精神，主张通过自由教育发展儿童内在的潜能，培养学生的观察能力、审美能力和独创精神等。

③强调以经验和兴趣为基础、以活动为中心的教学方法。新教育强调生活教育，注意研究儿童的兴趣和需要等。在教学方法上，强调通过自然环境进行教育，重视儿童兴趣与思维能力的发展，主张用科学的方法来解决问题。

（3）影响

新教育运动促使人们对西方教育传统进行全面反思，推动了人们对于教育现象的重新认识。新教育的思想和实践，对 20 世纪欧美国家的教育发展产生了广泛而深刻的影响，构成了20 世纪西方教育的重要起点。但是，新教育只关注儿童个人的发展，注重精英教育，始终未能解决好教育过程中的一些基本矛盾，如儿童主动性与教师工作的矛盾、活动与系统知识的矛盾、自由与纪律的矛盾以及发展个性与社会合作的矛盾等。

> 👩 **点点小妙招**
>
> 新教育运动的基本原则的记忆口诀：内在个性自由自制，合作协作个人主义。
>
> 新教育运动的特征的记忆口诀：科学自由民主，经验兴趣活动。

题目2 论述进步教育运动中的教育制度或实验 · 要点背诵

答：（1）昆西教学法的主张及其评价

美国**进步主义教育运动的先驱者帕克**在昆西学校和芝加哥库克师范学校进行的教育改革实验中所采取的新的教育方法和措施，被称为"昆西教学法"或"昆西制度"。其主要特征如下：

①强调**儿童**应处于学校教育的中心。

②重视学校的**社会功能**。

③学校课程应与**实际相联系**。

④强调培养儿童**自我探索和创造**的精神。

评价：昆西教学法体现了对儿童的尊重，加强了与社会的联系，但对系统的知识缺乏重视，导致教育质量下滑。

> 👩 **点点小妙招**
>
> 昆西教学法的记忆口诀：童社联系，探索创造。

（2）道尔顿制的主张及其评价

道尔顿制是**美国进步主义教育家帕克赫斯特**针对班级授课制的弊端而提出的一种个别教学制度。其主要内容如下：

①学校废除课堂教学、课程表和年级制，代之以**"公约"或"合同式"**的学习。

②将教室改为**作业室或实验室**，按学科的性质陈列参考用书和实验仪器，供学生使用。

③用**"表格法"**来了解学生学习的进度。

④主张建立基于**自由与合作**两大原则的个性教学制度。

评价：道尔顿制过于强调学生的个别差异，对教师的要求过高，在实施时易导致放任自流，并且，将教室完全改为实验室也不太实际。

外国教育史

> 👧 **点点小妙招**
>
> 道尔顿制的记忆口诀：公合作实表，自由与合作。

（3）设计教学法及其评价

美国**进步主义教育家克伯屈**被称为"设计教学法之父"，他认为培养品格是最终目的。设计教学法的主要内容如下：

①强调**有目的的活动**是教学法的核心，儿童自动地、自发地学习是设计教学法的本质。

②取消课程制、分科教学和教科书，把学生**有目的的活动**作为设计的学习单元。

③将设计教学法分为**四种类型**——生产者设计、消费者设计、问题设计、练习设计。将设计教学法分为**四个步骤**——决定目的、制订计划、实施计划、评判结果。

评价：设计教学法充分发挥儿童的主动性和积极性，注重培养儿童的合作精神，加强了教学与儿童实际生活的联系，但是由于其过于强调根据儿童的经验组织教学，实施的结果必然会削弱系统知识的学习。

> 👧 **点点小妙招**
>
> 设计教学法的记忆口诀：自发设计克伯屈，四类四步有目的。

题目 3 论述进步主义教育运动 ●要点背诵

答： 进步主义教育运动是指 **19 世纪末到 20 世纪 50 年代在美国出现的以杜威教育哲学为主要理论基础，以进步主义教育协会为组织中心，以改革美国学校教育为宗旨的教育革新理论和实践活动。** 著名实验有帕克的昆西教学法、约翰逊的有机教育学校、沃特的葛雷制、帕克赫斯特的道尔顿制、华虚朋的文纳特卡制、克伯屈的设计教学法等。

（1）主要特征

①对儿童观念的变化。进步主义教育运动重新认识**儿童**，强调儿童的地位。

②对**教师**地位和作用看法的改变。进步主义认为教师的作用是鼓励，而不是监督，教师仅仅是用他的高明和丰富的经验分析当前的情境。

③对**学校观念**的变化。学校不再是被动传授知识的场所，而应当是积极主动的，并通过解决问题进行教育，反对教育是生活的准备的观念。

④对**教学、课程、课堂**等观念的变化。进步主义教育强调互动的、热情的和人道的教室气氛；强调课程应适应每个儿童的成熟水平；注重个别化教学；鼓励建立促进合作、共同经验的组织模式等。

（2）影响

①最为重要的贡献是思考了教育中存在的**根本性问题**。进步主义教育运动虽然结束了，但其中合理的成分已成为现代教育基本观点的重要组成部分。

②促进了美国教育由**近代向现代转型**，为美国教育的发展奠定了思想基础，也使得美国从原来教育理论的进口国转变为出口国。

③与欧洲新教育运动的理论相互借鉴、交流，共同奠定了**现代教育思想的重要基础**。

题目4 论述改造主义教育的主要观点及其影响 〔要点背诵〕

答：改造主义教育产生于 **20 世纪 30 年代**，是实用主义教育的一个分支，被称为**"危机时代"的教育理论**。改造主义教育宣称，应该根据现代科学知识来重新解释西方文明的价值观点，并对过去的教育理论进行"改造"，以便通过学校教育来"改造"社会，为创造一种新的世界文明开辟道路。**其代表人物为康茨、布拉梅尔德。**

①**教育应当以"改造社会"为目标**。旨在通过教育为社会成员建设社会新秩序和实现人们共同生活的理想社会。

②**教育应重视培养"社会一致"的精神**。所谓"社会一致"就是指不分阶级的人与人之间的合作关系，改造主义教育家要求学校运用民主的方法，通过相互协作的教育，达到大多数人都能同意的"社会一致"。

③**教育工作应当以行为科学为依据**。行为科学是管理学的一个分支，行为科学中正在出现的革命要求教育重新考察它原来的整个结构，确定学校的目的和原则，并考虑编排教材的方法以及组织教学的途径。

④**课程教学应以社会问题为中心**。主张课程以人文社会科学为主，教学应以社会问题为中心，与解决社会实际问题相结合，重视科学之间的联系。

⑤**教师的主要职责是劝说教育**。教师的主要职责是劝说学生做好准备，去改造自己生活的社会。

⑥**影响**：改造主义教育在美国教育界**产生过一定的影响**，但在美国教育实践中的影响不大。20 世纪 60 年代后受到冷落和批评，其根本原因就在于它**停留在空泛的理论上**，而没有提出切实可行的方案。

外国教育史

题目5 论述要素主义教育思潮的主要观点及其影响 （要点背诵）

答： 作为实用主义教育和进步主义教育对立面的要素主义教育，最初形成于**20世纪30年代末**，其形成的标志是1938年在美国成立的"要素主义者促进美国教育委员会"。**其代表人物是美国教育家巴格莱、科南特。**

①**学校课程的核心是人类文化遗产的共同要素。** 在人类的文化遗产中存在着永恒不变的、共同的、超时空的要素，它们是种族文化和民族文化的基础。

②**教学过程必须是一个严格的训练智慧的过程。** 强调传统的心智训练，传授整个人生的知识，特别注重"天才"的发掘和培养。

③**学生在学习上必须刻苦和专心。** 对学生的学习应该坚持严格的学业标准，促使学生刻苦和专心地学习。

④**教师应该是整个教育过程的权威人物。** 要素主义教育家反对"儿童中心主义"，认为应该充分发挥教师核心地位的作用，确立教师的权威。

⑤**影响：** 要素主义教育对美国的学校教育**产生过重要影响，** 如要求美国普通中小学重新审查它们的课程计划，以保证学生学到基础知识和基本技能。但它也存在一些不足，**如较少考虑到学生的个别差异和能力水平等，** 因而受到一些社会和教育界人士的抨击。

题目6 论述永恒主义教育的主要观点及其影响 （要点背诵）

答： 永恒主义教育是产生于**20世纪30年代**的一种提倡复古的教育理论。其代表人物有**美国的赫钦斯、艾德勒，英国的利文斯通和法国的阿兰。**

①**教育的性质是永恒不变的。** 永恒主义教育家认为，人类社会两千多年的教育基本特点也仍适合我们的时代。

②**教育的主要目的是培养永恒的理性。** 人类天性中存在共同要素——以理性为特征的人性，教育的首要目的就是引出这种要素，使人的理性和精神力量得到充分的发展。

③**永恒的古典学科应该在学校课程中占有中心地位。** 教育应当传承永恒的真理，这些永恒课程是由世界名著构成的，且这些课程应成为普通教育的核心。

④**学生通过教师的教学进行学习。** 通过教师的教学激发学生的思维活动和理智训练。在学

习古典著作时，需要教师的指导来使学生深刻理解名著的内容。

⑤**影响**：永恒主义教育对进步主义教育的批判比要素主义教育更加激进，但从整体上看，**它并没有提出什么新的价值判断标准**。作为一种教育哲学思想，永恒主义教育在教育理论上有一定的影响，但在教育实践中的影响范围并不大，**主要限于大学和上层知识界中的少数人**。特别是由于永恒主义教育的复古态度，把学生的学习仅限于古典著作，遭到了许多人的批判。

👩 点点小妙招

记忆口诀：永恒的古典理性教师。

题目7 论述结构主义教育的主要观点及其影响 ◆要点背诵

答：结构主义教育是**20世纪50年代末**在西方产生的一种以结构主义为方法论和理论基础的，突出认知能力的培养和掌握学科结构的重要性，进而改进教学和课程的教育思潮。其代表人物为美国心理学家布鲁纳。

①**教育应重视学生认知能力的发展**。教育的主要任务是遵循儿童的认知规律，促进学生认知能力的发展。

②**注重掌握各门学科的基本结构**。掌握学科的基本结构有助于理解和把握整个学科的内容。

③**尽早教授学科的基础知识**。结构主义教育家十分重视儿童的早期学习，任何一门学科的基础知识都能以一定的形式教给任何阶段的任何儿童。

④**倡导发现学习法和发现学习**。所谓"发现学习"就是引导儿童从事物表面现象去探索具有规律性的潜在结构的一种学习途径。学习过程类似于人类探索知识的过程，因此提倡发现学习法。

⑤**教师是结构教学的主要辅助者**。学生在教师的引导下发现知识，进而理解和掌握学科的基本结构。

⑥**影响**：结构主义教育思潮对美国及世界上许多国家的教育改革产生了重要影响，它**将认知心理学纳入教育问题的探索**，为教育理论科学化开拓了新路。其关于精选教材、发展智力、发现法教学、螺旋式课程编排等的研究，至今仍对**西方课程理论**产生着影响。但其教育主张也有不足之处，如其学科结构仍为主观设想，没有客观标准，"发现法"也过于**脱离师生水平，教学内容脱离社会生活实际**等，最终导致了学科结构运动在实践中的失败。

👩 点点小妙招

记忆口诀：认知基本结构，尽早发现教师。

题目8 论述现代人本主义教育的主要观点及其影响 〔要点背诵〕

答： 现代人本主义教育思潮是**20世纪70年代**后在美国盛行的以人本主义心理学为理论基础的一种现代教育思潮。其代表人物是**美国的马斯洛、罗杰斯**。

①**教育的目的是培养自我实现的人**。教育的目的就是人的自我实现、完美人性的形成以及人的潜能的充分发展。这种人是具有整体性、动态性和创造人格特征的自我实现的人。

②**构建人本课程**。人本主义教育家提出构建"一体化"的课程，主张课程内容应建立在学生需要、生长的自然模式和个性特征的基础上，应体现出思维、情感和行动之间的相互渗透和相互作用。

③**学校应该创设自由学习和发展的氛围**。影响学校氛围的因素有三个方面：教师和管理者、人与人之间的关系、学习过程。应提倡"以人为中心的教学""非指导性教学""自由学习"等。

④**影响：** 现代人本主义教育注重人的整体发展，强调认知和情感在教育过程中的作用，主张学校应形成最佳的学习气氛，充分发挥和实现人的各种潜能，**给教育理论带来观念上的革新**。但其过分强调个人的价值观和个人的自我实现，简单地把个体的潜能实现与个体的社会价值画上等号，从而**忽视了社会环境和学校教育对个体发展的影响**。

> **点点小妙招**
>
> 记忆口诀：自我本氛围。

题目9 论述终身教育的主要观点及其影响 〔要点背诵〕

答： 终身教育产生于20世纪20年代中期的英国，兴起于20世纪50年代中期的法国，20世纪60年代后在世界上得到了广泛的传播。1972年，前法国教育部部长富尔主持撰写的报告**《学会生存——教育世界的今天和明天》**出版，建议将终身教育作为发达国家和发展中国家在今后若干年内制定教育政策的指导原则。其代表人物是**法国成人教育理论家和活动家保罗·朗格朗**，代表作是《终身教育引论》。

①**终身教育的缘由：** 使人能够做好迎接社会新挑战的准备。

②**终身教育的含义：** 包括了教育的各个方面、各项内容，从一个人出生的那一刻起一直到生命终结时为止的不间断的发展，也包括了在教育发展过程中的各个阶段之间的紧密而有机的内在联系。

③**终身教育的目标：** 培养具有终身学习能力和意愿的人，实现更美好的生活，使人过一种更和谐、更充实和符合生命真谛的生活。其具体目标包含两个方面：培养新人和实现教育民主化。

④**终身教育没有固定的内容和方法**，任务是**学会学习**。

⑤**终身教育是未来教育发展的战略**，对于实现教育机会均等和建立学习化社会有积极意义。

⑥**影响**：终身教育理论自20世纪60年代中期兴起后，便在教育领域中引起了一场广泛而深刻的革命，**终身教育已成为建立学习化社会的象征**。世界上许多国家都把终身教育作为其教育改革和发展的战略重点。尽管如何按照终身教育理论对教育进行总体规划仍需进一步探讨，但是以"学会生存""学会学习""学会关心"为宗旨的终身教育理论和模式**必将会改变未来教育的面貌**。

点点小妙招

记忆口诀：终身教育迎挑战，各个方面不间断，学会学习成战略，培养能力和意愿。

第三部分
教育心理学

一、心理发展与教育

题目1 **试从智力、人格、性别等角度，分析儿童的个体差异** 要点背诵

答：(1) 智力水平的差异（认知水平的差异）

①**智力发展水平的差异**。心理学家根据智力发展水平把儿童分成三个等级，即超常儿童、正常儿童和低常儿童。智力的发展是呈正态分布的。

②**智力发展速度的差异**。智力的发展有早晚的差异，有的儿童天生聪慧，有的儿童大器晚成。

(2) 智力类型的差异（认知方式的差异）

①**知觉方式的差异**。根据知觉时分析和综合所占的比重，知觉方式可以分为分析型、综合型与分析-综合型。分析型的儿童善于分析，但对事物的整体感知较差。综合型的儿童善于概括，把握整体，但不善于分析感知对象的局部。分析-综合型的儿童观察时既能注意事物的整体，也能把握事物的细节。

根据知觉受外界环境影响的程度，知觉方式可以分为场依存型与场独立型。场依存型的儿童倾向于把外在参照系作为心理活动的依据，场独立型的儿童则倾向于把个体内在参照系（主观感觉）作为心理活动的依据。

②**记忆方式的差异**。根据记忆过程中的知觉偏好，记忆方式可以分为视觉型、听觉型、动觉型和混合型。前三种类型的儿童知觉偏好分别为看、听、动手操作，混合型的儿童运用多种感觉通道相互协调与配合。

根据对信息进行加工的深度的不同，记忆方式可以分为深层加工与表层加工。深层加工的儿童擅长理解所学内容，表层加工则侧重记忆学习内容的表面信息。

③**思维方式的差异**。根据思维的概括性，思维方式可以分为艺术型、思维型与中间型。艺术型的儿童具有知觉印象的鲜明性、记忆的形象性、情绪的高度易感性、想象的丰富性等特点。思维型的儿童具有较强的分析能力、概括能力和抽象思维能力。中间型的儿童处于艺术型和思维型之间，兼有二者的特点。

根据学习策略的差异，思维方式可以分为整体型与序列型。在面临问题时，整体型的儿童总是试图把一系列的子问题组合起来进行整体思考，序列型的儿童重视这一系列子问题的

逻辑顺序。

④认知反应方式的差异。

根据认知反应和情绪反应的速度，认知反应方式可以分为冲动型与沉思型。冲动型的儿童有随时行动倾向。沉思型的儿童有沉思、酝酿等倾向。

（3）性格差异的类型

①根据心理活动的倾向，性格可以分为外向型与内向型。外向型的儿童头脑比较灵活，但比较浮躁，不扎实；内向型的儿童意志力和坚韧性较强。

②根据个人独立性的程度，性格可以分为独立型与顺从型。独立型的儿童独立能力强，有自己的主见，善于发现问题和解决问题；顺从型的儿童容易受别人的影响，独立性差，对困难和意外事件的处理缺乏主见。

（4）气质的类型

心理学家把人的气质分为胆汁质、多血质、黏液质和抑郁质四种类型。他们的高级神经活动类型分别是兴奋型、活泼型、安静型和抑郁型。

（5）性别的差异

①**智力的性别差异。**男女两性在智力发展的总体水平上是平衡的，但在智力结构上表现出不平衡性，男女智力差异在不同的年龄阶段有不同的表现。

②**学习动机发展的性别差异。**在小学阶段，女生的成就动机、认知动机都显著高于男生。在中学阶段，男生成就动机中所含的竞争性、新奇性等成分显著高于女生；女生成就动机中的获取知识因素显著高于男生。

③**学习归因的性别差异。**一般来说，女生比男生更容易把失败的原因归结为自身内部因素，男生则更多地归结为外部环境因素。

④**兴趣的性别差异。**男生多"物体定向"，女生多"人物定向"。

题目2 **论述皮亚杰的认知发展阶段理论** ◀逐字背诵

答：皮亚杰认为，认知发展的实质就是适应，即儿童在已有图式的基础上，通过同化、顺应和平衡不断地从低级向高级发展。他把儿童认知发展分为感知运动阶段、前运算阶段、具体运算阶段和形式运算阶段，四个阶段具体内容如下：

（1）感知运动阶段（0~2岁）

这一阶段儿童的语言和表象尚未形成，主要是通过探索感知觉与运动之间的关系来获得动作经验，**手的抓取和嘴的吸吮**是他们探索周围世界的主要手段；认知能力逐渐提升，从对事物的**被动反应发展到主动探究**；儿童大约在9~12个月时获得**客体永恒性**，即当某一客体从儿童视野中消失时，儿童知道该客体并非不存在。

（2）前运算阶段（2~7岁）

这一阶段的儿童**言语和概念**获得了惊人的发展，但还不能进行熟练、合格的运算，还在逐渐掌握之中，且认识事物需要具体实物的支撑。同时，该阶段儿童的思维还存在**自我中心主义、不可逆性、不守恒、刻板性**的特点。

（3）具体运算阶段（7~11岁）

这一阶段的儿童开始接受学校教育，能够进行**合格的运算，**能凭借具体事物或从具体事物中获得表象进行逻辑思维，思维也得到了很大的发展，此阶段儿童的认知具有**去自我中心化、可逆性、守恒性、去集中化**的特点，但这一阶段的儿童刻板地遵守规则。

（4）形式运算阶段（11岁到成人）

这一阶段的儿童摆脱对具体的可感知的事物的依赖，抽象思维得到发展，**思维以命题的形式进行，能采用逻辑推理、归纳或演绎的方式来解决问题，**能理解符号的意义并做出一定的概括，思维发展接近成人的水平。

皮亚杰认为，所有儿童的认知发展都会经历以上四个阶段。认知结构的发展是一个连续建构的过程，每一阶段都有独特的结构，前一阶段是后一阶段的基础。虽然不同的儿童会以不同的发展速度经历这几个阶段，但是都不可能跳过某一发展阶段。

> 🧑 **点点小妙招** ★
>
> 记忆口诀：爱奇艺敢签巨星。爱：2岁；奇：7岁；艺：11岁；敢：感知运动阶段；签：前运算阶段；巨：具体运算阶段；星：形式运算阶段。

题目3 **论述维果茨基的文化历史发展理论** 逐字背诵

答：（1）心理发展的本质

心理发展是个体心理自出生到成年，在环境与教育的影响下，在低级心理机能的基础上，逐渐向高级心理机能转化的过程。心理机能由低级向高级发展的标志主要有这四个方面：a.随意机能的不断发展；b.抽象—概括机能的提高；c.各种心理机能间的关系不断变化、重组，形成间接的、以符号为中介的心理结构；d.心理活动的个性化。

（2）文化历史发展理论的主要观点

①**活动论：**个体心理起源于个体所参与的社会文化活动。社会个体主要的观念、概念、对世界的观点以及沟通方式都是由文化创造的，都是通过参与该文化下的活动形成的。

②**符号中介论：**维果茨基强调人的心理活动与劳动活动都是以工具为中介的。在社会生活和生产过程中，人类创造了两种工具：物质工具与精神工具。

③**内化论：**维果茨基认为人所特有的心理过程都是由语言、标志和符号这样的心理工具充当中介的，人的以符号系统为中介的高级心理机能是由外部集体活动内化而成的，从外部心理

过程结构向内部心理过程结构转化的过程就是内化过程。

（3）教学与发展的关系——最近发展区

关于教学与发展的关系，维果茨基提出了最近发展区，其实质是"**实际的发展水平和潜在的发展水平之间的差距**"。实际的发展水平由独立解决问题的能力而定，潜在的发展水平则是指在成人的指导下或是与更有能力的同伴合作时解决问题的能力。儿童的两种水平之间的差距是动态的。维果茨基主张教学要走在儿童现有发展水平前面，落在最近发展区内，教学一方面使最近发展区变为现实，另一方面也创造着新的最近发展区。

（4）教育应用

①**支架式教学**：重视学生在教师指导下的发现活动，强调教师的指导成分要逐渐减少，最终使学生达到独立发现的程度，将监控学习和探索的责任由教师向学生转移。

②**交互式教学**：实质是教师和学生共同协作的认知活动。在教学的开始，教师先给学生**示范**一些阅读策略，然后教师和学生轮流充当教师的角色来**演练**学习策略，使学生和教师的认知结构得到精细加工和重新建构。

③**合作学习**：重视同伴交往在完成任务过程中的作用。教师要尽量组织、安排能力水平不同的学生进行合作学习，为学生布置那些只有在别人的帮助下才能成功完成的任务，同时还需要给具有不同最近发展区的学生安排不同的任务，以使所有学生能够接受最有利于自身认知发展的挑战。

④**情境认知理论**：任何学习都处在一定的社会或实际的有意义的背景里，这些背景尤其是社会性作用，将通过不同途径影响学习的过程和结果。因此，教师在教学的过程中，要引导学生从旁观者逐渐转变为教学活动的参与者，在社会性互动中获得知识和技能，也就是在真实情境中认知，在真实情境中教学。

👧 **点点小妙招**

心理发展的本质可简单记为：由低级心理机能向高级心理机能发展。

文化历史发展理论的主要观点的记忆口诀：外界活动内容以符号为中介，逐渐内化成自己心理机能的一部分。

题目4 论述埃里克森的心理社会发展理论 要点背诵

答： 埃里克森认为，发展是一个经过一系列阶段的过程，每一个过程都有特定的目标、任务和冲突。如果冲突能得到良好解决，则会形成积极人格；若未能得到良好解决，则会形成消极人格。他把人的心理发展划分为以下八个阶段。

①**第一阶段**：0~1.5 岁所面临的矛盾是**信任对怀疑**，在喂食中形成第一个积极人格，即信任感。婴儿若得到了较好的抚养并与母亲建立了良好的亲子关系，婴儿将对周围世界产生信任

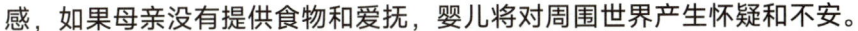

感，如果母亲没有提供食物和爱抚，婴儿将对周围世界产生怀疑和不安。

②**第二阶段：** 1.5~3岁所面临的矛盾是**自主性对羞怯感**，可通过自主吃饭、穿衣来解决。这一阶段儿童渴望自主并试图做一些事情，父母一方面要允许儿童自由地探索，另一方面要给予儿童适当的关怀和保护，儿童就会自主和自信。如果父母对儿童一味地严厉要求与限制，则会使得儿童对自己的能力产生怀疑，有可能导致其一生都对自己的能力缺乏信心。

③**第三阶段：** 3~6岁所面临的矛盾是**主动感对内疚感**，儿童通过独立活动获得。这一阶段，儿童想象自己正在扮演成年人的角色，开始主动参与一些活动。如果父母允许他们做一些活动，并给予鼓励，儿童就会获得信任和责任感。但是，由于儿童能力有限，他们主动的活动常常会被成人所禁止，而过多的干涉可能造成儿童形成缺乏尝试和主动的性格，导致内疚和自卑。

④**第四阶段：** 6~12岁所面临的矛盾是**勤奋感对自卑感**。儿童进入学校学习，开始体会到持之以恒的能力与成功之间的关系，形成一种成功感。如果教师与家长帮助儿童体验到了成功感，儿童就会变得勤奋；如果儿童遇到困难与挫折，或教师与家长没有帮助儿童形成成功感，儿童就会荒废学业，产生自卑感。

⑤**第五阶段：** 12~18岁所面临的矛盾是**同一性对角色混乱**。**这一阶段相当于少年期和青春初期**，比较注重同伴交往。如果个体所想的和所做的与他的角色概念相符合，个体便获得了较好的同一性，对未来就会充满自信和憧憬；如果个体没有获得同一性，那么个体对自己的未来将心生迷茫。

⑥**第六阶段：** 18~30岁所面临的矛盾是**友爱亲密对孤独**。**这一阶段相当于青年晚期**。此时，个体如能在人际交往中与他人建立正常的友好关系，就能形成一种亲密感；如果个体害怕被他人占有或不愿与人分享便会陷入孤独。

⑦**第七阶段：** 30~60岁所面临的矛盾是**繁殖对停滞**。这一阶段包括中年期和壮年期，这里的繁殖不仅包括人的繁衍后代，而且还包括人的生产能力、创造能力等基本能力或特征。如果发展顺利则表现为关爱家庭，富有创造力；如果发展不顺利，个体会陷入自我专注，只关心自己的舒适与需要，对他人及后代感情冷漠。

⑧**第八阶段：** 60岁以后所面临的矛盾是**完善感对绝望感**。**这一阶段相当于老年期**。如果前面几个阶段都能发展顺利，在这个阶段个体就会巩固自己的自我感觉并完全接纳自己；如果前面几个阶段发展不顺利，个体将会陷入绝望，并因此害怕死亡。

点点小妙招

记忆口诀：埃里克森信任主，主动又勤奋，同爱人结婚完美人生。信任：信任—怀疑；主：自主性—羞怯感；主动：主动感—内疚感；勤奋：勤奋感—自卑感；同：同一性—角色混乱；爱人：友爱亲密—孤独；结婚：繁殖—停滞；完美人生：完善感—绝望感。

题目5 论述科尔伯格的道德认知发展阶段理论 •逐字背诵

答： 科尔伯格运用**道德两难**故事法来推断儿童的道德发展水平，提出三水平六阶段的道德认知发展阶段理论。典型的故事是"海因茨偷药"，根据被试的回答，科尔伯格把道德认知发展划分为三个水平六个阶段。

（1）前习俗水平

这一时期的主要特征是儿童的道德观念是纯外在的，儿童遵守规范，但尚未形成自己的主见，着眼于人物行为的具体结果，关心自身的利益。这一时期包括以下两个阶段：

①**惩罚和服从的定向阶段**。这一阶段的儿童缺乏是非善恶观念，认为免受惩罚的行为都是好的，受到批评指责的行为都是坏的，他们因为恐惧惩罚而遵守规则。

②**工具性的相对主义定向阶段**。这一阶段的儿童对自己行为的好坏按行为后果带来的赏罚来定，得赏者为是，受罚者为非，没有主观的是非标准，或是对自己有利就是好，对自己不利就是不好。

（2）习俗水平

这一时期的主要特征是个体逐渐认识到团体的行为规范，进而接受并付诸实践。这一时期包括以下两个阶段：

①**人际协调的定向阶段，又称"好孩子"定向阶段**。这一阶段的个体按照人们所称"好孩子"的要求去做，以得到别人的赞许。

②**维护权威或秩序的定向阶段**。这一阶段的个体服从团体规范，"尽本分"，尊重法律权威，个体判断是非已有法制观念。

（3）后习俗水平

这一时期已经发展到超越现实道德规范的约束，达到完全自律的境界。人们面临道德情境时，可本着自己的良心以及个人的价值观进行道德判断，而未必受传统习俗和社会规范所制约。这一时期包括以下两个阶段：

①**社会契约的定向阶段**。这一阶段的个体有强烈的责任心与义务感，尊重法制，相信契约和法律是人制定的，认为其不适应社会时理应修正。

②**普遍道德原则的定向阶段**。这一阶段的个体有个人的人生哲学，对是非善恶有其独立的价值标准，对事有所为有所不为，不受现实规范的限制。

👧 **点点小妙招**

记忆口诀：成功人为社普。成：惩罚和服从的定向阶段；功：工具性的相对主义定向阶段；人：人际协调的定向阶段；为：维护权威或秩序的定向阶段；社：社会契约的定向阶段；普：普遍道德原则的定向阶段。

题目6 论述布朗芬布伦纳的生态系统理论 ·要点背诵

答： 生态系统理论是布朗芬布伦纳提出的个体发展模型，该理论强调发展个体嵌套于相互影响的一系列环境系统之中。布朗芬布伦纳的生态系统理论的行为系统模型如下所述。

(1) 微观系统

环境层次的最里层是微观系统，指个体互动和交往的**直接环境**。这个环境是不断变化和发展的。布朗芬布伦纳强调，为认识这个层次儿童的发展，必须看到所有关系是双向的，即成人影响着儿童的反应，同时儿童的生理属性、人格和能力也影响着成人的行为。

(2) 中间系统

第二个环境层次是中间系统，指**各微系统之间的联系或相互关系**。布朗芬布伦纳认为，如果微观系统之间有较强的、积极的联系，心理发展可能实现最优化。相反，微观系统之间非积极的联系会产生消极的后果。

(3) 外层系统

第三个环境层次是外层系统，指那些儿童并**未直接参与**却对他们的发展产生影响的系统。

(4) 宏观系统

第四个环境层次是宏观系统，指存在于以上三个系统中的**文化、亚文化和社会环境**。宏观系统实际上是一个广阔的意识形态，规定着如何对待儿童，教给儿童什么以及儿童应该努力的目标。

(5) 历时系统

历时系统也是布朗芬布伦纳模型中的**时间维度**，指把时间作为研究个体成长中心理变化的参照体系，强调要将时间和环境相结合来考察儿童发展的动态过程。

对布朗芬布伦纳生态系统理论的评价：

(1) 优点

①**扩大了心理学研究中环境的概念**。布朗芬布伦纳生态系统理论将"环境"的范围拓展得更宽泛、更复杂，不仅包括了儿童周围的环境，还包括了影响儿童发展的大的社会、文化环境。

②**从多方面促进儿童的发展**。布朗芬布伦纳生态系统理论中的五个系统之间存在千丝万缕的联系。对环境影响的详细分析，可以找出影响儿童发展的因素，从而给予及时的干预。

③强调**发展的动态性**。布朗芬布伦纳生态系统理论将时间维度作为研究个体成长中心理变化的参照体系，认为时间系统最简单的形式是关注一生的过渡点，这与以往发展心理学家所说的"时间"是不同的。布朗芬布伦纳强调了人的发展的动态性，推动了发展心理学的发展。

(2) 局限性

①**过分强调环境对发展的作用**。布朗芬布伦纳的研究是以环境为主的，他忽略了生物性，即遗传对人的发展的影响。

②**未提出一个人类发展的系统的理论模式**。布朗芬布伦纳的生态系统理论强调的是影响人

教育心理学

类发展的因素，尤其是环境的作用，但是它并没有形成一个人类发展的连贯的一般模式，有待于更进一步的发展。

二、学习及其理论解释

题目1 论述社会（观察）学习理论及其应用 逐字背诵

答： 班杜拉认为，儿童是通过观察榜样进行学习的。观察学习是一种间接学习的形式，人类的大多数行为是通过观察而习得的，个体通过观察他人（榜样）所表现的行为及其后果，可获得榜样行为的符号表征和经验教训，并可引导观察者今后的行为。班杜拉认为这一过程受注意、保持、动作再现和动机四个子过程的影响。

①**注意过程：** 决定着观察者在大量的榜样中选择什么作为观察对象，抽取榜样哪些信息。影响注意过程的因素有榜样行为的特性、榜样的特征和观察者的特征。

②**保持过程：** 使学习者把瞬间的经验转变为符号概念，形成示范活动的内部表征。动作的保持依赖于表象系统、语言系统及动作演练。

③**动作再现过程（复制过程）：** 把原有的行为成分组合成信息的反应模式。动作再现过程就是观察后的模仿过程。

④**动机过程：** 决定哪种经由观察习得的行为得以表现。习得的行为是否表现除了受对行为的直接强化影响外，还受替代强化和自我强化的影响。

a. 直接强化： 又称外部强化，指外界因素对学习者的行为产生的直接强化。

b. 替代强化： 指观察者在模仿榜样的行为时，是以榜样做出反应时所受到的强化为动力的，看到榜样受强化而受到强化。

c. 自我强化： 指观察者依照自己的标准对行为做出判断后而进行的强化。

点点小妙招

社会（观察）学习理论的记忆口诀：猪饱了再动。猪：注意过程；饱：保持过程；再：动作再现过程；动：动机过程。

社会（观察）学习理论的教育应用如下所述。

（1）教授新行为、技能、态度和情感

①教师需要将所期望的行为、技能、态度和情感以明确外显的方式示范出来或者树立理想的榜样，让学生观察得到，并对学生的模仿行为予以强化。

②教师要注意发挥自身的榜样作用。

③教师对世界的好奇心、对本学科的热爱以及对学习的热情等将感染学生。

（2）监控学生习得行为的表现

学生可能已经学会某种行为，并且知道自己也需要做出这种行为，但是，他们需要教师进行角色示范或者树立榜样来促使他们表现出这种行为。反过来，学生也可能习得某种不良行为，教师需要采取一定的措施来阻止这种行为的发生，包括去抑制效应、抑制效应和社会促进效应。

题目2 论述布鲁纳的认知结构发现说 （逐字背诵）

答： 布鲁纳主张学习的目的在于以发现学习的方式，使学科基本结构转变为学生头脑中的认知结构。他的理论常被称为"认知结构发现说"，主要包括以下三个观点：

（1）认知学习观

①学习的**实质**在于主动地形成认知结构。学习者不是被动地接受知识，而是主动地获取知识；学习者通过把新获得的信息和已有的认知结构联系起来，进而积极地构建其知识体系。

②学习包括获得、转换和评价三个过程，且这三个过程几乎是同时发生的。

（2）结构教学观

①教学的**目的**在于理解学科的基本结构。学习学科的基本结构可以促进理解、利于记忆、增强迁移、引导知识体系形成。

②掌握学科的基本结构的**教学原则**，包括动机原则、结构原则、序列原则（程序原则）和强化原则。

（3）发现学习法

发现学习法指学习者用自己的头脑亲自获得知识的一切形式的方法。发现不只限于发现人类尚未知晓的事物，还包括发现人类现有的知识，是来源于学习活动中主体对经验的直接发现或创造，并非由他人的传授而得，又叫"创造学习"。发现学习法的教学包括提出问题—做出假设—验证假设—形成结论这四个步骤。

对布鲁纳认知结构发现说的评价：

①克服以往学习理论根据动物实验的结果而推演到人的学习的种种缺陷。

②把研究的重点放在学生获得知识的内部认知过程和教师如何组织课堂以促进学生"发现"知识上。

③强调学生学习的主动性，强调学习的认知过程，重视认知结构的形成，注重学生的知识结构、内在动机、独立性与积极性在学习中的作用。

④完全放弃知识的系统讲授，而以发现法教学来代替，夸大了学生的学习能力，忽视了知识学习活动的特殊性，忽视了知识的学习与知识的生产过程的差异。

👩 **点点小妙招**

同学们记住"学习观、教学观、学习法"即可，再结合理论名称"认知结构发现说"识记理论的三个部分，即"认知学习观、结构教学观、发现学习法"。

教育心理学

题目3 论述有意义学习的实质与条件 ·逐字背诵

答： 奥苏伯尔提出的有意义学习，就是将符号所代表的新知识与学习者认知结构中已有的适当观念建立**非任意的和实质性的联系**。非任意的联系是指新知识与认知结构中有关的观念建立在某种合理的或逻辑上的联系，是内在联系而不是任意的联想或联系。实质性的联系是指新的符号或观念与学习者认知结构中已有的表象、已经有意义的符号、概念或命题的联系，实际上就是一种非字面联系。

有意义学习的产生既受学习材料的影响，也受学习者自身因素的影响。

(1) 外部条件

有意义的**学习材料**必须具有逻辑意义，这种逻辑意义指的是材料本身在人的学习能力范围内而且与有关观念能够建立非任意的、实质性的联系。

(2) 内部条件

①学习者认知结构中必须具有**适当的知识**，以便与新知识进行联系。

②学习者必须**积极主动**地使这种具有潜在意义的新知识与他认知结构中有关的原有知识发生相互作用，导致原有知识得到改造，新知识获得实际意义，即心理意义。

③学习者必须具有有意义学习的**心向**，也就是积极主动地把新知识与认知结构中原有的适当知识加以联系的倾向。

评价： 奥苏伯尔的有意义学习重视学生学习的主动性，强调新知识对原有知识的依赖性，强调认知结构对学习新知识的重要性，对于我们今天的教学有着重要的启发作用。

> **滴滴小提示**
>
> 影响因素类的题目同学们不用死记硬背，抓住主观与客观两大维度即可。主观一般与学习者本身相关，如学习者的兴趣、动机、心向、已有的知识经验等；客观一般与学习材料和教师指导相关。相关影响因素类的题目，如影响学习动机的因素、影响知识迁移的因素、影响问题解决的因素、影响创造力的因素等都可以采用这一答题思路作答。

题目4 论述加涅的学习阶段理论 ·要点背诵

答： 加涅认为，学习过程可以分解成八个阶段，教学的艺术就在于使学习阶段与教学事件相匹配。

①**动机阶段：** 学习者被告知学习目标，形成对学习结果的期望，激起学习兴趣。

②**领会阶段：** 依据其动机和预期对外在信息进行选择，只注意那些与学习目标有关的刺激。

③**习得阶段（获得阶段）：** 对信息进行编码和储存。

④**保持阶段：** 将已编码的信息存入长时记忆。

⑤**回忆阶段：** 根据线索对信息进行检索和回忆。

⑥**概括阶段：** 在变化的情境或现实生活中利用所学知识，对知识进行概括，将知识迁移到新的情境中。

⑦**操作阶段：** 利用所学知识，对各种形式的作业进行反应。

⑧**反馈阶段：** 通过操作活动的结果认识到学习是否达到了预定目标，从而在内心得到强化，使学习活动告一段落。

评价： 加涅提出的学生学习的阶段，为理解教学和教学过程、进行教学设计提供了可操作性的思路。

> **点点小妙招**
>
> 记忆口诀：动领习保一概作反。一：回忆阶段。

题目5 论述人本主义理论及其教学应用 （逐字背诵）

答：(1) 罗杰斯的学习观与教学观

①**知情统一的教学目标。** 罗杰斯认为情感和认知是人类精神世界中两个不可分割的有机组成部分，两者融为一体。罗杰斯的教育理想是培养"躯体、心智、情感、精神、心力融汇一体"的人，也就是既用情感的方式也用认知的方式行事的情知合一的"完人"或"功能完善者"。

②**学习观：有意义的自由学习。** 罗杰斯的有意义学习是一种与个人各部分经验都融合在一起，使个体的行为、态度、个性，以及在未来选择行动方针时发生重大变化的学习。其要素为：全神贯注、自动自发、全面发展、自我评估。学习原则的核心就是让学生自由学习。

③**教学观：非指导性教学。** 教师是学生学习的"促进者"，以学生为中心促进教学；采用"非指导"的形式，强调指导的间接性、非命令性；非指导性教学的关键在于促进形成学习的良好心理氛围。

其特点为：非指导性教学的教学过程无固定结构，教学无固定内容，教师不做任何指导。

④**师生关系：** 罗杰斯十分重视教学过程中的师生关系，认为促进学习的关键在于教师和学生的关系。因此，教学的重点也应当放在良好的师生关系或教师态度上。

(2) 人本主义理论的教学应用

罗杰斯等人本主义心理学家从他们的自我实现理论及"患者中心"出发，在教育实践中倡导以学生经验为中心的"有意义的自由学习"，推动了教育改革的发展。人本主义理论的教学应用表现在以下四个方面：

①**重视学习者的内心世界。** 人本主义心理学家认为，教师要关注学习者在教学过程中的情感、兴趣、动机、潜在智能等心理活动，设身处地地为学习者着想，使他们感受到学习的乐

趣，从而全身心地投入学习。

②对学习者持积极乐观的态度。人本主义心理学家提倡教育目标应该指向学习者的创造性，这就要求教师应当充分地尊重、了解与理解学生，创设自由的、宽松的、快乐的学习氛围，激发学生的学习积极性，从而促进学生的学习与成长。

③重视教师的态度定势与教学风格。人本主义心理学家重视师生关系、课堂气氛及群体动力的作用，特别是促使教师更加重视与研究那些涉及人际关系与人际感情的问题，以便从学生的外部行为理解其内在的动因及在讲授知识中正确地理解自己。

④重视有意义学习与过程学习。人本主义心理学家主张的"做中学"以及在学习过程中学会如何学习的观点，有利于在教学中消除教师与学生、学和做、目的和手段之间的对立，使学习成为乐趣。

> 🧑 **滴滴小提示** ⭐
>
> **罗杰斯的有意义学习与奥苏伯尔的有意义学习**
>
> 罗杰斯：关注学习内容与个人之间的关系。
>
> 奥苏伯尔：强调新旧知识之间的联系，只涉及理智，而不涉及个人意义。
>
> 按照罗杰斯的观点，奥苏伯尔的有意义学习实际上是一种无意义学习。

题目6 论述建构主义理论的基本观点 ●逐字背诵

答：建构主义认为，知识学习都遵循知识的双向建构过程。个体获得知识的过程是学习者建构自己的知识的过程，建构主义的观点主要包括以下四点：

（1）知识观

在知识观上，建构主义在一定程度上质疑知识的客观性和确定性，强调知识的动态性。

①在知识应用上，知识并不能精确地概括世界的法则，在具体问题中需要针对具体情境进行再创造。

②在知识学习上，不同学习者对同一命题会有不同理解。理解是由个体基于自己的知识经验背景而建构的，取决于特定情境下的学习历程。

③在知识意义上，知识并不是对现实的准确表征，它只是一种解释、一种假设，并不是问题的最终答案。

（2）学生观

学生不是被动的信息吸收者，而是意义的主动建构者。

①学生并不是空着脑袋进入教室的，他们在日常生活、学习中，已经形成丰富的**经验**；在学生建构知识的过程中，现有的知识、经验和信念起着非常重要的作用。

②由于经验背景的差异，学生对问题的**理解常常各异**。在学生共同体中，这些差异本身便

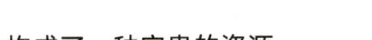

构成了一种宝贵的资源。

（3）学习观

学习者通过新旧经验的相互作用，来充实、丰富和改造自己的知识经验。学习者的知识构建过程有以下三个重要特征：

①**主动构建性：**面对新信息、新概念、新现象或新问题，学习者需要主动激活头脑中的先前知识经验，通过高层次思维活动，对各种信息和观念进行加工转换，对新、旧知识进行综合和概括，解释有关现象，形成新的假设和推论，并对自己的想法进行反思和检验。

②**社会互动性：**学习是通过对某种社会文化的参与，内化相关知识和技能，掌握有关工具的过程，这一过程常常需要通过一个学习共同体的合作互动来完成。

③**活动情境性：**知识存在于具体的、情境性的、可感知的活动中，不可能脱离活动情境而抽象地存在，只有通过实际情境中的应用活动才能真正被人理解。

（4）教学观

①教学要把学生现有的知识作为**新知识的生长点，**引导学生从原有的知识经验中"生长"出新的知识经验。教师要为学生组织知识建构的活动，促进他们知识经验的重新组织、转换和改造。

②教学要为学生创设理想的学习**情境，**激发学生的推理、分析、鉴别等高级思维活动，同时给学生提供丰富的信息资源、处理信息的工具、适当的帮助与支持，促进他们自身建构意义以及解决问题的活动。

> 🧑 **点 点 小 妙 招**
>
> 建构主义的"四观"相当于在人本主义的学习观和教学观的基础上增加两大主体，一是学生，二是学生学习的对象——知识。这里的"观"，同学们可以简单理解为"对……的看法"，即对知识的看法、对学生的看法、对学习的看法、对教学的看法。

三、学习动机

题目1 **论述学习动机的分类** 要点背诵

答：学习动机是为引起和维持个体进行学习活动，并使活动朝向一定的学习目标，以满足某种学习需要的一种内部心理状态，具有引发、定向、维持、调节作用，按照不同的分类标准可以划分为不同的类别。

①根据**作用与活动关系的远近，**可分为近景的直接性动机和远景的间接性动机。近景的直接性动机是与学习活动直接相连的动机，来源于对学习内容和学习结果的兴趣。远景的间接性动机是与学习的社会意义和个人前途相连的动机。

②根据**活动的地位**，可分为主导性动机和辅助性动机。主导性动机是对学习活动起支配作用的动机。辅助性动机是对学习行为起辅助作用的动机。

③根据**影响学生学业成就**的不同，奥苏伯尔把内驱力分为认知内驱力、自我提高内驱力和附属内驱力。认知内驱力是个体了解、理解和掌握知识，以及系统地阐述并解决问题的需要。自我提高内驱力是个体因自己的胜任能力或工作能力而赢得相应地位的需要。附属内驱力是个体为了保持长者们的赞许或认可而表现出来的把工作做好的一种需要。

④根据**动力来源**，可分为内部动机和外部动机。内部动机指对学习本身有兴趣所引起的动机。外部动机指由外部诱因引起的动机。

⑤根据**作用范围**，可分为个人动机和情境动机。个人动机是与个体自身的需求、信念和价值观以及性格特征密切相关的动机。情境动机是与情境因素密切相关的动机。

⑥根据**社会意义**，可分为正确的、高尚的学习动机和错误的、低下的学习动机。正确的、高尚的学习动机的核心是利他主义，学生把当前的学习同国家和社会的利益联系在一起。错误的、低下的学习动机的核心是利己的、自我中心的，学习的动机来源于自己眼前的利益。

> 🧑 **点点小妙招** ★
>
> 记忆口诀：两活动成就来源于作用与意义。两活动：作用与活动关系的远近、活动的地位；成就：影响学生学业成就；来源：动力来源；作用：作用范围；意义：社会意义。

题目2 论述需要层次理论 •要点背诵

答： 马斯洛在解释动机时强调需要的作用。他提出的需要层次理论认为人的所有行为都是有意义的，都有其特殊的目标，这种目标来源于我们的需要。

(1) 基本观点

马斯洛认为，人有七种基本需要：

①**生理的需要：** 维持生存和延续种族的需要。

②**安全的需要：** 受保护与免遭威胁、获得安全感的需要。

③**归属与爱的需要：** 被人接纳、爱护、关注、鼓励、支持的需要。

④**尊重的需要：** 希望被人认可、关爱、赞许等维护个人自尊心的需要。

⑤**求知与理解的需要：** 通过探索、试验、阅读、询问等了解自己不理解的东西的需要，学习动机正是来源于这种需要。

⑥**审美的需要：** 欣赏、享受美好事物的需要。

⑦**自我实现的需要：** 精神上臻于真、善、美合一的至高人生境界的需要，即个人理想全部实现的需要。

(2) 特点

①**类别方面：** 前四种属于缺失性需要，是我们生存所必需的，对生理和心理的健康是很重

要的，必须得到一定程度的满足，一旦得到了满足，由它们产生的动机就会消失。后三种属于成长需要，虽不是我们生存所必需的，但对我们适应社会来说却有很重要的积极意义，它们很少能得到完全满足。

②**层次方面**：各种需要不仅有高低层次之分，而且有先后顺序之别，低层次的需要满足了，才会产生高层次的需要。当这些较低级的需要都满足后，人最终就会进入自我实现的需要层次。自我实现作为最高级的需要，有两层含义，即完整和丰满的人性的实现以及个人潜能或特性的实现，但由于种种原因，只有少数人可以达到自我实现的境界。

点点小妙招

七种基本需要的记忆口诀：李安蜀中知美食。李：生理的需要；安：安全的需要；蜀：归属与爱的需要；中：尊重的需要；知：求知与理解的需要；美：审美的需要；食：自我实现的需要。

滴滴小提示

也有学者认为人的基本需要有五种，它们由低到高依次排列成一定的层次，即生理的需要、安全的需要、归属与爱的需要、尊重的需要和自我实现的需要。

题目3 从学习动机的角度，论述自由学习理论 要点背诵

答：人本主义心理学家、教育家罗杰斯提出了自由学习理论。

(1) 主要观点

①从学生方面看，只有自主、自动、自发地学习才能帮助学生达到自由学习的状态。我们要引导学生将情感和理智全部投入学习中，这样才能激发学生的天赋潜能。

②从学的方面看，有意义学习可以帮助学生达到自由学习的状态。罗杰斯的有意义学习是指学习内容与个休的态度、情感、理想等非智力因素融为一体的学习。

③从教的方面看，非指导教学可以帮助学生达到自由学习的状态。非指导性教学重在创造一种相互理解、支持、尊重的学习环境，使学生可以对知识持有开放的态度。

④从师生关系看，真诚友好的师生关系和教师"促进者"的身份可以帮助学生达到自由学习的状态。

(2) 原则

①天赋潜能：每个人都具有学习、发现知识和经验的天赋潜能和愿望。

②内容有意义：学习内容有意义且符合学生学习的目的和发展要求，才能产生有效学习。

③较少威胁：学生只有在较少威胁的情境下才会进行有效学习。因此，在教学过程中教师要努力营造轻松的学习氛围，减轻学生的心理压力。

④不可逼迫：当外部威胁降至最低限度，即学生处于一种相互理解、支持和尊重的环境中时，才会产生良好的学习效果。

⑤直面问题：让学生直面各种实际问题，重视生活能力，在做中学，是促进学习的最有效方式之一。

⑥自我发起：涉及学生整个人（包括情感和理智）的自我发起的学习，是最持久、最深刻的学习。

⑦自我评价：让学生对自己的学习结果进行自我评价，可以培养学生的独立性、创造性和自主性学习。

⑧态度开放：在现代社会中，最有用的学习是了解学习过程、对经验始终持开放态度，并把它们结合到自己的变化过程中去。

（3）应用

在应用自由学习理论时，教师要注意创设真实的问题情境、提供学习资源，教学时利用社区、使用合约、使用同伴教学和程序教学，注重探究训练、分组学习、交朋友小组，探究结束后注重自我评价。

题目4 论述成就动机理论 · 要点背诵

答： 成就动机是追求卓越、获得成功的动机。麦克利兰将成就动机分为追求成功的倾向与避免失败的倾向。一个人的成就行为体现了这两种倾向的冲突：个体如果追求成功的倾向强于避免失败的倾向，则将努力追求特定的目标；如果避免失败的倾向强于追求成功的倾向，则会尽可能地选择减少失败机会的目标。

阿特金森对成就动机理论做了进一步的发展，运用数理化的形式来描述成就动机，他认为，**趋向成功的倾向（Ts）＝趋向成功的动机（Ms）× 成功的可能性（Ps）× 积极的诱因值（Is）；避免失败的倾向（Taf）＝避免失败的动机（Maf）× 失败的可能性（Pf）× 消极的诱因值（If）。** 成就动机就是这二者之差。

当一个人 $Ts > Taf$ 时，则称之为追求成功者，在选择任务方面，这类人倾向于选择主观估计的成功概率约为 50% 的任务，这对他具有最大的挑战性。因此，在教学中教师对于这类学生可以为他们设定有难度的任务、创设竞争的环境并严格评定他们的考试分数。

当一个人 $Ts < Taf$ 时，则称之为避免失败者，在选择任务方面，这类人倾向于选择非常容易或非常难的任务，害怕心理上的失败。因此，在教学中教师对于这类学生可以发挥表扬、激励的作用，创设竞争性较弱的环境，并给予他们较为宽松的评分。

总之，教师需要适当地掌握评分标准，使学生感到要获得好成绩是有可能的，但也不是轻而易举的。

点点小妙招

成就动机将学习者分为两类，即追求成功者与避免失败者。这部分内容同学们可以简单理解为个体对成功的追求，因为对于部分人来说，如果能避免失败，也是一种成功。

题目5 论述成败归因理论 ·要点背诵

答： 归因是人们对自己或他人活动及其结果的原因所做出的解释或推论。韦纳将活动成败的原因归结于六个因素：**能力高低、努力程度、任务难易、运气好坏、身心状态、外界环境。他又将这六个因素归为三个维度：控制点维度（内部因素和外部因素）、稳定性维度（稳定因素和不稳定因素）、可控性维度（可控因素和不可控因素）。**

（1）不同归因对学生产生的不同影响

①控制点影响成败的情绪体验。 将成功归因于内部因素，则会产生骄傲、自豪感和满意；将成功归因于外部因素，则会产生侥幸心理。将失败归因于内部因素，则会产生羞愧和内疚；将失败归因于外部因素，则会感到生气和不公。

②稳定性影响情绪和对未来成败的预期。 将成功归因于稳定因素，则期望未来再度成功；将成功归因于不稳定因素，则会产生侥幸心理。将失败归于稳定因素，如能力缺乏，则预期再度失败，从而降低积极性；将失败归因于不稳定因素，则会产生愤怒的情绪。

③可控性影响情绪反应和行为。 将成功归因于可控因素，则会增强自信心；将成功归因于不可控因素，则会导致自信心下降。将失败归因于可控因素，如努力，则会感到内疚，下次更加努力；将失败归因于不可控因素，如运气，则倾向于不作为。

（2）成败归因理论对教育的启示

①无论成功或失败，将结果归因于努力比归因于能力，都会引发更强烈的情绪体验。

②当不同的学生在付出同样的努力时，能力低者应得到更多的奖励。

③能力低而努力的学生应受到最高评价，而能力高却不努力的学生则应受到最低评价。

题目6 论述自我效能感理论 ·要点背诵

答： 自我效能感是班杜拉提出来的，指个体根据以往多次成败的经验，确认自己对某一特定工作是否具有高度效能，即个体对自己能否成功施行某一成就行为的主观判断。自我效能感形成的影响因素主要有以下五种：

①直接经验： 学习者成功的经验会提高人的自我效能感，多次失败的经验会降低人的自我效能感。不断成功会使人建立起稳定的自我效能感，还会泛化到类似情境中去。

②替代经验： 学习者通过观察榜样的行为而获得的间接经验对自我效能感的形成具有重要影响。当学习者看到与自己的水平差不多的人取得成功时，就会增强自我效能感，反之就会降低自我效能感。

③**身心状况**：个体对自己身心状况的评估会影响其效能期望。

④**言语说服**：他人建议、劝告和解释以及对自我的引导也有助于改变个体的自我效能感。

⑤**情绪唤起**：班杜拉认为情绪和生理状态也影响自我效能感的形成。在充满紧张、危险的场合或负荷较大的情况下，情绪易于唤起，而高度的情绪唤起和紧张的生理状态会妨碍行为的操作，降低个体对成功的预期水准。

> 😊 **点点小妙招** ⭐
>
> 自我效能感形成的影响因素的记忆口诀：接替新言情。新：身心状况。

自我效能感的功能：

①影响个体在困难面前的**态度**。

②影响个体对活动的选择及对该**活动的坚持性**。

③影响个体新行为的获得和习得行为的**表现**。

④影响个体活动时的**情绪**。

评价：自我效能感理论克服了传统心理学重行轻欲、重知轻情的倾向，把人的需要、认知、情感结合起来研究人的行为动机，具有极大的科学价值，但仍然没有形成一个比较完整的、统一的理论框架。

> 😊 **滴滴小提示** ⭐
>
> 这部分内容可能还会考查自我效能感的培养措施，同学们可以根据影响因素作答，如增加学生成功的经验、选择恰当的榜样等。

题目 7 论述自我价值理论 要点背诵

答：①**代表人物**：科温顿。

②**观点**：自我价值是指认为自己是优秀、有能力的个体的一种信念。自我价值理论认为，接纳自我是人的最优先追求，而接纳自我的前提是自我价值，自我价值则通常基于在竞争中取得成功的能力。一旦自我价值受到威胁，人将竭力予以维护和防御，以建立正面的自我形象，从而接纳自我。

③**分类**：a.**高趋低避型**，被称为成功定向者或掌握定向者。这类学生拥有无穷的好奇心，通过不断刻苦努力来发展自我，通常表现得自信机智。b.**低趋高避型**，被称为逃避失败者。对这类学生来说，逃避失败要比对成功的期望更加重要。c.**高趋高避型**，被称为过度努力者。这类学生同时受到成功的诱惑和对失败的恐惧，他们对某一项任务既追求又排斥，兼具了前两种类型学生的特点。d.**低趋低避型**，被称为自甘失败者。这类学生不奢望成功，对失败也没有羞耻和恐惧，放弃了通过能力来保持其身份和地位的可能。

④**应用：** a.把指导学生认识学习目的、培养学生的学习动机视为学校教育最重要的目的。b.自我价值理论对教育过程中的很多现象具有独特的解释能力。如学生努力的态度，学习动机随年龄的增长而降低，学生对任务的选择、对目标的选择、对考试的抱怨等都能进行合理解释。表面看起来是学习动机降低，实质上却是自我价值保护这一学习的内在动机的加强。c.教师要合理设置任务，采用相应的措施。该理论将学生划分为四类，很好地解释了为什么学生在学业上会有不同表现，为教师针对学生特点开展恰当的教育提供了明确的方向。但是它直接将人追求成功与避免失败归因为维护自我价值或尊严，忽视了学生对于学习的兴趣爱好等，使得该理论存在不足之处。

滴滴小提示

自我价值理论的分类同学们可以结合成就动机理论进行理解记忆，应用部分无须记忆，根据内容及对理论的理解自行阐述即可。

题目8 论述成就目标理论（目标定向理论） 要点背诵

答： 德维克区分了人的两种能力内隐观：一种为能力实体观，认为能力是固定的，不可改变的；另一种为能力增长观，认为能力是不稳定的、可控的，可以随着知识的增长、技能的训练而提高。

①**能力实体观的学生：** 又称自我卷入型学习者，他们的学习是为了做给别人看或向别人证明自己的能力，关注点是自我在别人心中的形象。这类人倾向于设置表现目标，即能让他人对自己的表现做出好评的目标。这类学生倾向于选择那些容易实现并能证明自己有能力的工作，从而避免被别人看不起。

②**能力增长观的学生：** 又称任务卷入型学习者，他们的学习是为了个人成长，而不是跟别人比，他们关心能否掌握任务，而不是表现是否出众。这类人倾向于设置掌握目标，即学习新事物、提高技能的目标。这类学生倾向于选择那些有挑战性的任务，以求通过自己的努力来真正发展自己的能力，提高自己的技能。

后来，研究者将趋近和回避两种动机与成就目标相结合，组合出四种目标类型：

①**掌握趋近目标：** 着眼于掌握知识、完成任务，获得比自己过去强的能力或者胜任任务的能力。

②**掌握回避目标：** 着眼于避免跟自己相比、跟任务相比感到自己的无能，避免任务没有完成或者内容没被掌握。

③**表现趋近目标：** 着眼于展示自己的能力，做到比别人优秀，根据常模标准来判断自己的表现。

④**表现回避目标：** 着眼于避免在别人面前表现差劲，避免跟别人相比显示自己的无能。

题目 9 论述激发学生学习动机的措施 要点背诵

答： 学习动机的激发是指通过一定的教学措施使学生已有的学习动机由潜在状态转变为激活状态，成为学习活动直接的、有效的推动力量。在实际教学中，教师可通过以下六个途径来激发学生的学习动机：

（1）教学吸引

为了激发学生的学习动机，教师需要增强教学的吸引力。在教学中，教师要注意教学的新颖性和启发性，激发学生的求知欲。增强教学的吸引力可以从以下三个方面出发：a. 利用灵活的教学方式唤起学生的学习热情；b. 加强教学内容的新颖性，吸引学生的注意力；c. 充分调动学生在课堂练习中的积极性。

（2）兴趣激发

学习兴趣是学习动机中最活跃的心理成分。激发学生的学习兴趣可以从以下三个方面出发：a. 利用教师的期望效应培养学生的学习兴趣；b. 利用学生已有的动机和兴趣形成新的学习兴趣；c. 利用课外活动发展学生的学习兴趣。

（3）合作与竞争

学生的学习大多是在课堂中进行的，课堂中的合作与竞争是影响学习动机的一个重要因素。当我们引入竞争作为激发学习动机的策略时，一定要注意少用、慎用，并且可采用按能力分组，以及鼓励自己和自己比赛等多种形式，让赢家更多一些，以调动大部分学生的积极性。

（4）奖励与惩罚

奖励与惩罚是对学生学习成绩和态度的肯定或否定的一种强化方式。它可以提高学生的认识水平，激发学生的上进心、自尊心。正确运用奖励与惩罚是激发学生学习动机的重要手段之一。一般来说，表扬与奖励比批评与指责能更有效地激发学生的学习动机。

（5）反馈与评定

通过结果的反馈，学生既可以看到自己的进步，激起进一步学好的愿望，也可以了解自己的特点，树立克服困难的信心，从而提高学习的积极性。教师要注意结果反馈要及时、具体、经常给予。评定是指教师在分数的基础上进行的等级评价和评语。除了强调外在的反馈和评定，教师应该教会学生学会评价自己的工作。

（6）建立合理的动机信念

①**建立正确的归因模式。**教师要引导学生进行客观归因，尽量将学习上的成功归因于自己的能力和努力，而不是任务简单和运气，这可以进一步提升他们的自信心。

②**树立较高的成就动机水平。**成就动机的水平与完成学业任务的质和量紧密相关。高度的趋向成功者在没有外力控制的环境下仍能保持好的表现，在经历失败的过程中，具有较强的坚持性，具有很强的自信心和内归因。

③**设置合理的目标定向。**在课堂上，教师需要引导学生建立掌握目标。明确具体的、中等

难度的、近期可达到的目标，会加强学生的学习动机和完成目标任务的持久性。因此，教师可以确定学生学习的起点，为学生设置明确、具体、近期可达到的学习目标，同时，给学生提供学习策略的指导，促进他们逐步达成目标。

> **点点小妙招**
>
> 记忆口诀：教学有兴趣，合作有奖励，反馈要合理。

四、知识的建构

题目1 论述知识理解的影响因素 ·要点背诵

答： 一般所说的知识理解主要指学生运用已有的经验、知识去认识事物的种种联系、关系，直至认识其本质、规律的一种逐步深入的思维活动，它是学生掌握知识过程的中心环节。知识理解的影响因素可分为以下两个方面：

（1）主观因素

①**学习者的能力水平**。学生的认知发展水平、语言能力，都会影响学生对于知识的理解。只有当学生的抽象逻辑思维以及语言能力发展到一定的水平时，学生才能理解一些较为复杂的、抽象的原理。

②**学习者原有的知识经验背景**。学生对新信息的理解会受到原有知识经验背景的制约，这种知识背景有着广泛的含义，它包括来源不同的、以不同的表征方式存在的知识经验，是一个动态的、整合的认知结构。

③**主动理解的意识与方法**。学生主动理解的意识倾向、策略和方法，均会影响学生的理解。只有学生主动去生成知识经验间的联系，才会形成更深、更好的理解。

（2）客观因素

①**教师的言语提示和指导**。教师在不同教学阶段的言语提示对学生的学习有直接的影响。教师言语的作用不应仅仅局限于对某一具体知识的描述和解释，重要的是用言语引导学生进行主动的知识建构。

②**学习材料的内容**。学习材料的意义、学习材料内容的具体程度、学习材料的相对复杂性和难度都会影响学生对知识的理解。

③**学习材料的形式**。同样的内容往往既可以用较抽象的方式来呈现，也可以用直观的方式来表现。

总之，知识理解的影响因素有多种，我们需要利用这些影响因素促进我们对知识的理解。

题目2 **论述促进知识整合的措施** ⬦要点背诵

答： 知识整合不是知识间的简单相加，而是知识的彼此交融、贯通，整合后的知识是有机地统一在一起的，并且知识整合的过程也是知识不断深化的过程。促进知识整合的措施有以下五点：

①**过度学习与适度回忆相结合：** 过度学习是指达到一次完全正确再现后仍继续识记的学习方法。过度学习有利于识记材料的保持，但是仍然要与回忆相结合，这样记忆效果更佳。另外，要注意排除干扰。

②**提高加工水平：** 学生要利用知识的特点，做一些有趣的、有逻辑的加工，以此来促进对知识的理解。

③**多重编码：** 学生要对知识进行多种形式的编码，构建知识框架，如列提纲、做图解、做表格。

④**联系记忆法：** 利用事物之间的联系，并通过联想进行记忆的方法。联想是由当前感知或思考的事物想起有关的另一事物，或者由头脑中想起的一件事物，又以此为线索想到另一件事物，如可采用位置记忆法、首字联词法、限定词法、关键词法等。

⑤**合理复习：** 包括及时复习和分散复习等。学习完新知识后，一定要及时复习，把握住知识的"热乎劲儿"，并且在平时的生活中分散复习，以加深记忆。

👧 **点点小妙招**

记忆口诀：适度加重系合理的。

🧑 **滴滴小提示**

促进知识整合的措施其实就是知识记忆的方式方法。同学们在答题时还可以结合学习策略中的认知策略进行作答，如合理复习、利用记忆规律、自动化、亲自参与等。

题目3 **论述学习迁移的影响因素** ⬦要点背诵

答： 学习迁移是指一种学习对另一种学习的影响。进一步说，迁移是在一种情境中技能、知识和理解的获得或态度的形成对另一种情境中的技能、知识和理解的获得或态度的形成的影响。学习迁移的影响因素包括以下四点：

（1）相似性

①**学习材料的相似性。** 两种学习材料之间具有相同或相似的成分或要素，会有利于迁移的产生。这里所说的相同要素是指学习材料在知识、技能等方面具有相同或相似的成分。

②**学习目标与学习过程的相似性。** 个体加工学习材料的过程是否相似也影响迁移的产生。加工过程的相似性可视为主观相似性，由于加工过程往往受到活动目标的制约，因此，目标和

要求是否一致、相似，在一定程度上决定了加工过程是否相似，进而决定了能否产生迁移。

③**学习情境的相似性。**学习情境主要指学习的场所、环境的布置、教学现场的人员、教学内容的呈现方式、教学方法以及所使用的教具等。

（2）学习定势

定势对迁移的影响具有两重性：积极作用与消极作用。这要求教师在实际的教学过程中，预见到定势的消极影响，既要考虑所学内容与原有经验的同一性，利用积极的定势帮助学生迅速掌握解决一类问题的方法，同时又要变换问题，有意识地进行提示和分化，培养学生思维活动的灵活性。

（3）学生的理解与巩固程度

学生只有全面深刻地理解和熟练地掌握一种学习后再进行另一种学习，才不会产生负迁移，并且原有学习越巩固，正迁移发生的可能性越大，效果越好。

（4）学习者原有的认知结构

①**学习者的背景知识。**研究发现，已有的知识背景越丰富，越有利于新的学习，迁移越容易。专家之所以有较强的迁移能力，原因之一是他们具有解决某一问题的丰富的经验背景和认知结构。

②**学习者原有认知结构的概括水平。**根据概括化理论，产生学习迁移的关键是学习者能概括出两种学习之间存在的共同原理。这就要求学生在学习过程中，必须依据已有的知识经验去识别或理解当前的事物或问题。

③**学习者原有的认知策略与元认知策略。**由于迁移是通过一系列复杂的认知活动完成的，而认知策略与元认知策略又是调节、控制认知活动并保证其顺利完成的必要条件，因此，个体是否具有相应的认知策略与元认知策略也影响着迁移的产生。

点点小妙招

记忆口诀：相似的定理结构。

滴滴小提示

这里也涉及了影响因素，这四大点也可以归为两大维度，即主观因素与客观因素。主观因素即学习定势、学生的理解与巩固程度、学习者原有的认知结构；客观因素即学习材料或学习目标与学习过程的相似性。

题目4 论述促进学习迁移的措施 要点背诵

答：迁移是指一种学习对另一种学习的影响。进一步说，迁移是在一种情境中技能、知识和理解的获得或态度的形成对另一种情境中的技能、知识和理解的获得或态度的形成的影响。促进学习迁移的措施包括以下五点：

①**培养迁移意识**：教师通过反馈和归因控制等方式使学生形成关于学习的积极态度，鼓励学生大胆地进行迁移，灵活应用知识。

②**重视学习策略**：教师要有意识地教会学生学会如何学习，帮助他们掌握概括化的认知策略和元认知策略。认知策略和元认知策略是可教的，教授学习策略就会促进学习迁移。

③**强调概括总结**：教师要有意识地启发学生对所学内容进行概括总结。一方面，教师可以引导学生自己总结出概括化原理，培养和提高概括总结的能力，充分利用原理、原则的迁移。另一方面，在讲解原理、原则时要尽可能用丰富的例子说明，帮助学生尽可能地把原理、原则的运用带入其他情境或实践中。

④**整合学科内容**：教师要注意把各个独立的教学内容整合起来，注意各门学科之间的横向联系，要鼓励学生把在某一门学科中学到的知识运用到其他学科中。

⑤**加强知识联系**：教师应重视简单的知识技能和复杂的知识技能、新旧知识技能之间的联系，要促使学生把已学过的内容迁移到新知识上去。可以通过提问、提示等方式，使学生利用已有知识来理解新知识。这也就是所谓的纵向迁移。

> 👧 **点点小妙招** ★
>
> 记忆口诀：养意识，重策略，概括学科知识。

五、技能的形成

题目 1 **论述加里培林的心智技能形成阶段理论** （要点背诵）

答：心智技能又称智慧技能或智力技能，指一种借助于内部言语在人脑中进行的认知活动方式，如默读、心算、写作、观察和分析等。加里培林将心智技能的形成划分为以下五个阶段。

（1）活动定向阶段

活动定向是让学生在头脑中形成对活动程序和活动结果的印象。教师需要根据学生的基础水平，将活动分解成学生能够理解，并且能够做到的操作程序，建立起学生对活动原型的定向预期。

（2）物质活动或物质化活动阶段

物质活动指运用实物的教学活动，物质化活动则是指利用实物的模拟品进行的教学活动。物质活动和物质化活动是两种基本的直观形式，后者实际上是前者的一种变形。

（3）出声的言语活动阶段

出声的言语活动指不直接依赖事物或模拟品，而是借助出声的外部言语活动来完成各个操作步骤。这是活动从外部形式向内部形式转化的开始。通过出声的言语活动，学生可抽象并简化各步动作，并促使活动定型化与自动化。

（4）无声的外部言语活动阶段

无声的外部言语活动是指以词的声音表象、动觉表象为中介，进行智力活动。这种不出声的外部言语活动貌似只是言语减去了声音，实则是动作向智力转向的开始。

（5）内部言语活动阶段

内部言语活动是指凭借简化了的内部言语，似乎不需要多少意识的参与就能自动化进行的智力活动。这一阶段是外部动作转化为内在智力的最后阶段，特点是简缩与自动化。

> **点点小妙招**
>
> 记忆口诀：加里培林顶屋除污累。顶：活动定向阶段；屋：物质活动或物质化活动阶段；除：出声的言语活动阶段；污：无声的外部言语活动阶段；累：内部言语活动阶段。

题目2 论述心智技能的培育方法 要点背诵

答：心智技能的形成不是自发的，更多的是在教学条件下习得的。有效的教学可以使学习者形成有效的心智技能。

（1）注重思维训练

学生心智技能的核心成分是思维。教师在教学过程中要重视学生的思维训练，培养他们思维的独立性与批判性、敏捷性与灵活性、流畅性与逻辑性以及敏感性等良好品质，养成认真思考的习惯。

（2）积极创造应用心智技能的机会

学生的实践活动是心智技能形成和发展的基础。要想促进学生心智技能的形成和发展，使之达到熟练掌握和灵活运用的水平，教师必须积极创设问题情境，让他们的心智技能在解决问题的练习中得到锻炼。此外，教师还应该加强指导，帮助他们正确运用心智技能来解决有关问题。

（3）遵循智力活动按阶段形成的理论

心智技能按阶段形成的理论，充分体现了心智技能形成的一般规律。因此，在培养学生形成心智技能时应遵循这一理论，积极创造条件，帮助他们从外部的物质活动向内部的智力活动转化。

（4）确立心智技能的原型模拟

用心理模拟法建立智力活动的实践模式需要经过两个步骤：确立模型和检验修正模型。确立模型是要对活动本身进行系统的分析，分解出足够的操作步骤；检验修正模型是要通过教育心理学的实验方法或分解详细的步骤让计算机检验。

（5）根据心智技能的种类选择训练方法

心智技能有简单和复杂之分，对程度不同的心智技能应该采取不同的方法和途径。如写作技能、解题技能等，应该采取从部分到整体的训练方法。

🧑 点点小妙招

记忆口诀：司机论模仿秀。司：注重思维训练；机：积极创造应用心智技能的机会；论：遵循智力活动按阶段形成的理论；模：确立心智技能的原型模拟；仿：根据心智技能的种类选择训练方法。

题目3 论述操作技能的训练要求 • 要点背诵

答： 动作技能又称运动技能、操作技能，指由一系列的外部动作以合理的程序组成的操作活动方式，如书写、体操、骑自行车等。其训练要求包括以下四个方面：

（1）准确的示范与讲解

准确的示范与讲解有利于学习者不断地调整头脑中的**动作表象，**形成准确的定向映象，进而在实际操作活动中调节动作的执行。对动作方式进行讲解，可以使学生更好地认识活动的结构，确切地了解活动的各个组成部分，从而有助于学生掌握完成这个动作的方法和原理。

（2）必要而适当的练习

练习是指以形成某种技能为目的的学习活动，是以掌握一定的动作方式为目标而进行的反复操作过程。教师在教学中，要根据教学的内容选择正确的练习方法，并督促学生根据自己的兴趣体力和精力等进行必要而适当的练习，这样才能促使动作技能的最终掌握，但是练习过程中需注意高原现象。

（3）建立稳定清晰的动觉映象

动觉是复杂的内部运动知觉，它反映的主要是身体运动的各种**肌肉活动的特性**，如紧张、放松等，而不是外界事物的特性。这些有关肌肉活动的各种感知觉与视觉、听觉等不同，需经过专门训练才能为个体明确意识到。

（4）充分而有效的反馈

教师充分而有效的反馈有助于学生的练习达到最佳效果，促使动作技能尽快形成。反馈包括**结果反馈、情境反馈、分情况反馈**。结果反馈即让操作者及时了解自己的练习结果，有利于提高练习效率。情境反馈即反馈不仅仅针对学习的结果，更重要的是给学习者提供技能使用的情境。通过真实的情境，不仅能帮助学生学会技能本身，而且能帮助学生学会为什么要使用这个技能以及何时使用。分情况反馈指练习初期，反馈来自教师、旁观者、录像或其他记录手段，练习后期指导学生自我反馈。

🧑 点点小妙招

记忆口诀：讲解示范练习，建立动觉反馈。

六、学习策略及其教学

题目1 论述学习策略的分类及内容 ·逐字背诵

答： 学习策略是指学习者为了提高学习的效果和效率，有目的、有意识地制定有关学习过程的复杂的方案，具有主动性、有效性、过程性和程序性四个方面的特征。迈克卡等人把学习策略分为三种，即认知策略、元认知策略和资源管理策略。

（1）认知策略

认知策略是加工信息的一些方法和技术，能使信息有效地从记忆中提取出来。认知策略可以分为复述策略、精细加工策略、注意策略和组织策略。其基本功能主要有两个：一是对信息进行有效的**加工和整理**；二是对信息进行分门别类的**系统储存**。

（2）元认知策略

元认知策略是对**信息加工流程进行控制的**策略，可以分为计划策略、监控策略和调节策略。

（3）资源管理策略

资源管理策略是辅助学生管理**可用的环境和资源的策略**，它有助于学生适应环境并调节环境以满足自己的需要，对学生的学习动机具有重要作用。资源管理策略主要包括时间管理策略、努力管理策略、学业求助策略和环境管理策略。

综上所述，认知策略是信息加工的策略；元认知策略是对信息加工过程进行调控的策略；资源管理策略是辅助学生管理可用的环境和资源的策略，对学生的学习动机具有重要作用。

题目2 论述元认知策略的类型 ·逐字背诵

答： 元认知策略是对信息加工过程进行控制的策略，可以分为以下三种：

（1）计划策略

计划策略指根据认知活动的特定**目标**，在一项认知活动之前计划各种**活动**，预计**结果**、选择**策略**，想出各种解决问题的**方法**，并预估其**有效性**。

（2）监控策略

监控策略（监察策略）指在认知活动的实际过程中，根据认知目标及时评价、反馈自己认知活动的结果与不足，**正确估计**自己达到认知目标的程度、水平，根据有效性标准**评价各种认知行动、策略的效果**。领会监控和集中注意力属于两种具体的监控策略。

（3）调节策略

调节策略指核查认知活动结果并采取相应的补救措施，也就是根据对认知活动结果的核查，及时**修正、调整**认知策略。调节策略与监控策略有关，能帮助学生纠正自身的不良学习行为，弥补他们理解上的不足。

> **点点小妙招**
>
> 记忆口诀：茶话节。茶：监控策略（监察策略）；话：计划策略；节：调节策略。

题目3 论述资源管理策略的类型 要点背诵

答： 资源管理策略是辅助学生管理可用环境和资源的策略，它有助于学生适应环境并调节环境以满足自己的需要，对学生的学习动机具有重要作用，可以分为以下四种：

（1）时间管理策略

时间管理策略是指通过一定的方法合理安排时间、有效利用学习资源的策略。主要包括：a.统筹安排学习时间；b.高效利用最佳时间；c.灵活利用零碎时间。

（2）努力管理策略

努力管理策略是指为了维持或促进意志努力，而对自己的学习兴趣、态度、情绪状态等心理因素进行约束和调整，实现学习目标的策略。主要包括：a.将失败归因于努力不够；b.调整心境；c.意志控制；d.自我强化等。

（3）学业求助策略

学业求助策略是指学习者在学习中遇到困难时，向他人请求帮助的行为，是一种社会支持管理策略。按照求助的目的可以将学业求助分为两类：a.执行性求助，指请求他人"替"自己解决困难；b.工具性求助，指借助他人的力量但由自己解决困难或实现目标的行为。

（4）环境管理策略

学习环境是可以人为地选择、改善与创设的。设置学习环境是为了使周围的环境更有利于学习活动的展开。因此在学习时，一是要注意调节自然条件，如流通的空气、适宜的温度、明亮的光线以及和谐的色彩等；二是要设计好学习的空间，如空间的范围、室内布置用具的摆放等。

> **点点小妙招**
>
> 记忆口诀：环球实力。球：学业求助策略；实：时间管理策略。

七、问题解决能力与创造性的培养

题目1 论述多元智力理论 要点背诵

答： 加德纳提出了多元智力理论，认为智力是在某一种特定文化情境或社群中所展现出来的解决问题或制作生产的能力。该理论认为在人类的心理能力中，至少应该包括以下九种不同的智力：

①**语言智力：**指学习和使用语言文字的能力。

②**逻辑—数理智力：**指数学运算与逻辑思考的能力，如做数学证明题、分析题等。

③**空间智力：**指认识环境、辨别方向的能力，如查阅地图、感知空间关系等。

④**音乐智力：**指对声音的辨别与韵律表达的能力，如拉小提琴、写一首曲子等。

⑤**肢体动觉智力：**指支配肢体完成精密作业的能力，如打篮球、跳舞等。

⑥**社交智力：**指与人交往且能和睦相处的能力，如理解别人的行为、动机或情绪等。

⑦**自然观察智力：**指辨别生物以及对自然世界其他特征敏感的能力。

⑧**内省智力：**指认识自己并选择自己生活方向的能力。

⑨**存在智力：**指思考有关生与死、身体与心理世界的最终命运等的倾向性。

九种不同智力的关系：每一种智力都代表着一种区别于其他智力的独特思考模式，但这些智力之间是相互依赖、相互补充、相互作用的。每个学生都在不同程度上拥有上述九种基本智力，智力之间的不同组合表现出个体间的智力差异，使每个人的智力都有独特的表现方式和特点。

多元智力理论对我们树立正确的学生观和教学观，实施因材施教，进行素质教育，推动教育改革的发展有重要的启示。

点点小妙招

记忆口诀：语数空、音体社、观内存。

题目2 论述成功智力理论 逐字背诵

答：成功智力指为了完成个人的以及自己群体或者文化的目标，从而去适应环境、改变环境和选择环境的能力，即智力是适应、选择和塑造环境背景所需的心理能力，强调智力不应仅仅涉及学业，更应指向真实世界的成功。他认为，成功智力具有以下三种基本成分：

①**分析性智力：**指主体有意识地规定活动的方向，以发现问题的有效解决办法的能力，主要指抽象思维能力和语言能力。

②**创造性智力：**指一种超越已经给定的知识和信息并产生出新异而独特思想的能力。

③**实践性智力：**指适应改变了的环境以及个体解决实际生活问题的能力，它随着年龄增长而逐步发展，与个体隐含的知识数量有关。

成功智力是一个有机的整体，只有在它的组成部分相互协调、相互平衡的时候，个体才能取得成功。

点点小妙招

记忆口诀：分析创造实践力。

题目3 论述问题解决的基本过程 〔要点背诵〕

答： 问题解决指个体在面临问题情境而没有现成方法可以利用时，将已知情境转化为目标情境的认知过程。其基本过程包括以下四个阶段：

（1）理解和表征问题阶段

解决问题的第一步是确定问题到底是什么。这意味着首先要找出相关信息而忽视无关细节。除了能识别问题的相关信息外，学生还必须准确地表征问题。表征问题的第一个任务是语言理解，理解问题中每一个句子的含义；第二个任务是将问题的所有句子综合在一起，达到对整个问题的准确理解。最后将问题进行归类，从而激活大脑中特定的图式。

（2）寻求解答阶段

寻求解答、确定认知操作的过程是运用一定的问题解决策略来解决问题的过程。问题解决策略主要有两种类型：算法式和启发式。

（3）执行计划或尝试某种解答阶段

当表征某个问题并选好某种解决方案后，下一步就要执行计划、尝试解答。

（4）评价阶段

当选择并完成某个解决方案后，学生还需要对结果进行评价，评价结果的方法之一就是寻找能够证实或证伪这种解答的证据。

> **点点小妙招**
>
> 记忆口诀：理解行家。家：评价阶段。

题目4 论述结构不良问题解决的过程 〔要点背诵〕

答：（1）厘清问题及其情境限制

问题解决者首先需要确定问题是否真的存在，然后厘清问题的本质。问题解决者需要分析问题的背景信息，弄明白问题的**目标**是什么，**障碍**是什么，权衡各种可能的**理解角度，**建立有利于问题解决的问题表征。

（2）澄清、明确各种可能的角度、立场和利害关系

问题解决者需要从多个**角度、立场**综合考虑问题中的多种可能性，权衡各方面的**利害关系**。不同的立场实际上反映了问题的不同侧面，解决这种问题需要整体考察各种不同的侧面。

（3）提出可能的解决方案

问题解决者需要从问题的条件和原因出发，设计问题的**解决方案**。由于不同的理解会导致不同的思路，所以问题解决者需要从不同的立场和理解方式出发，看看有哪些解决方法。

（4）评价各种方法的有效性

如何解决结构不良问题通常没有唯一的标准答案。问题解决者需要评价各种可选解决方案的有效性，选择自己最能接纳的解决方案。

（5）对问题表征和解法的反思监控

问题解决者需要监控对解决过程的规划，看看自己对问题解决**过程的规划**是否合理、周全；需要监察自己的**理解状况**，反思自己拥有的知识意味着什么，并要从自己的思路中跳出来，看看其他人、从其他角度出发会怎样理解问题，怎样解决问题。

（6）实施、监察解决方案

问题解决者需要实际实施解决方案，在实施过程中需要认真监察问题解决的进度和效果，看它能否达到所期望的目标，能否满足不同方面的要求，能否在给定的条件下解决问题，以及是否还有更有效、更便捷的解决方案等。

（7）调整解决方案

问题解决往往不是一次性完成的，针对问题解决结果的反馈信息，问题解决者需要**调整解决方案**，或者**改变理解问题的方式和思路**。

题目5 论述影响问题解决的因素 ·要点背诵

答： 问题解决指个体在面临问题情境而没有现成方法可以利用时，将已知情境转化为目标情境的认知过程。影响问题解决的因素包括以下五个方面：

（1）有关的知识经验

如果个体有与问题相关的背景知识，则可促进问题的表征和解答，只有依据有关的知识才能为问题的解决确定方向、选择途径和方法。

（2）智能与动机

智力中的推理能力、理解力、记忆力、信息加工能力和分析能力等成分都影响着问题解决，也影响着问题解决的方法。除此之外，动机的性质和动机的强度也会影响问题解决的进程。

（3）问题情境与表征方式

问题情境是指呈现问题的客观情境（刺激模式），也就是问题呈现的知觉方式。一般而言，呈现的刺激模式与学生已有的知识经验越接近，越能直接提供适合问题解决的线索，越有利于找到问题解决的方向、途径和方法。另外，问题表征的方式不同，就会产生不同的解决方案，它直接影响着问题解决的结果。

（4）思维定势与功能固着

思维定势在问题解决中既有积极作用，也有消极作用。当问题情境不变时，思维定势对问题的解决有积极作用，有利于问题的解决；当问题情境发生变化时，思维定势对问题的解决有消极作用，会阻碍个体用新方法来解决问题，不利于问题的解决。功能固着使人难以发现事物功能的新异之处，因此会阻碍问题的顺利解决。

（5）原型启发与酝酿效应

在问题解决过程中，由于原型与要解决的问题之间存在着某种共同点或相似之处，因此，原型启发具有很大的作用。酝酿效应实际上是使人产生顿悟，打破原来不恰当的思路，从一个新的角度思考问题，从而使问题得以解决。

点点小妙招

记忆口诀：原谅芝士能智动定表情。原谅：原型启发与酝酿效应；芝士：有关的知识经验；智动：智能与动机；定：思维定势与功能固着；表情：问题情境与表征方式。

题目6 论述问题解决能力的培养措施 ●要点背诵

答： 问题解决指个体在面临问题情境而没有现成方法可以利用时，将已知情境转化为目标情境的认知过程。对问题解决能力的培养可从以下五点着手：

（1）分析问题的构成，把握问题解决规律

教师在教学中教给学生一些通用的问题解决的方法和思维策略，会有效提高学生问题解决的能力。如教师可以鼓励学生质疑、设置难度适当的问题、帮助学生养成分析问题的习惯等。

（2）充分利用已有经验，形成知识的体系

教师在培养学生问题解决的能力时要促使学生尽快熟练掌握专业知识，完善学生的知识结构。在知识传授中，要重视陈述性知识的讲解，更要重视程序性知识的学习。

（3）教授问题解决策略，灵活变换问题

教师帮助学生习得多种解决问题的策略是培养学生问题解决能力的有效方式，其中启发式策略最能有效地提高解决问题的效率，因为一般的启发式策略能适用于较广的范围和领域，并可以转化为具体学科的思维方法。

（4）开展研究性学习，发挥学生的主动性

研究性学习是指在学校的宏观调控下，学生在教师指导下，以类似于科研的方式主动选择学习，并对社会生活中的某些问题加以研究，从而获取知识、增长见识、发展能力的一种学习方式。通过学生的自主探究，学生的积极主动性在问题解决中得以发挥。

（5）允许学生大胆猜想，实践验证

教师应让学生了解思维定势、功能固着、酝酿效应等对学生解决问题有什么影响，发挥这些因素的积极作用和克服其阻碍作用；让学生打开思路，从多种角度提出问题解决的策略，并鼓励学生进行积极的尝试和实验，在实践中验证自己的猜想。

点点小妙招

记忆口诀：教授猜想并研究问题以构成经验。

题目 7 **论述影响创造性发展的因素** ·要点背诵

答：创造性是指个体利用一定的内外条件，根据一定的目的和任务，开展能动的思维活动，产生出某种新颖的、独特的、具有社会或个人价值的产品的心理特性。其影响因素有：

（1）个人因素

①**智力**。智力是创造力的必要条件，但不是充分条件。智力影响着个体的创造力，一个人的智力决定了这个人是否能够具有创造力。

②**知识**。个体的知识储备是创造的前提和基础，没有一定的知识作为基础，就谈不上创造。

③**个性**。个性为创造活动提供了心理状态和背景，而个体在创造活动时的心理状态和背景是否良好又对创造活动起着重要作用。高创造力的人一般具有某些典型的个性特征，比如强烈的好奇心、独立自信、坚持不懈等。

④**动机**。动机是个体进行创造活动的驱动力，创造活动离不开动机的维持和激发。

⑤**情绪**。情绪对个体的创造性思维有显著影响，高兴和愤怒的情绪均可促进个体的创造性思维。对场依存型的个体而言，高兴的情绪可促进个体的创造性思维；对场独立型的个体而言，愤怒的情绪可促进个体的创造性思维。

（2）环境因素

①**家庭**。家庭环境、父母的教养方式、父母的榜样行为等对个体的创造力提升起着重要的作用。有利于儿童创造力提升的家庭因素主要有以下几个：a.家庭比较民主，父母对儿童不专制；b.家庭对儿童的好奇、探求精神和行动给予鼓励和支持；c.父母信任儿童的能力，给予引导并提供独立锻炼的机会；d.儿童在家里无拘无束，不怕犯错误，有安全感；e.父母具有独立性和创造性，儿童在家庭中受父母潜移默化的影响。

②**学校**。学校教育对个体的创造力提升也起着至关重要的作用。教师的态度、课堂气氛、课程设置、教学模式、学校环境等都对学生的创造性有着深刻的影响。

③**社会环境**。民主型开放环境更能推动创造力的提升，先进的科技与学术环境更能推动个体创造力的提升。

👧 **点点小妙招** ★

记忆口诀：家校社，知智动情性。

题目 8 **论述培养创造性的措施** ·要点背诵

答：创造性是指个体利用一定的内外条件，根据一定的目的和任务，开展能动的思维活动，产生出某种新颖的、独特的、具有社会或个人价值的产品的心理特性。其培养措施包括以下几点：

教育心理学

（1）形成创造意识

创造意识是人们在创造活动体验、经验和创造认识基础上形成的对创造的高度敏感性和自觉、自发进行创造活动的一种心理准备状态。创造意识是在对创造认识的基础上形成的，是在创造活动过程中培养起来的。创造活动首先基于创造需求的存在和人们对创造需求的认识，创造需求的存在和对创造需求的认识是创造意识和创造意向活动发生的前提。创造意识涉及对创造的需要、创造的重要性、必要性和可能性的认识，涉及创造活动体验、经验的获得和积累。

（2）开发创造性思维

创造性思维是创造性的核心要素。引导学生掌握创造性思维策略以发展其创造性思维能力，将有助于他们创造性的提高。具体的策略包括：a.类比推理策略，即根据两个对象间某些相同或相似之处，进而推断它们在其他方面也有可能相同或相似的一种思考方法；b.对立思考策略，即从已有事物或问题对立的角度来思考，创造性地找到解决问题的方法；c.多路思维策略，即要求思考者能从多个不同角度思考问题，从而获得创造性的成果；d.综合运用多项思维机制，即通过多种不同思维机制的综合运用，以创造性地解决问题。

（3）发展批判性思维

批判性思维是敢于质疑的创造性思维，是在主动思维中对已知或结论等积极辨析判断，并能有根据地做出肯定接受或否定质疑的断定，在评判中形成主观结论较为全面的思维。发展批判性思维，教师要做到：a.必须改变观念，打破"师道尊严"的格局，营造民主平等、宽松和谐的教学氛围。b.鼓励质疑，质疑是培养批判性思维能力的重要基础。c.倡导辩论争鸣，引导学生以怀疑的态度对既有事实和理论进行辨析，区别真伪；或者根据课堂教学内容有针对性地设计论题，使学生通过辨析争论阐述自身观点，客观地评价他人意见，培养批判性思维。d.创设想象情境，依靠想象力拓展思维空间，探寻超越现实的局限，在此基础上进行创新。

（4）培养创造性个性及独创精神

创造性个性是指具有创造的意向、创造的情感、创造的意志和创造的性格等独特的心理品质。培养创造性个性及独创精神，教师需要注意：a.保护学生的好奇心；b.消除学生在认知过程中怕犯错误的恐惧心理；c.鼓励学生与创造性较高的人接触；d.培养学生在具体任务情境中的恒心和毅力；e.促进学生独立动手能力的发展。

（5）激发创造动机

创造动机是个体激发和维持创造行为的内在动力。激发学生创造动机，教师可以从以下六点着手：a.激发学生创造的需要；b.提高学生的抱负水平；c.引导学生既重视对创造活动过程的追求，又重视创造成果所能带来的社会利益；d.对学生的创造行为给予正面表扬；e.鼓励学生自由地想象与幻想；f.培养学生的合作精神。

> **滴滴小提示**
>
> 这个知识点的阐述是基于影响创造性发展的因素总结出来的，同学们还可以发散思维，思考其他的培养创造性的措施。

八、态度与品德发展

题目 1 **论述皮亚杰的道德认知发展阶段理论** 逐字背诵

答： 皮亚杰是第一个系统地追踪研究儿童道德认知发展的心理学家，他用认知发展的观点来解释道德发展，认为儿童的道德认知发展经历了一个从他律到自律的过程。皮亚杰的道德认知发展理论有以下三个阶段：

（1）前道德阶段——无律期（5 岁之前）

这一阶段的儿童没有真正的道德概念，也不能把自己与他人相区分。道德认知不守恒，分不清公正、义务和服从。

（2）道德实在论阶段——他律期（5~10 岁）

这一阶段的儿童认为道德规则是由权威确定的，并且是绝对的，不能改变。判断行为的好坏只依据行为的客观后果，不考虑行为的主观动机。在这个阶段，两个因素限制了儿童的道德判断：一是成人的权利；二是儿童认知的不成熟。

（3）道德相对论阶段——自律期（10 岁以后）

这一阶段儿童道德判断的特点是能认识到规则不是绝对的，可以怀疑和改变，违反规则并非总是错误的，也不一定非要受惩罚。判断行为的好坏时不仅要考虑后果，还要考虑动机和意图。能够把自己置于别人的地位，判断不再绝对化。

皮亚杰特别强调儿童的自我管理和自我发展，充分发挥儿童的自主性、能动性，以促进儿童道德观念的发展和道德水平的提高。

> **点点小妙招**
>
> 记忆口诀：无他自律。

题目 2 **论述品德的培养** 要点背诵

答：（1）价值辨析法

价值辨析法也称价值澄清法，指要让潜在的价值观念发挥作用，就要对它们进行辨析或澄清。辨析的过程可分为三个部分：选择、赞赏、行动。教师可以先诱发学生进行价值陈述，让他们思考自己的价值观念，在与他人交流价值观念时，揭示并解决自己的价值冲突，最后根据自己的价值选择来采取行动。

（2）群体讨论法

对道德两难问题的讨论，可以发展学生的道德判断能力，从而有助于改变学生的行为。教师要注意启发学生思考，鼓励学生在讨论时考虑他人的观点或意见，协调与他人的分歧，以使学生的道德认识水平、道德判断能力得到提高与发展。

（3）移情训练法

移情是个体在对事物进行判断和决策之前，将自己放在他人的位置上，考虑他人的心理反应，理解他人的态度和情感的能力。一方面，它能激发和促进亲社会行为的发展；另一方面，它对侵犯行为甚至违法犯罪行为也具有显著的抑制作用。

（4）条件反应法

条件反应法是利用经典性条件反应和操作性条件反应的原理来进行品德培育的方法。在教学中，可以把"助人为乐""热爱集体"等类似的道德要求与教师的赞许、同伴的羡慕、父母的疼爱联系起来，使学生形成对这些道德要求的积极态度。

（5）自我强化法

自我强化法是个体以自我评价提供的信息为依据所做出的反应。这种反应可以是自我奖赏、自我鼓励，也可以是自我谴责、自我否定。在品德培养过程中，如果能将自我强化法与教师的指导帮助结合使用，将会取得更好的效果。

（6）习惯养成法

道德行为习惯是指稳定的、经常的、在一定情境下自然而然出现的道德行为方式。培养良好的道德行为习惯需要注意以下五点：a. 使学生了解有关行为的社会意义，产生自愿练习的意愿；b. 创设重复良好行为的情境，避免重复不良行为的机会；c. 提供道德行为练习与实践的良好榜样，让学生进行模仿；d. 组织各种有益的活动；e. 注意纠正不良的行为习惯。

题目 3　论述影响品德发展的因素 ·要点背诵·

答：（1）家庭环境

①在家庭结构和主要社会关系中，父母之间感情破裂而导致的分居或离婚，对子女品德的发展有严重的不良影响，主要社会关系也对儿童与青少年品德发展有一定的影响。

②家长的职业类型、家长的文化程度、家长的品德、家长对子女的教养态度及期望、家长的作风和家庭气氛也会影响儿童的品德发展。和善的作风有利于儿童的良好品德发展，过于严厉的作风则会使儿童产生反抗行为。

（2）学校集体

①班集体的影响。班集体的影响主要通过四个方面实现：a. 班集体信念；b. 班集体情感；c. 班集体坚定的意志行动；d. 班集体的行为习惯水平。

②学校德育的影响。学校德育主要通过三条途径实现：a.学科教学；b.学校、年级、班级或团队活动；c.课外和校外活动。

③学校集体中其他因素的影响。包括：a.教师的领导方式；b.集体舆论；c.校风、班风。

④校园文化的影响。

（3）社会因素

从广义文化的角度来看，社会化也可以看成人们接受文化的影响、吸收文化的营养，不断塑造自己的过程。社会文化对人格和品德形成的影响，表现为三个方面：

a.社会文化是人类创造出来的，是人类适应环境和改造环境的工具，人们在创造自己文化的同时，也就塑造出了自己的人格和品德；b.人类积累的文化遗产又成为塑造新的人格和品德的依据，并力图用这种文化遗产来塑造新生的一代；c.新一代是在吸收文化遗产和自己的创造活动中成长的，他们对社会文化有着各自的选择，这就是造成新的人格和各自不同的品德的原因。

（4）道德认识

人的行动总是受人的认识支配，人的道德行为也不例外地受到人的道德认识的制约。但道德认识不是与生俱来的，而是在实践中逐渐形成的对社会公认的品德准则、社会行为的是非善恶标准的了解与掌握。受不同认知特性的制约，每个人的道德认识会呈现出不同的水平与程度。

（5）个性品质

个性对品德发展的作用主要体现为个性倾向性和个性心理特征对品德发展的影响。

①个性倾向性：有的本身就是动力因素，如动机、兴趣、理想、信念，它们制约着学生品德发展的方向和水平；有的与品德平行发展，但关系密切，如自我意识，它是整个品德结构中的监控结构，有助于提高品德发展的策略性和自我评价能力。

②个性心理特征：各种稳固的品德特征与能力、气质、性格等个性心理特征的影响也是分不开的。

（6）适应能力

从社会对个体品德的要求出发，适应能力包括两大方面：一是自我教育能力；二是社会生活和工作能力。要想使学生在复杂的社会信息、社会现象中成为独立的、有道德的公民，就必须加强对学生适应能力的培养与训练。

题目 4 **论述如何纠正学生的不良品德** ●要点背诵

答：品德不良是指学生经常违反道德准则或犯有严重的道德过错。品德不良的纠正可从以下六个方面着手。

（1）培养深厚的师生感情，消除疑惧心理和对立情绪

教师不要急于批评犯错误的学生，而要更关心他、爱护他、信任他。教师要通过对他的爱来感化他，从而消除其心理防线。教育实践表明，只要师生感情深厚，对于此类学生的教育就会收到事半功倍的效果。

（2）培养正确的道德观念，提高明辨是非的能力

教师要注意学生身心发展的特点和实际的接受能力，进行有效的说服工作，帮助他们形成正确的是非观念和是非感。

（3）保护和利用学生的自尊心，培养集体荣誉感

教师要充分利用集体的力量，帮助和鼓励犯错误的学生消除自卑感、培养自尊心，使其自爱、自重、自强，并在此基础上鼓励他们和同学一起参加集体活动，培养其集体荣誉感。

（4）锻炼同不良诱因作斗争的意志力，巩固新的行为习惯

教师要有意识地、有控制地对学生进行信任性考验并不断演化，以锻炼其与不良诱因作斗争的意志。此外，教师必须对学生多鼓励、多表扬，以强化其良好的行为习惯。

（5）针对学生的个别差异，采取灵活多样的教育措施

教师要针对学生的年龄特点的不同、性格差异，以及品德不良成因和类型的不同，给予他们有针对性的教育，这样才能更好地改变他们的行为，培养他们良好的行为习惯。

（6）学校、家庭、社会全方位配合

教师要以学校教育为主体，积极争取社会力量的支持与家庭教育的配合，对违规学生进行综合矫治，为他们创造纠正背离社会规范行为的良好生态环境。

第四部分 教育学原理

一、教育及其产生与发展

题目1 **论述教育概念的内涵和外延** （逐字背诵）

答： 教育概念的内涵反映的是教育的本质，教育概念的外延是指教育概念所反映的本质属性的全部对象。

（1）教育的概念

①**广义的教育：** 指凡是有目的地增进人的知识技能，影响人的思想品德，增强人的体质的活动，不论是有组织的还是无组织的，系统的还是零碎的，有教育者教导的还是自我教育的，都是教育。

②**狭义的教育：** 指一种专门组织的不断趋向规范化、制度化、体系化的教育。狭义的教育主要指学校教育，包括全日制学校教育、半日制和业余的学校教育、函授教育、广播电视教育和网络教育等。它根据一定社会的现实和未来的需要，遵循受教育者身心发展的规律，有目的、有计划、有组织地引导受教育者主动地学习，积极进行经验的改组和改造，培养他们成为社会所需要的人。

③**教育的本质：** 教育是一种有目的地培养人的社会活动。这是教育活动与其他社会活动的根本区别，是教育的质的规定性。

a. 目的性。教育是一种有目的地培养人的社会活动，其目的在于影响和促进人的发展。没有明确目的的、偶然发生的外界对个体发展的影响就不能被称为"教育"。

b. 社会性。教育是一种复杂的社会活动，是人类社会所特有的一种现象。教育行为的发生都与一定的社会背景有联系。

c. 双向耦合。一方面是个体的社会化，另一方面是社会的个性化。

d. 动力性。教育要在个体社会化和社会个性化的过程中起到一种"加速"或"促进"的作用。

（2）正规教育和非正规教育

依据教育活动的正规化程度，教育可分为正规教育和非正规教育。

①**正规教育：** 由国家教育部门认可的教育机构（学校）所提供的有目的、有组织、有计划的，由专职人员承担的，以培养学生的身心发展为直接目标的，全面系统的训练和培养活动。正规教育有一定的入学条件和规定的毕业标准。正规教育的特点是统一性、连续性、标准化和制度化。

②**非正规教育**：在正规教育系统外进行的有组织、有计划的教育活动，如扫盲、文化技术培训、政治学习、业务训练、专题讲座等。非正规教育的特点是：a.有组织的活动，但未充分制度化；b.一般不需注册，不发文凭，不授予学位；c.是系统的教育，但未完全常规化。

（3）家庭教育、学校教育和社会教育

依据教育活动存在的范围，教育可分为家庭教育、学校教育和社会教育。

①**家庭教育**：以家庭为单位，父母或主要监护人在家庭里自觉地、有目的地、有意识地对子女进行的教育活动。

②**学校教育**：由专职人员和专门机构承担，教育者根据一定的社会或阶级的要求，遵循年青一代身心发展的规律，有目的、有计划、有系统、有组织地引导受教育者获得知识技能，陶冶思想品德，发展智力、体力的一种活动。

③**社会教育**：在广泛的社会生活和生产过程中所进行的教育活动，主要包含社会传统的教育、社会制度的教育、社会活动或事件的教育。

👦 **滴滴小提示** ⭐

教育的概念有广义和狭义之分，要注意掌握教育的本质。此外，正规教育和非正规教育可以统称为正式教育（制度化教育），与正式教育相对应的是非正式教育（非制度化教育）。

题目2 **论述教育的功能** ●逐字背诵

答：教育功能是指教育对人的发展和社会发展所能够起到的影响和作用，尤指对人和社会发展所起到的积极的促进作用。

（1）个体发展功能和社会发展功能

依据教育作用对象的不同，教育功能可划分为教育的个体发展功能和社会发展功能。

①**教育的个体发展功能**：又叫教育的固有功能、教育的本体功能。教育的根本目的在于促进人的全面发展，教育活动对受教育者身心发展所起的作用构成教育的个体发展功能。

②**教育的社会发展功能**：又叫教育的派生功能、工具功能。教育作为社会结构的子系统，通过培养人来影响社会的存在和发展，这构成了教育的社会功能。主要表现为：经济功能、政治功能、文化功能、科技功能、人口功能、生态功能等。

③教育的个体发展功能和社会发展功能是教育功能相互联系的两个方面，它们共同构成了完整的教育功能，必须确保教育个体发展功能和社会发展功能的统一。

（2）正向功能和负向功能

依据教育作用方向的不同，教育功能可划分为教育的正向功能和教育的负向功能。

①**教育的正向功能**：指有助于个体发展和社会进步的积极影响和作用。

②**教育的负向功能**：指阻碍个体发展和社会进步的消极影响和作用。

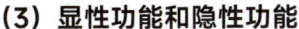

（3）显性功能和隐性功能

依据教育作用呈现形式的不同，教育功能可划分为教育的显性功能和教育的隐性功能。

①**教育的显性功能**：依照教育目的、任务和价值期待，教育在实际运行中所出现的与之相符合的功能。

②**教育的隐性功能**：伴随显性教育功能所出现的、非预期的且具有较大隐藏性的功能。但教育的隐性功能不等同于教育的负向功能，隐性功能中既有积极的，也有消极的。

显性与隐性的区分是相对的，也是可以相互转化、利用的。一旦意识到隐性功能的重要性，有意识地对其进行引导和利用，隐性功能就会转变为显性功能。

> **点点小妙招**
>
> 记忆口诀：个体与社会，正负有显隐。

> **滴滴小提示**
>
> 各种教育功能类型之间是交叉的，可以形成不同的组合类型，如正向显性功能、负向隐性功能。考试时可单独考查某个功能，也可组合进行考查，所以要注意将每种功能的内涵理解清楚。

题目3 论述现代教育的特征 ·要点背诵

答： 现代社会以机器大工业生产为标志，资本主义和社会主义的教育都属于现代社会的教育。现代教育的特征是：

（1）学校教育逐步普及

由于资本主义生产尤其是机器大工业生产在欧洲兴起，因而西欧的资本主义国家最先提出普及教育的要求，19世纪末20世纪初，发达资本主义国家先后普及了初等教育。当今，我国已经完全普及了九年义务教育，并快速地实现了高等教育大众化。

（2）教育的公共性日益突出

随着大工业生产发展的需要，随着工人阶级和其他劳动人民对教育权的争取，对受教育权的阶级垄断越来越不合时宜，越来越受到来自被统治阶级和统治阶级两方面的批判。在此情形下，大力发展学校教育逐渐成为社会的公共事业和共同话题。《儿童权利公约》进一步强调儿童生存、发展和受教育的权利，强调保障"人人享有受教育的权利"，使教育的公共性更加突出，这是现代教育的一个重大进步，但教育的阶层、种族、性别的歧视仍远未清除。

（3）教育的生产性不断增强

在现代社会，随着工业生产的发展和科学技术的进步，科学技术与教育在生产中的作用迅速增强。现代教育在课程设置、教学方法、教育目的上都提出了一定的要求，使学校教育与生产劳动逐渐结合起来，成为教育发展的必然趋向。

（4）教育制度逐步完善

随着学校数量的迅速增加，学校教育的层次、种类及其运行和管理的复杂化，现代教育需要确定一定的教育宗旨、制度、规范与要求，作为各级各类学校分工和相互衔接的准则，作为衡量学校教育质量与工作效果的尺度，以推动学校教育系统有条不紊地高效运转。教育"制度化"的实现，使得教育系统中的各级各类学校、各种教育机构和教育行政部门的工作均有一定制度可循，能够排除来自外部或内部的种种纷争或干扰，使教育活动有序有效地开展，取得了良好效果。

（5）人文教育与科学教育相结合

现代社会，由于科学技术在生产中的广泛应用，科学教育开始上升到主导地位。20 世纪50 年代以来，人们逐渐认识到，科学技术的应用在促进社会发展的同时也带来了环境污染、生态失衡等许多负效应，这促使现代教育开始追求人文教育与科学教育的结合。

> 🧑 **点点小妙招**
>
> 记忆口诀：人文科学，普度共生。

> 🧑 **滴滴小提示**
>
> 现代教育随着现代社会的发展而不断发展，在发展的过程中会不断出现一些新的特点，如教育实施的法制化和民主化、教育日益显示出开放性和整体性等。可以从教育目的、教育内容、教育方法、教育制度、教育与生产劳动的关系等方面进行总结。

二、教育与社会发展

题目 1 **论述教育的社会制约性** （要点背诵）

答： 在社会发展的过程中，教育的目的与制度、内容与方法、规模与速度，无不受到一定的社会生产力、政治经济制度与文化等因素的制约，这就是教育的社会制约性。

（1）生产力对教育的影响和制约

①**生产力的发展制约教育事业发展的规模和速度。** 古代农耕者无须接受教育，因此学校的发展极其缓慢与有限；随着大工业生产的推进，劳动者需要一定的知识来操作机器，学校承担起为各行各业输送人才的任务，发展迅猛。由此，教育发展的规模和速度是由生产力发展水平所决定的。

②**生产力的发展水平制约人才的培养规格和教育结构。** 从古代农耕社会到工业社会，再到自动化、智能化生产社会，生产力水平不断发展，对教育所培养的人提出了不同层次的要求。学校层次、专业设置、数量比例等，都受到生产力发展水平和产业结构的制约。

③**生产力的发展制约教学内容、教学方法和教学组织形式的发展和改革**。生产力的发展推动了科学技术的发展，也必然促进教学内容的发展与更新。课程的增加、教学方法的改革、教学设备的变化、教学组织形式的改进等，都与生产力的发展和科学技术的运用紧密相关。

（2）政治经济制度对教育的影响和制约

①**政治经济制度制约教育的性质与领导权**。教育具有什么样的性质是由其所处社会的政治经济制度的性质决定的。社会经济政治关系更替时，新兴统治阶级为了自身的利益，必须掌握教育的领导权，使教育为政治经济制度服务。

②**政治经济制度制约教育的目的和内容**。教育目的是一个社会的政治经济制度对教育的权益要求的集中体现，教育的课程与内容反映社会意识形态和政治价值取向。

③**政治经济制度制约受教育权**。让哪些人受教育，受何种程度的教育，都是由社会的政治经济制度决定的。在古代阶级社会，劳动者及其子女无权走进学校；在资本主义社会，劳动者子女享受不到优质的教育。

④**政治经济制度制约教育管理体制的特性**。教育的管理体制受制于社会的政治经济制度，例如，在政治上中央集权的国家，在教育管理体制多强调集中统一，反之亦然。

（3）文化对教育的影响和制约

①**文化知识制约教育的内容与水平**。文化是教育的基础，教育的本质是"以文化人"，即通过传承和创新文化来培养人才。文化始终是教育的主要资源，文化知识的发展特性与水平制约着教育的发展特性与水平。

②**文化模式制约教育的背景与模式**。一方面，文化模式为教育提供了特定的背景；另一方面，文化模式还从多方面制约教育的模式。受不同文化模式影响的教育模式，在教育目的、内容与方式等方面也有明显的差异。

③**文化传统制约教育传统的特性**。文化传统越悠久，对教育传统的制约性越大。例如，我国传统教育在价值取向上，讲求重德轻术、师道尊严、读书做官；在思维方式上，重演绎轻归纳，重知识轻创造。如今我们在教育改革中遇到的许多阻力，究其根源，都与文化传统的消极因素有一定关系。

（4）科学技术对教育的影响和制约

①**科学技术影响教育者的教育观念，提高其教育能力**。科学技术水平会影响到教育者对教育内容、教育方法的选择和对教育工具的使用，也会影响到他们对教育规律的认识。

②**科学技术也能影响到教育对象**。一方面，科学的发展日益揭示出教育对象的身心发展规律，从而使教育活动更符合这种规律，并使教育对象扩展自己的受教育能力；另一方面，科学的发展及其在技术上的广泛应用，能够扩大教育对象的视野，丰富其实践经验。

③**科学技术渗透到教育影响的所有环节之中**。科学的迅速发展迫使课程体系不断变化，教学内容不断更新，教育教学设施、设备不断更新与完善，教育方法不断变化与拓展，它渗透到教育影响的所有环节之中。

教育学原理

（5）人口对教育的影响和制约

①**人口数量对教育的制约**。人口数量对教育的制约体现在以下两个方面：一是一定的人口数量和增长率影响教育事业发展的规模和速度；二是人口数量影响教育结构。

②**人口质量影响教育质量**。人口质量影响教育质量体现为直接影响和间接影响两个方面。直接影响是指入学者已有的水平对教育质量的总影响；间接影响是指年长一代的人口质量影响新生一代的人口质量，进而影响以新生一代为教育对象的学校教育质量。

③**人口结构对教育的制约**。人口结构对教育的制约表现为：人口的年龄结构影响各级各类学校在学校教育系统中的比例；人口的文化结构对教育需求和教育质量产生很大影响；人口的民族结构对教育的影响更为复杂，需要提供多样化的学校和不同的教育内容，以满足不同民族对教育的不同需求。

（6）媒介对教育的影响和制约

①**媒介制约教育的发展规模**。随着现代媒介的发展，尤其是数字传播时代的来临，教学效率得以提升，教育规模随之空前扩大。

②**媒介改变教师的教学模式**。媒介技术的发展给现代教育带来了新的动力，为现代教育提供了丰富的信息资源与工具，改变了教师的教学模式。出现了翻转课堂、在线教学等新教学模式。

③**媒介丰富学生的学习体验**。现代媒介技术的变革推动各种新型课堂和学习方式大量出现，丰富了学生的学习体验。互联网媒介的出现，丰富了知识教学的传播渠道，加速了知识的更新频率。

点点小妙招

总的记忆口诀：政经生产力文科媒人。

生产力的记忆口诀：龟速规结内脂肪。龟速：规模和速度；规结：规格和结构；内脂肪：内容、组织形式和方法。

政治经济制度的记忆口诀：体内性质两权一目的。

文化的记忆口诀：传统背景模式下的内容与水平。

科技的记忆口诀：影响三要素。三要素：教育者、教育对象和教育影响。

人口的记忆口诀：植树节。植：质量；树：数量；节：结构。

媒介的记忆口诀：教学规模。教：教学模式；学：学习体验；规模：发展规模。

滴滴小提示

教育的社会制约性涉及多方面细节，该知识点既可作为整体进行考查，也可单独选取某一方面进行考查。同学们可以先记住总体的几个方面，然后再记每一方面的关键点。

题目2 论述教育的社会功能 •要点背诵

答： 教育作为一种社会活动，并不只是被动地受到社会的制约，它的发展变化也会对社会产生各种各样的反作用。

（1）教育的经济功能

①**教育是使可能的劳动力转变为现实的劳动力的基本途径。** 一个人只有经过教育和训练，掌握一定生产部门的劳动知识和技能，并能生产某种使用价值，他才能成为现实的生产力，成为适合社会各部门需要的合格劳动力或专门人才，从而推动社会生产与经济的发展。

②**现代教育是使知识形态的生产力转化为直接的生产力的一种重要途径。** 虽然生产发明、科学技术日益重要，但它们只是一种知识形态的生产力，而要使其转化为现实的生产力，让技术成果能够真正在生产中运用、革新与推广，就需要通过教育与教学的紧密配合来实现。

③**现代教育是提高劳动生产率的重要因素。** 随着科学技术在生产中的作用日益增强，脑力劳动在生产中的比重越来越高。因此，通过提高劳动者受教育的程度与质量，发挥劳动者在生产和改革中的创造性，能够提高劳动生产率。

（2）教育的政治功能

①**教育通过传播一定的社会的政治意识形态，完成年青一代的政治社会化。** 政治社会化是指引导人们接受一定的社会的政治意识形态，形成适应于一定社会政治制度的思想态度与认同感，以及积极参与政治、监督政治的能力与习性的过程。

②**教育通过造就政治管理人才，促进政治体制的变革与完善。** 在现代社会中，许多国家都设立了专门培养政治管理人才的学校或科系；社会越发展，对政治管理人才的素质要求就越高，通过教育选拔、培养人才就显得越重要。

③**教育通过提高全民文化素质，推动国家的民主政治建设。** 一个国家普及教育的程度越高，国民的文化素质越高，其国民就越能认识到民主的价值。

④**教育是形成社会舆论、影响政治时局的重要力量。** 通过教育者和受教育者的言论、讲演、文章和社会活动等，来宣传一定的思想，造就一定的舆论，借以影响群众，为一定的政治和经济服务。

（3）教育的文化功能

①**教育对文化的传递。** 人类社会能从愚昧与野蛮走向今天的文明与开放，是文化教化的结果。学校教育因具有明确的目的性、计划性等特点，古往今来，一直承担着传承文化的重任。

②**教育对文化的选择。** 为了有效地传承文化，教育必须对文化进行"简化"和"净化"，并且"平衡"社会文化中的各种成分，并将其建立起联系。这一选择功能体现了教育对文化发展的积极引导和自觉规范。

③**教育对文化的发展。** 文化的生命不仅在于其保存与积累，更在于其更新与创造。教育通

过广泛的文化交流，能不断地吸收其他民族的文化精华，补充、更新和发展本民族的文化。

（4）教育的科技功能

①**教育是促进科技革命与发展、生产科学技术的重要手段**。教育，特别是高等教育，可以通过研究、创造和发明新的科学技术从而发挥直接生产科学技术的功能。

②**教育是科学知识再生产的手段**。科学知识的再生产指教育将科学知识经过合理的加工和编排，传授给更多的人。教育以其极为简约的方式和广泛的形式传递人类已有的科学知识，高效能地扩大科学知识的再生产。

（5）教育的人口功能

①**教育控制人口数量**。一系列研究表明，受教育程度不同导致了不同的生育观：受教育程度较低的群体或个人倾向于不加节制地、高数量地生育；受教育程度较高的群体或个人倾向于有节制地、比较合理地生育。

②**教育提高人口素质**。a. 教育可以提高人口的身体素质。b. 教育对人口科学文化素质的影响更为明显和直接。c. 人口思想品德素质的形成也依赖于教育。

③**教育使人口结构趋于合理**。a. 教育可以使人口性别结构趋于合理。b. 教育可以使人口的城乡结构更趋合理。

④**教育影响人口的迁移**。教育有利于人口流动和迁移的主要表现是：a. 受过较好教育的人口更容易远距离流动和迁移；b. 教育本身具有人口流动和迁移功能。

（6）教育的生态功能

①**树立建设生态文明的理念**。学校和社会应加强生态文明的教育与宣传，让学生从小养成爱护自然、保护生态环境的思想情感，从而逐步在全社会牢固树立建设生态文明的观念。

②**普及生态文明知识，提高民族素质**。只要对学生从小普及生态文明知识，养成保护生态环境的行为习惯，最终就能提高民族的生态文明素质。

③**引导建设生态文明的社会活动**。学校的生态文明教育不应局限于校内，还应组织学生参加社区和社会的生态文明建设。

👧 **点点小妙招**

总的记忆口诀：政经文科人生。

经济的记忆口诀：转化劳动生产力，提高劳动生产率。转化劳动生产力：劳动力转变、生产力转化。

政治的记忆口诀：传播意识形态，造就管理人才，提高全民素质，影响政治时局。

文化的记忆口诀：有选择地传递，在传递中发展。

科技的记忆口诀：生产科技知识。

人口的记忆口诀：植树节前。植：质量；树：数量；节：结构；前：迁移。

生态的记忆口诀：理知活动。理：生态文明理念；知：生态文明知识；活动：社会活动。

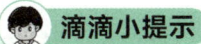 **滴滴小提示**

教育的社会功能与教育的社会制约性一样，涉及多方面细节，该知识点既可作为整体进行考查，也可单独选取某一方面进行考查。同学们可以先记总体有哪几个方面，然后再记每一方面的关键点。

题目3 论述当代社会发展对教育的需求与挑战 · 要点背诵

答：（1）现代化与教育变革

教育现代化是社会现代化的重要组成部分，与人类社会从传统社会向现代社会的转变相适应，是对传统教育的批判、继承和发展，是一个动态的发展过程。教育现代化的核心是人的现代化，特别是人的观念的现代化。教育现代化的表现如下：

①**观念层面的现代化**：教育观念的现代化是实现教育现代化的一个重要前提。

②**制度层面的现代化**：教育制度的现代化是实现教育现代化的重要保障。

③**物质层面的现代化**：教育内容、教育设备、教育方法、教学组织形式现代化。

④**教师素质的现代化**：教育现代化的关键是教师素质的现代化。

（2）全球化与教育变革

教育全球化是一种社会存在，是人类社会教育不断跨越空间障碍和制度、文化等社会障碍，在全球范围内实现充分沟通，达成更多共识和共同行动，同时不断获得和深化现代性的过程。

①**教育在全球化中的作用**：a.探索全球化的真谛，引导全球化健康发展；b.立足本国，面向世界，培养具有国际水准的公民；c.加强教育的国际交流与合作，促进教育的全球化。

②**全球化背景下我国教育变革的基本方向**：a.正确把握全球化与本土化的关系，明确教育发展的定位；b.辨识全球化对教育的影响，有意识地抵御全球化的风险；c.拓展全球视野，加大国际理解和全球意识教育。

（3）人工智能与教育变革

人工智能是一门研究、开发用于模拟、延伸和扩展人的智能的理论、方法、技术及应用系统的新技术科学。

①**人工智能对教育的影响**：

a.影响培养目标。教育要面向未来，培育学生终身发展和适应社会发展所需的正确价值观、必备品格和关键能力。**b.影响学习方式**。人工智能可以助力实现拥有个性化的学习路径，提供智能化助学辅导，还可以营造更逼真的学习情境。**c.影响教学方式**。通过人工智能，人类可以消解大规模教学和因材施教在实践中的两难困境，兼顾促进教育公平和提升教育质量。**d.影响师生关系**。以前教师是课堂上的学术权威，而现在学生使用 ChatGPT、Sora 等工具，即时获取的知识可能比教师能提供的还多。**e.影响教育内容**。教材中的机械记忆内容将大幅度减少，给深度学习、认知创新和实践性学习留出了空间。**f.影响教育管理。**教育管理中的人工智能应用已相对成熟，技术促进了教育管理高效化、精细化、科学化。

②**教育积极应对人工智能的挑战：a.注重学生的高阶思维培养。**在人工智能时代，育人目标和模式从知识本位、学科本位走向素养本位。**b.着力构建新型师生关系。**教师将从"知识的守门人"转变为"学习的编舞者"。首先，将更加注重对学生情感、态度、价值观的引导；其次，逐渐成为知识生产者、学习促进者和成长引导者。**c.创新探索智能时代教学模式的变革。**例如，教师在教学过程中，可以通过生成式人工智能技术产生一些必要的图文故事或视频等开展探究活动，提升其教学设计能力与教学组织能力，增强课堂互动性。

（4）知识经济与教育变革

知识经济是"以知识为基础的经济"的简称。它直接依赖于知识的创造、传播和应用，是以现代科学技术为核心的建立在知识和信息的生产、存储、使用和消费之上的经济。知识经济和教育是相互依存、相互作用的。

①**教育对知识经济具有重要作用**：教育传播知识和培养人才；知识经济依靠大批知识型劳动者。

②**知识经济的发展也促进教育的变革：**a.抓紧实施科教兴国战略，落实教育优先发展的战略重点地位。b.转变教育观念，确立新的人才观和发展观，重塑教育培养目标，构建人才培养新模式。c.构建教育培训网络体系，营造学习化社会，以全面开发人力资源，提高劳动者素质。

（5）信息社会与教育变革

信息社会是信息成为比物资或能源更为重要的资源，以信息价值的生产为中心，促使社会和经济发展的社会。以计算机、微电子和通信技术等为主的信息技术革命是社会信息化的动力源泉。

①**信息社会对教育的影响**：a.带来了教育模式的巨大变革；b.推动了学习方式的变革；c.促进了教育科学的发展；d.使教育管理便捷化。

②**信息社会对教育培养人才规格的改革要求**：a.具有现代化的意识（创造、民主等）；b.具有较高的信息素养（获取、评价、运用信息）；c.具有较强的自主学习能力；d.具有多方面的知识和较强的综合能力；e.具有合作共事能力；f.实现教育的信息化。

（6）学习化社会与教育变革

学习化社会是指具有相应的机制和手段促进和保障全民学习和终身学习的社会。其基本特征是社会成员善于不断学习，形成全民学习、终身学习、积极向上的社会风气。学习化社会的核心内涵是全民学习、终身学习。

①**构建终身教育体系**：利用创建学习化社会的理念，发展网络教育、继续教育、终身教育，加强职业教育和培训，构建终身教育体系，对包括高等教育、基础教育和成人教育在内的

多种教育形态进行整合。

②**学习化社会中教育的变革**：a.教育年限和场所的变革；b.教育资源和方式的变革；c.教师角色和师生关系的变革。

（7）多元文化与教育变革

多元文化是指在一个集团群体、社会共同体、区域联合体等系统中共存的且有一定联系的诸种文化。其核心原则是所有文化都应得到尊重，文化的多样性和差异性得到承认。

①**多元文化对教育的影响**：a.促成了教育观念和思维方式的变革，有利于确立平等、接纳、宽容的态度和价值观。b.促进了教育民主的发展，关注弱势群体的受教育权利，促进教育公平。c.促进了教育模式的多元化。d.推动了教育的不断发展。

②**多元文化教育**：多元文化教育旨在保证弱势儿童接受平等教育的机会，促进多元文化社会中人们对不同文化的理解，促进不同文化群体间的平等和尊重。具体包括：a.倡导教育公平，反对任何形式的歧视和偏见；b.尊重学习者主体性和自主性，培养学习者在面对不同文化时的抉择、批判和反思能力；c.促进教育机会均等。

（8）民主化与教育变革

所谓教育民主化，就是要求教育具有平等、民主、合作，能调动教育者与受教育者的积极性等特点。它包括教育的民主和民主的教育两个方面，前者是把民主的外延扩展到教育领域，使每个受教育者都享有平等的公民权利；后者是把专制的教育改造成民主的教育。

民主化对教育变革的要求：a.教育民主化是指教育机会均等；b.教育民主化是指师生关系的民主化；c.教育民主化是指教育活动、教育方式、教育内容等的民主化。

（9）本土化、民族化与教育变革

①**教育本土化是针对教育全球化的概念提出的**。教育本土化可以理解为外来教育思想与中国教育实际在相互沟通与融合的过程中，外来教育思想会自觉地发生一定的变化来适应我国教育现状的过程。

②**教育民族化是以本国国情和民族的特性为基本点的**。教育民族化是为了促进教育现代化，对外来文化进行甄别、选择和改造，达到适应本土文化的过程。这一过程既有时代特点，又有本国特色，从而实现国际性与民族性的统一。

点点小妙招

记忆口诀：现代全球智能信息知识，本土多元民主学习。

滴滴小提示

当代社会在不断发展，为教育的发展提供了一定的契机；而教育作为社会中的一个子系统，也必然会受到社会发展的影响。该知识点的每一个方面都容易以材料分析题的形式来考查，同学们切忌死记硬背，可以联系时代发展的情况灵活答题。

教育学原理

三、教育与人的发展

题目1 论述人的身心发展特点及其对教育的制约 ·逐字背诵

答： 在教育学中，通常将人的发展看成个体发展，个体发展有广义和狭义之分。广义的个体发展是指个体从胚胎到死亡的变化过程，其发展持续于人的一生。狭义的个体发展是指个人从出生到成人的变化过程。人的发展有一定的规律，这些规律具有重要的教育学意义，这是教育工作必须遵循的规律性。

（1）人的身心发展特点（规律性）

①**顺序性**：在正常情况下，人的发展具有一定的方向性和顺序性，既不能逾越，也不能逆向发展。

②**不平衡性**：人的发展并不总是匀速直线前进的，不同系统的发展速度、起始时间、达到的成熟水平是不同的；同一机能系统在发展的不同时期（年龄阶段）也有不同的发展速率。

③**阶段性**：人的发展变化既体现出量的积累，又表现出质的飞跃，从而表现出发展的阶段性。总体来看，在个体发展的不同阶段，会表现出不同的年龄特征及主要矛盾。

④**差异性**：尽管正常人的发展要经历一些共同的基本阶段，但由于遗传、环境、教育等因素的不同，个别差异仍然非常明显。每个人的发展优势、发展速度与高度往往是千差万别的。

（2）人的身心发展特点对教育的制约

①人的身心发展的**顺序性**要求教育要**循序渐进**地促进学生的身心发展。

②人的身心发展的**不平衡性**要求教育要掌握和利用人的发展的成熟机制，**抓住发展的关键期**，不失时机地采取有效措施，卓有成效地促进学生健康地发展。

③人的身心发展的**阶段性**要求教育要从学生的实际出发，尊重不同年龄阶段学生的特点，并根据这些特点采取不同的教育内容和方法，**进行有针对性的教育**，以便有效地促进他们的个性发展。

④人的身心发展的**差异性**要求教育必须深入了解学生，针对学生不同的发展水平以及不同的兴趣、爱好和特长**因材施教**，引导学生扬长避短、发展个性，促进学生自由地发展。

综上所述，教育只有遵循人的身心发展的规律性，才能更好地促进人的发展。

点点小妙招

记忆口诀：顺阶不差，有序针对关键期因材施教。

题目2 论述影响人的身心发展的基本因素 ·逐字背诵

答： 在教育学中，通常将人的发展看成个体发展。广义的个体发展是指个人从胚胎到死亡的变

化过程，其发展持续于人的一生。狭义的个体发展是指个人从出生到成人的变化过程。人的发展是复杂的，是多因素共同影响的结果。

（1）遗传在人的身心发展中的作用

遗传是指人从上代继承下来的生命机体及其在解剖上的特点，也叫遗传素质。遗传在人的身心发展中的作用表现在：

①**遗传素质是人的身心发展的生理前提**。遗传素质是人发展的自然或生理的前提条件，如果没有这些生理条件，人的发展就无法实现。它为人的发展提供了巨大的生命潜能。

②**遗传素质的成熟程度制约着人的身心发展过程及年龄特征**。遗传素质本身有一个发展与成熟的过程，主要表现为人的身体的各种器官的形态、结构及其机能的发展变化与完善的过程。遗传素质的成熟程度，为一定年龄阶段的身心特点的出现提供了可能，制约着人的发展的年龄特征。

③**遗传素质的差异性对人的身心发展有一定的影响**。人的遗传素质是有差异的。人的遗传素质的差异不仅表现在体态和感觉器官的功能上，也表现在神经活动的类型上。

（2）环境在人的身心发展中的作用

环境是围绕在个体周围，并对个体自发地产生影响的外部世界。它包括自然环境和社会环境，对人的发展起主要作用的是社会环境。环境在人的身心发展中的作用表现在：

①**环境是人的身心发展的外部条件**。经由人类的遗传，初生婴儿来到了世界上，他还是一个自然人，要由自然人转化为社会人，还有赖于后天的生活环境的影响。环境是人的身心发展的外部的现实根基与资源。在环境的影响下，儿童发展着身心，获得一定的生活经验、知识和语言能力，形成各种思想意识和行为习惯。一个人的身心能否得到发展和发展到什么程度，都与他所处的社会环境分不开，社会环境是儿童得以发展的现实条件和源泉，对人的发展起着重要的作用。

②**环境的给定性与主体的选择性**。环境的给定性指的是由自然与社会、历史遗产与他人为儿童个体所创设的生存环境。它们对于儿童来说是客观的、先在的、给定的。主体的选择性是指客观的、复杂多变的环境究竟对人的发展能起多大作用、起什么性质的作用，这在很大程度上取决于个人对待环境的态度及其与环境的互动状况。

（3）个体的主观能动性在人的身心发展中的作用

个体的主观能动性是指个体在后天生活中形成的人生态度、价值理想、道德品质等，它在人的活动和社会生活中产生，并通过人的活动表现出来。个体的主观能动性在人的身心发展中的作用表现在：

①**个体的主观能动性在人的发展中起着决定作用**。遗传、环境等因素为个体的发展提供了条件，但这些条件能否发挥作用且在多大程度上发挥作用，最终取决于个体自己。

②**个体的主观能动性制约着环境影响的内化与主体的自我建构**。人在同环境的相互作用的过程中，既改造着环境，也在改造环境的活动中发展和提升了个人的素质，这从人的发展的视域看，实质上是一个主体的自我建构的过程。在这一过程中，不同主体对环境的内化程度是不

同的。在同样的环境和教育条件下，每个学生发展的特点和成就，主要取决于他的态度，取决于他的能动性的发挥状况。

③**个体通过能动的活动选择、建构着自我的发展。** 个人通过能动的活动不仅能把握自己与外部世界的关系，而且能把自身的发展当作自己认识的对象和自觉实践的对象，逐步地、有目的地、自觉地认识、选择与建构自己的发展。只有达到这一水平，个人才能在完全意义上成为自我发展的主体。人的发展过程就是一个通过能动的活动不断自我超越的过程。

（4）学校教育在人的身心发展中的作用

学校教育作为有目的地培养人的社会活动，在人的发展中起主导作用，它能够促进个体的个性化和社会化。学校教育主要通过传承文化科学知识来培养人，因为文化知识蕴含着有利于人发展的认识价值、能力价值、陶冶价值和实践价值。学校教育对提高人的现代性有显著的作用，因为学生在学校里不仅学会了各个方面的基本知识与技能，还学到了与他们个人的发展和国家的未来有关的态度、价值和行为方式。

综上所述，人的身心发展是受多方面因素共同影响的。

点点小妙招 ★

记忆口诀：一个教育环境。一：遗传。

滴滴小提示 ★

人的身心发展是个体的内在遗传与外部环境在个体活动中相互作用的结果。"遗传决定论""环境决定论""教育万能论"等观点都存在一定的片面性。关于"影响人的身心发展的因素"，除了作为一个整体知识进行考查，其任何一个影响因素都可以单独考查，尤其是"学校教育"这一影响因素。

题目3 **论述教育在人的身心发展中的作用及其有效发挥的条件** ●要点背诵

答： 教育在年轻一代的发展中起着极其重要的引导作用，主要体现在有意识地为年青一代的成长选择、建构、调控良好的环境，对他们各方面活动进行正确的教导、示范和辅助，并注重尊重他们的主体地位和激发、引导他们内在的学习动力与自我发展的能动性、自主性和自为性，从各方面引领、关怀、维护他们的发展。可见，教育在人的人心发展中起主导作用。

（1）教育在人的身心发展中起主导作用

①教育起主导作用的表现

a. **个体个性化**是指个体在社会活动中追求独特性、自主性和创造性的过程，主要表现在：教育促进人的主体意识的形成和主体能力的发展；教育促进个性差异的充分发展，形成人的独特性；教育开发人的创造性，促进个体价值的实现。

b. **个体社会化**是指个体接受社会文化的过程，即人由一个"自然人"成长为"社会人"的过程，主要表现在：教育促进个体思想观念的社会化，教育促进个体行为的社会化，教育促进角色和职业的社会化。

②教育发挥主导作用的原因

a. 教育，尤其是学校教育，是有目的地设计的，是特殊的主体（专业的教育人员）在特殊的环境（具有极大的人为性和教育性）中进行的特殊的活动（具有目的性、计划性和组织性）。通过学校教育能够最大限度地整合各方面资源来促进学生的发展。

b. **学校教育主要通过传承文化科学知识来培养人。**学校教育是教育者有意识地为学生的身心发展精心设置的一种环境，其最大的特点在于，把经过选择的、重新组编的、人类长期积累起来的文化知识作为精神客体与学生互动，以促进学生的发展，使他们成人、成才。科学文化技术知识之所以对人的发展至关重要，是因为文化知识蕴含着有利于人的发展的多方面价值：它促进人的认识的发展，它促进人的精神的发展，它促进人的能力的发展，它促进人的实践的发展。

c. **学校教育对提高人的现代性有显著的作用。**与古代社会相比，现代社会对人的发展提出了越来越高的要求，教育对人的发展的作用也越来越大，这在人的现代性发展方面表现得尤为明显。教育之所以能在人的现代化过程中起着重要的作用，是因为学生在学校里不仅学会了各个方面的基本知识与技能，而且学到了与他们个人的发展和国家的未来有关的态度、价值和行为方式。

（2）学校教育的主导作用有效发挥的条件

①学校内部：a. 学校教育要调动学生的主观能动性，遵循学生的身心发展规律；b. 学校教育需要具有一定的办学条件，如教育的物质条件、教师的素质、教育管理水平及其课程设置的合理性等。

②学校外部：a. 家庭教育与学校教育的积极配合程度；b. 社会发展的稳定性及社会教育与学校教育的配合程度；c. 科技、信息对学校教育的改造程度。

综上所述，教育必须遵循一定的条件才能更好地发挥它的主导作用，促进人的身心发展。

点点小妙招

记忆口诀：教育人员通过分析各方面条件有目的地传承科学文化知识、提高人的现代性，促进个体个性化与社会化。

四、教育目的与培养目标

题目1 **论述个人本位论和社会本位论** 逐字背诵

答：教育目的的价值取向是指教育目的的提出者或从事教育活动的主体，依据自身对人的发展和社会发展需要的理解而对教育价值做出选择时所持有的一种倾向。在教育目的的价值取向上，争论最多、影响最大、最根本性的问题是：教育活动究竟是应当注重满足人的个性发展需要，还是应当注重满足社会发展需要？由此，构成了教育目的选择上的两种典型的价值取向，即个人本位论和社会本位论。

（1）个人本位论

个人本位论的代表人物有卢梭、福禄培尔、裴斯泰洛齐等。其主要观点有：

①教育目的是根据个人发展的需要制定的，而不是根据社会的需要。

②个人价值高于社会价值。社会价值只有在有助于个人发展时才有价值，否则，单纯地关注社会价值的实现就会压抑和排斥个人价值。

③人生来就有健全的潜在本能，教育的基本职能就在于使这种潜能得到发展。

④教育的效果以人的个性自由的发展程度来衡量。

个人本位论的价值取向重视教育的个人价值，强调教育目的从个人出发，满足个人的需要，具有一定的合理性。特别是在文艺复兴以后的历史条件下，它对于打破宗教神学和封建专制对人的束缚，倡导人的自由和个性解放，提升人的价值和地位，使教育回归到人间等方面具有深远的意义。但个人本位论者离开社会来思考人的发展，无视个人发展的社会需要和社会条件，甚至把满足个人需要和满足社会需要对立起来，把教育的个人目的和社会目的看成是不可调和的，只强调满足个人的需要与谋求个性的发展，而一味贬低和反对满足社会发展的需要，则是片面的、错误的和不可取的。

（2）社会本位论

社会本位论的代表人物有那托尔普、涂尔干、凯兴斯泰纳等。其主要观点有：

①教育目的是根据社会发展的需要制定的，而不是根据个人的需要制定的。

②社会价值高于个人价值。

③教育目的在于培养国家所需的合格公民。

④教育的结果或效果是以其社会功能发挥的程度来衡量的。

社会本位论的价值取向重视教育的社会价值，强调教育目的从社会出发，满足社会的需要，特别是在今天这样一个生产高度社会化的时代，具有一定的合理性。但仅仅把人看作工具，只是站在社会的立场看教育，完全抹杀了教育在发展和完善个人上的作用，并以此来排斥教育对满足个人发展与完善的需要，也是不正确的、片面的和必须避免的。

综上所述，要正确理解教育目的的价值取向，必须坚持以马克思主义关于人的全面发展思想为指导。作为一种培养人的教育，既要满足社会发展需要，也要满足个人发展需要。

点点小妙招

个人本位论的记忆口诀：个人高于社会，潜能自由展现。

社会本位论的记忆口诀：社会高于个人，合格公民出现。

题目2 论述马克思主义关于人的全面发展学说 •要点背诵

答： 马克思、恩格斯所讲的人的发展，实际上是指在**人的劳动能力全面发展的基础上**包括人的社会关系、体力、智力、道德精神面貌、意志、情感、个性及审美意识和实践能力等**各方面的和谐统一发展**。

（1）人的全面发展必须具备的社会条件

①**人的片面发展的原因**：人的发展与社会的发展是一致的，工场手工业的分工加剧了工人的片面发展。人的发展不是由人的意志和愿望决定的，而是被整个社会的发展所决定的。

②**生产力高速发展的大工业社会为人的全面发展提供了物质基础和保障**。大工业生产依靠的是先进的科学技术，劳动者通过学习掌握生产过程的基本原理、技能，使了解整个生产系统成为可能。大工业的发展促进了劳动生产率的提高，从而缩短了劳动时间，减轻了劳动强度，劳动者有更多的自由时间来学习技术、文化，使他们发展自己的兴趣和特长成为可能。市场的扩大和交往的普遍性为人的全面发展提供了可能性。大工业的发展使新的产业不断兴起，使社会内部的分工不断变化，劳动变换加速，要求人必须全面发展。

③**实现人的全面发展的根本途径是教育与生产劳动相结合**。教育与生产劳动相结合，不是机械的教育与劳动的相加，它的内涵十分丰富，包括理论与实践的结合、学与用的结合、知识分子与劳动人民的结合等。

（2）人的全面发展学说在教育学上的意义

①**确立了科学的人的发展观**。全面发展学说把人的发展历史归结为生产方式发展的历史，确定了"人怎样表现自己的生活，他们自己也就怎样"的科学发展观，从而在人的发展问题上提供了一种全新的方法论的指导。

②**指明了人的全面发展的历史必然性**。全面发展学说所揭示的人的发展方向，是一种建立在生产发展普遍规律基础之上的自然历史过程。这种发展方向不仅符合人类利益，而且符合历史发展的客观规律，它的合理性与它的必然性是一致的。

③**为我国教育目的的制定奠定了理论基础**。

（3）人的全面发展学说的现实意义

马克思关于人的自由而全面发展学说是在继承和发展历史上有关理论基础上的新的探索和科学概括，是我们选择社会主义教育目的的价值取向的理论基础。

①**社会主义制度的建立为人的全面发展拓宽了道路**。从总体上看，社会主义属于"第三种形态"的共产主义社会的初级阶段，我国的情况正是这样。既然资本主义的基本矛盾在社会主义阶段被克服了，那么，社会主义制度的建立便为实现人的自由而全面发展的理想目的拓宽了

道路，开始了新的进程。

②**要依据我国的特点尽可能地促进人的全面发展。**要依据我国的现实条件，积极采取各种切实举措，尽可能地全面提高人的素质，促进人的个性全面发展，并以此作为现阶段我国教育目的的基本价值取向。

③**人的全面发展是构建社会主义和谐社会的基本内涵。**没有人的自由而全面的发展，就不可能有社会的全面进步。人的自由而全面发展与坚持科学发展观、建设社会主义和谐社会，是相互依存、相互促进、相得益彰的。

④**追求人的全面发展与实现人的自由发展必须和谐统一。**我国当前教育改革与发展应该在引导学生全面发展的同时，关注学生个性的自由发展，着重培养学生的创新精神、批判意识与独立个性。不仅实现学生在知识、智力、技能上达到全面发展的要求，而且使他们在精神上不断追求自由与解放，提升实践智慧与行动能力，并通过精神和个性的自由发展带动和促进更高层次的人的全面发展。

👩 **点点小妙招** ⭐

人的全面发展的内涵的记忆口诀：劳动能力全面发展基础上各方面和谐统一。

社会条件的记忆口诀：大工业社会。

教育学意义的记忆口诀：科学观念、历史必然、理论基础。

现实意义的记忆口诀：社会主义制度下依据我国特点追求人的全面而自由发展。

题目3 **论述我国教育目的的精神实质** 🔖要点背诵

答：教育目的是对教育活动所要培养的人的个体素质的总的预期与设想，是对社会历史活动的主体的个体素质的规定。它体现一定社会对受教育者质量规格的界定和要求，也体现人自身发展所应该达到的水准和高度。我国教育目的的表述虽几经变化，但其基本精神却是一致的，就是培养学生成为未来国家、社会发展的实践主体与主人。其基本点包括以下几点：

(1) 坚持培养"劳动者"或"社会主义建设人才"

我国当代教育目的在表述上不断发生变化，但培养"劳动者"或"社会主义建设人才"这一基本规定却始终没有变。对教育目的的这个规定，明确了我国教育的社会主义方向，指明了培养出来的人的社会地位和价值，是社会主义的劳动者、建设人才，是国家的主人。

(2) 坚持追求人的全面发展

受教育者的全面发展有不同的划分。教育界通行的说法是德、智、体、美、劳的发展。从人要处理的现实生活的关系分析，人的全面发展主要包括人与自然关系的能力、人与社会关系的能力和人与自我关系的能力的发展。

(3) 坚持发展人的独立个性

培养受教育者的独立个性，是马克思关于人的全面发展学说的基本内涵和根本目的。追求人的个性发展，就是要使受教育者的自由个性得到保护、尊重和发展，要增强受教育者的主体意识、开拓精神、创造才能，要提高受教育者的个人价值。

综上所述，我国教育目的的价值取向的出发点与归宿在于：培养德、智、体、美、劳全面发展的具有创新精神、实践能力和独立个性的社会主义现代化建设需要的各级各类人才。

> **点点小妙招**
>
> 记忆口诀：培养社会主义全面个性的劳动者。

> **滴滴小提示**
>
> "我国教育目的的精神实质"即"我国教育目的的基本精神/基本要求"，作答时离不开两个方面：为谁培养人和培养什么样的人。

题目4 论述全面发展教育的组成部分及其相互关系 逐字背诵

答： 全面发展教育是指教育者根据社会的政治、经济需要和人的身心发展的规律和特点，有目的、有计划、有组织地对受教育者实施的旨在促进人的素质结构全面、和谐、充分发展的系统教育。它的组成部分有德育、智育、体育、美育、劳动教育。

（1）全面发展教育的组成部分

①**德育**：德育是指教育者按照社会的要求，对受教育者施加影响，以使其形成社会所期望的政治立场、世界观和道德品质的教育。它体现了整个教育的社会主义性质，对受教育者的全面发展起着定向和动力的作用。

②**智育**：智育是指向学生传授系统的科学文化知识，为学生各方面发展奠定良好的知识基础，培养基本的技能技巧和发展智力的教育，它在个性全面发展中起着重要作用。

③**体育**：体育是指授予学生健身知识、技能，发展学生体力、增强学生体质的教育。体力和体质的发展是人的个性全面发展的生理基础。

④**美育**：美育是指在教师的引导下，学生有目的地积极主动地感知、感悟、评析与操作自然、生活与艺术作品等对象的各种美的形态，通过师生间的互动、交流，掌握与运用有关美的基本知识、技能，以实现情趣的融合、共识与分享，培养感受美、鉴赏美、表现美、创造美的能力，促进个体自由而全面发展的教育。美育在净化学生心灵，促进学生全面发展上具有重要作用。

⑤**劳动教育**：劳动教育是指在系统的文化知识学习之外，有目的、有计划地组织学生参加日常生活劳动、生产劳动和服务性劳动，让学生动手实践、出力流汗，接受锻炼、磨炼意志，培养学生正确劳动价值观和良好劳动品质的教育。

（2）全面发展教育各组成部分之间的关系

在全面发展教育中，各育之间既是相互独立的，又是相互促进的。

①**各育之间相互独立，不可相互替代**：因为各育都有其特定的内涵，都有其特定的任务，各育的社会价值、教育价值、满足人发展需要的价值都是通过各自不同的作用体现出来的，任何一育都是不可替代的。

②**各育之间是相互促进的，在实践中共同组成统一的教育过程**：德育对其他部分起着保证方向和提供动力的作用；智育为其他部分提供了认识基础；体育为其他部分提供了生理基础和机体保证；美育和劳动教育在促进学生全面发展中具有重要作用。要坚持"五育"并举，使其相辅相成，发挥教育的整体功能。

③**在处理各育之间的关系时，要避免两种倾向**：一是只重视各育之间的联系而忽视它们各自的独特功能；二是只重视各育之间的区别而忽视其相互促进的作用。在任何情况下，都要注意坚持社会主义教育目的，使学生在德、智、体、美、劳等方面和谐发展。

> 👧 **点点小妙招** ⭐
>
> 记忆口诀：德智体美劳，相互独立和促进。

五、教育制度

题目 1 论述学校教育制度及其主要类型 〔要点背诵〕

答： 学校教育制度简称学制，指的是**一个国家各级各类学校的系统及其管理原则**，它规定着各级各类学校的性质、任务、入学条件、修业年限以及它们之间的**衔接与分工**等关系。学校教育制度是现代教育制度的核心内容，**由学校的类型、学校的级别和学校的结构三个要素构成**。目前，学制主要有双轨学制、单轨学制和分支型学制三种类型。

（1）双轨学制

在18—19世纪的西欧，在特定的社会政治、经济及文化发展条件的影响下，形成了双轨学制，简称双轨制。在双轨制中，**一轨自上而下**，其结构是大学（后来也包括其他高等学校）—中学（包括中学预备班）；**另一轨自下而上**，其结构是小学（后来是小学和初中）—职业学校（先是与小学相连的初等职业教育，后发展为和初中相连的中等职业教育）。两轨平行并列，既不相通，也不相接，体现了明显的不平等。这种学制有利于培养高层次人才，但不利于教育普及。

（2）单轨学制

在社会政治、经济与文化急剧发展的背景下，美国早期双轨制的学术性一轨没有得到充分发展，从而形成了单轨学制，简称单轨制。**单轨制的结构是：小学—中学—大学。**其基础教育特点是：一个系列、多种分段，即六三三、五三四、四四四等分段。单轨制有利于维护教育的平等和民主，有利于教育的逐级普及。但单轨学制在普及教育的同时对如何提高教育质量、如何培养高质量有特色的人才缺乏有效措施。

（3）分支型学制

在苏联和我国，由于经济发展不平衡形成了分支型学制。分支型学制的结构是**前段单轨，后段分叉**，是介于双轨制和单轨制之间的一种学制。分支型学制从中等教育开始实行的多轨制之间相连相通，有利于人们根据需要和可能选择不同层次、类型的教育，有利于教育的逐级普及。但国家对学校教育的管理体制过于集中统一，不利于不同个性人才的发展。

> 🧑 **点点小妙招**
>
> 记忆口诀：分单双。

题目2　论述现代教育制度的改革 ●要点背诵

答：现代教育制度是指一个国家各级各类实施教育的机构体系及其组织运行的规则，它包括相互联系的两个基本方面：一是各级各类教育机构与组织；二是教育机构与组织赖以存在和运行的规则。学校教育制度是现代教育制度的核心内容。现代教育制度的改革情况如下所述：

（1）义务教育年限的延长

义务教育是依据法律规定，适龄儿童和青少年必须接受，学校、家庭和社会必须予以保证的国民教育。它具有强制性、免费性、普及性等特征。入学年龄提前，义务教育年限延长，以立法形式推行义务教育是现代教育制度的重要标志之一。

（2）普通教育和职业教育的综合化

普通教育是以升学为主要目标、以基础知识为主要教学内容的教育；职业教育是以就业为主要目标，以从事某种职业或生产劳动所需要的知识和技能为主要教学内容的教育。普通教育和职业教育正朝着综合统一的方向发展，呈现出普通教育职业化、职业教育普通化的趋势。

（3）非正规教育的复兴及其对正规教育的影响

首先，正规教育越来越呈现出僵化、忽视学生个性发展等问题，与现代社会人才观不相符合；其次，非正规教育形式多样，内容丰富，贴近学生的实际需要，所以说，非正规教育的复兴打破了正规教育对教育系统的垄断；最后，非正规教育在教育市场化的背景下，良莠不齐，依然需要国家政策的大力引导，促使其健康发展。

（4）高中的多样化、特色发展及其与大学的衔接

在我国经济发展不平衡的国情下，我国高中有普通高中、职业高中、中等专业学校和技工学校等不同类型的学校。其目的在于：促使高中办学体制多样化，培养模式多样化，鼓励普通高中办出特色；加强高中和大学之间的衔接，用多种方式进行衔接；改变高中的应试性教学方式，使高中既为升学服务，也为就业服务。

（5）高等教育的大众化

美国学者马丁·特罗教授提出了高等教育发展阶段划分的理论：当一个国家大学适龄青年中接受高等教育的比例在 15% 以下时，属于精英高等教育阶段；在 15%~50% 时为大众化高等教育阶段；在 50% 以上时为普及化高等教育阶段。

《2022 年全国教育事业发展统计公报》显示：截至 2022 年，各种形式的高等教育在学总规模为 4655 万人，比上年增加 225 万人。高等教育毛入学率为 59.6%，比上年提高 1.8 个百分点。我国高等教育进入了普及化阶段。

高等教育的变化主要有四个方面：一是高等教育的多层次；二是高等教育的多类型；三是高等教育向在职人员开放；四是注重"双一流"院校的建设。

（6）终身教育体系的建构

终身教育主张教育应该贯穿于人的一生，它是人的一生所受的各种教育的总和，包括教育体系的各个阶段和各种方式，具有终身性、广泛性、全民性、灵活性、实用性的特点。终身教育不仅是一个贯穿于一切教育的理念，更是构建未来教育体系的一种制度实践。

> 👩 **点点小妙招** ⭐
>
> 记忆口诀：义务延长，普职综合，非正复兴，高中多样，高等大众，终身建构。

六、课程

题目 1 **论述学科课程和活动课程的特点及优缺点** ●要点背诵

答： 学科课程和活动课程是课程的两种基本类型，它们的特点及优缺点如下所述：

（1）学科课程

学科课程又称"分科课程"，是指根据学校培养目标和科学发展，分门别类地从各门科学中选择适合学生年龄特征与发展水平的知识所组成的教学科目。

①**学科课程的特点**。a.重视对成人生活的分析及其对儿童为适应未来社会生活需要所做准备的要求，有明确的目的与目标。b.能够按照人类整理的科学文化知识的逻辑系统，结合学生身心发展的特点，预先选定课程及内容、编制好教材，便于师生分科而循序渐进地进行教学。c.强调课程与教材的内在的伦理精神价值和智能训练价值，对学生的发展有潜在的、定向的质量要求。

②**学科课程的优缺点**。a.**优点**：学科课程重视学科知识的逻辑性、系统性和完整性，符合学生认识特点，有利于学生在较短时间内掌握人类长期积累起来的科学文化基础知识和基本技能，保证教育质量；易于编写教材，易于发挥教师的主导作用，也易于对学生的学习效果进行评价。b.**缺点**：学科课程是一种静态的、预先计划和确定好了的课程与教材，往往忽视学生现

实的兴趣与需求，忽视学生的主体性，忽视了知识的实用性，极易与学生的生活与经验脱节，使学生不能学以致用，陷入被动状态。

（2）活动课程

活动课程又称"经验课程"或"儿童中心课程"，是指打破学科逻辑系统的界限，以学生的兴趣、需要、经验和能力为基础，通过引导学生自己组织的有目的的活动系列而编制的课程。

①**活动课程的特点。**a. 重视儿童的兴趣、需要、能力、阅历以及儿童在学习中的自我指导作用与内在动力。b. 注重引导儿童从做中学，通过探究、交往、合作等活动使学生的经验得到改组与改造，智能与品德得到养成与提高。c. 强调解决问题的动态活动的过程，注重教学活动过程的灵活性、综合性、形成性，因人而异的弹性，以及把课程资源作为解决问题的工具，反对预先确定目标的观念。

②**活动课程的优缺点。a. 优点**：活动课程充分尊重学生的主体性，能够调动学生的积极性、自主性，发挥他们的潜力、个性和创造性；注重知识的实用性，重视为学生提供更广阔的学习空间和动手操作的机会，有利于培养学生的动手能力和问题解决能力。**b. 缺点**：活动课程忽视知识的系统性和逻辑性，不利于学生学到系统的科学知识；过于重视灵活性，缺乏规范性，导致其教学过程不易理性地引导，存在较大难度；对教师要求过高，课程不易实施与落实，极易产生偏差。

滴滴小提示

学科课程和活动课程是现代学校教育中的两种基本的课程类型。学科课程重视间接经验，活动课程重视直接经验，同学们可对比记忆。

题目2 论述泰勒的目标模式 ·要点背诵

答：泰勒被誉为"现代课程理论之父""教育评价之父""行为目标之父"。在《课程与教学的基本原理》中，他指出开发任何课程和教学计划都必须回答四个基本问题，这四个基本问题构成了著名的"泰勒原理"。泰勒原理的实质是以目标为中心的课程组织模式，因此被称为"目标模式"。

（1）四个基本问题

①学校应该试图达到哪些教育目标？（确定教育目标）

②提供什么样的教育经验最有可能达到这些目标？（选择教育经验）

③怎样有效组织这些教育经验？（组织教育经验）

④如何确定这些目标正在得以实现？（评价教育计划）

（2）四个问题的关系

确定教育目标是课程开发的出发点。选择教育经验和组织教育经验是主体环节，指向教育目标的实现。评价教育计划是整个系统运行的基本保证。

泰勒原理为我们提供了一个课程分析的可行思路，具有逻辑严密的课程编制程序，具有引导性和调控性，各程序层次分明，具有较强的系统性。但其对课程编制与实际使用的认识有简单化、机械化倾向，并具有较大的主观性。此外，预先确定严格的行为目标与手段，也不利于发挥教师与学生的主动性与积极性。

👧 点点小妙招 ⭐

记忆口诀：从目标出发，主体是选择和组织经验，评价保证目标实现。

题目3 论述世界各国课程改革发展的趋势 ·要点背诵

答： 自20世纪80年代以来，随着教育实践的不断丰富，课程理论的流派纷呈，世界各国的学校课程改革十分活跃，体现出以下课程改革发展的新趋势。

（1）课程政策的发展趋势

①课程目标的整体性。大多数国家的课程政策都强调社会协同、经济振兴和个人发展方面的目标。

②课程管理的灵活性。尽管大多数国家的课程开发仍然是中央集权的，但在开发中却出现了尽可能咨询多方面意见的趋势，对课程实施问题的决策制定则倾向于下移到地方和学校一级。

（2）课程结构的发展趋势

①课程结构的综合性。课程结构从内容本位转向内容本位与能力本位的多样化结合，以保证学生有效地获得知识、技能和能力。

②课程结构的均衡性。不仅有学科课程，也有活动课程；既注重国家、地方课程，又注重校本课程。

③课程结构的选择性。课程开发既确保了核心内容的学习，又为选修学科提供了更多选择课程框架的机会。

（3）课程内容的发展趋势

①课程内容的基础性。加强课程内容与学生生活和现代社会科技发展的联系。

②课程内容的时代性。调整课程内容，吸纳新出现的学科领域。这些新学科领域或者被整合进既有学科，或者作为独立学科。

（4）课程实施的发展趋势

①课程实施的新取向。课程实施的"忠实取向"正在被"相互适应取向"与"课程创生取向"所超越。

②课程实施的弹性化。政府下达的课程要求课程弹性增大，以便学校能够充分考虑地方的情况和需要，做出更多决策，用最好的方式实施课程政策。

③课程实施的信息化。在课程信息的传播过程中，信息技术的应用日益增加，多种媒体的

作用日益明显。

（5）课程评价的发展趋势

①课程评价的过程性。"目标取向的课程评价"正在被"过程取向的课程评价"和"主体取向的评价"所超越。"评价即研究""评价即合作性意义建构"等理念已深入人心。"质性评价"与"量化评价"相结合被认为是基本的评价方略。

②课程评价的主体性。教师和学生都是评价的主体。

③课程评价的多元性。课程评价的对象越来越丰富，除了传统的学生发展评价，也注重对课程体系本身的评价和教师的评价等。

> **点点小妙招** ★
>
> 记忆口诀：政结内施评。

题目4 论述我国基础教育课程改革的具体目标 ●逐字背诵

答： 我国基础教育课程改革不是单一的教材改革或教学方法改革，而是涉及课程理念乃至整个教育观念更新的系统改革。新一轮基础教育课程改革的具体目标主要表现在以下六个方面。

（1）课程目标（功能）

改变课程过于注重知识传授的倾向，强调形成积极主动的学习态度，使学生获得基础知识与基本技能的过程同时成为学会学习和形成正确价值观的过程。

（2）课程结构

改变课程结构过于强调学科本位、科目过多和缺乏整合的现状，整体设置九年一贯的课程门类和课时比例并设置综合课程，以适应不同地区和学生发展的需求，体现课程结构的均衡性、综合性和选择性。

（3）课程内容

改变课程内容"难、繁、偏、旧"和过于注重书本知识的现状，加强课程内容与学生生活以及现代社会和科技发展的联系，关注学生的学习兴趣和经验，精选终身学习必备的基础知识和技能。

（4）课程实施

改变课程实施过于强调接受学习、死记硬背、机械训练的现状，倡导学生主动参与、乐于探究、勤于动手，培养学生搜集和处理信息的能力、获取新知识的能力、分析和解决问题的能力以及交流与合作的能力。

（5）课程评价

改变课程评价过分强调甄别与选拔的功能，发挥评价促进学生发展、教师提高和改进教学实践的功能。

（6）课程管理

改变课程管理过于集中的状况，实行国家、地方、学校三级课程管理，增强课程对地方、学校及学生的适应性。

新一轮基础教育课程改革在课程理念、课程结构、课程评价、教学方式、学习方式等方面更加突出以人为本的价值观，引导学校教育、教学发生了鲜明的变化。

> 🧑 **点点小妙招** ⭐
>
> 记忆口诀：目标三维显立体，结构均衡向综合，内容终身联生活，实施自主且自由，评价多元促发展，管理三级适应强。

> 🧑 **滴滴小提示** ⭐
>
> 1949 年以来，我国共进行了八次基础教育课程改革。第八次课程改革启动至今，课程领域不断有新的进展，如在课程目标上，从三维目标走向核心素养。关于课程改革的相关题目，上述六个维度可以作为分析题目的角度，答题时可根据具体情况灵活分析。

七、教学

题目 1 论述教学原则 ·逐字背诵

答： 教学原则是有效进行教学必须遵循的基本要求。它既指导教师的教，也指导学生的学，应贯穿于教学过程的各个方面和始终。它是从教学实践中总结出来的，在长期的历史发展中不断得到丰富、改进和提高。在教学过程中应贯彻的主要原则有以下八个。

（1）科学性和思想性统一的原则

科学性和思想性统一的原则是指教学要以马克思主义为指导，授予学生科学知识，并结合知识教学对学生进行社会主义品德和核心价值观教育。贯彻该原则的基本要求是：a. 保证教学的科学性；b. 发掘教材的思想性，注意在教学中对学生进行思想品德教育；c. 教师要不断提高自己的专业水平和思想修养；d. 重视补充有价值的资料、事例或录像。

（2）理论与实践相结合原则（理论联系实际原则）

理论与实践相结合原则是指教学要以学习基础知识为主导，将理论运用于解释和解决实际问题，学以致用，发展动脑、动手能力，并理解知识的含义，领悟知识的价值。贯彻该原则的基本要求是：a. 注重联系实际学好理论；b. 重视引导学生运用知识；c. 逐步培养学生综合运用知识的能力；d. 面向生活现实，培养学生的对策思维。

（3）直观性原则

直观性原则是指在教学中通过引导学生观察所学事物或图像，聆听教师用语言对所学对象的形象描绘，形成有关事物具体而清晰的表象，以便理解所学知识。贯彻该原则的基本要求是：a. 正确选择直观教具和现代化教学手段；b. 直观要与讲解相结合；c. 重视运用生动形象的语言直观；d. 防止直观的不当和滥用。

（4）启发性原则

启发性原则是指在教学中教师要激发学生的学习主体性，引导他们经过积极思考与探究自觉地掌握科学知识，学会分析问题和解决问题，树立求真意识和人文情怀。贯彻该原则的基本要求是：a. 调动学生学习的主动性；b. 善于提问释疑，引导教学步步深入；c. 注重通过解决实际问题启发学生获取知识；d. 引导学生反思学习过程；e. 发扬教学民主。

（5）循序渐进原则（系统性原则）

循序渐进原则是指教学要按照学科的逻辑系统和学生认识的顺序逐步进行，使学生系统地掌握基础知识、基本技能，形成严密的逻辑思维能力。贯彻该原则的基本要求是：a. 按教材的系统性进行教学；b. 抓主要矛盾，解决好教学中的重点与难点；c. 由浅入深、由易到难、由简到繁；d. 系统连贯性与灵活多样性相结合。

（6）巩固性原则

巩固性原则是指教学要引导学生在理解的基础上牢固地掌握知识和技能，将其长久地保持在记忆中，能够根据需要迅速再现、有效运用。贯彻该原则的基本要求是：a. 在理解的基础上巩固；b. 把握巩固的度；c. 重视组织各种复习；d. 在扩充、改组和运用知识中积极巩固。

（7）发展性原则（可接受性原则或量力性原则）

发展性原则是指教学的内容、方法和进度，既要适合学生已有的发展水平，又要有一定的难度，激励他们经过努力才能掌握，以便有效地促进学生的身心发展。贯彻该原则的基本要求是：a. 了解学生的发展水平，从实际出发进行教学；b. 考虑学生认识发展的时代特点。

（8）因材施教原则

因材施教原则是指教师要从学生的实际情况与个性特点出发，有的放矢地进行有区别的教学，使每个学生都能扬长避短、长善救失，获得最佳发展。贯彻该原则的基本要求是：a. 针对学生的特点进行有区别的教学；b. 采取灵活多样的措施使有才能的学生得到充分发展。

👧 **点点小妙招** ★

记忆口诀：科学思想相统一，理论要联系实际，直观启发与渐进，巩固发展从实际。

👦 **滴滴小提示** ★

这里所呈现的教学原则共有八个，这八个原则可作为整体进行考查，也可选取任意一个进行考查。同学们要注意理解清楚每个原则及其相对应的要求，并将教学原则与德育原则进行区分。

题目2 论述教学过程中应处理好的几种关系 逐字背诵

答： 教学过程是教师根据教学目的、任务和学生身心发展的特点，有目的、有计划地引导学生能动地进行认知活动，自觉调节自己的兴趣和情感，掌握文化科学基础知识与基本技能，以促进学生德、智、体、美、劳全面发展，并为学生奠定科学世界观基础、培养道德品质、发展个性的活动过程。教学过程中应处理好以下几种关系：

（1）间接经验与直接经验的关系

直接经验是指学生通过亲自活动、探索而获得的经验。间接经验是指他人的认识成果，主要指人类在长期的认识过程中积累并整理而成的书本知识。

①**学生认识的主要任务是学习间接经验。** 有目的地组织学生进行间接经验学习的活动就是教学，它把人类世世代代积累起来的科学文化知识加以选择，使之简约化、洁净化、系统化、心理化，组成课程与教材，引导学生循序渐进地学习。

②**学习间接经验必须以学生个人的直接经验为基础。** 书本知识，一般表现为由概念、原理与公式等所组成的系统，是一种偏于理性的知识。学生要把这种书本知识转化为自己能理解的知识，就必须依靠个人已有的或现时获得的感性经验为基础。

③**防止只重书本知识传授或直接经验积累的偏向。** 在处理间接经验与直接经验的关系时，要防止教学史上曾出现过的两种错误偏向：一种只注重书本知识的传授，另一种过分重视学生个人的探究，二者都违反教学的规律。

（2）掌握知识与发展智力的关系

①**智力的发展与知识的掌握二者相互依存，相互促进。** 在教学过程中，学生智力的发展依赖于他们对知识的掌握。同时，学生对知识的掌握又依赖于他们的智力发展，只有提高学生的智力和创造才能，才能使他们更有效地掌握现代科学知识。

②**只有生动活泼地理解和创造性地运用知识才能有效地发展智力。** 在教学中，不仅要教给学生知识，而且要引导学生通过生动活泼的教学活动，透彻地理解知识原理，了解获取知识的过程与方法，学会独立思考、推理与论证，创造性地解决实际问题，这样才能使学生的智力获得高水平的发展。

③**防止单纯抓知识教学或只重视能力发展的片面性。** 在教学中，应该要处理好掌握知识和发展智力的关系。无论是对这个问题有长期争论的形式教育论和实质教育论，还是今天的只注重让学生掌握"双基"或只注重学生自主探究，都具有片面性，我们要尽力避免这种片面性的教学。

（3）掌握知识与进行教育（培养思想品德）的关系

①**学生思想的提高以掌握知识为基础。** 通过引导学生掌握知识及其蕴含的丰富而深刻的社会意义，可以促进学生思想品德的提高，影响世界观的形成。

②**引导学生对所学知识产生积极态度，才能使他们的思想品德得到提高。** 掌握了知识，并不等于就提高了思想品德，要使教学中传授的知识能给学生以深刻的影响，不但要使学生深刻

领悟知识，而且要让他们感受到它的巨大意义或深远影响，让他们在思想情感深处产生共鸣，使他们在态度和价值追求上发生积极的变化，这样才能培养其高深的思想品德。

③**防止单纯传授知识或脱离知识教学的思想教育的偏向。**在教学中要防止两种偏向：一种是单纯传授知识、忽视思想教育的偏向（以为教材富有思想性，学生学了思想自然就提高）；另一种是脱离知识教学，另搞一套思想教育的偏向。

（4）智力活动与非智力活动的关系（智力因素与非智力因素的关系）

智力活动主要指感知、记忆、思维、想象等认知心理因素的活动。非智力活动主要指兴趣、动机、需要、情感、意志和性格等个性心理特征因素的活动。二者是密切联系的。

①**智力活动是非智力活动的基础，非智力活动依赖于智力活动。**学生的兴趣、动机、需要等非智力因素是在认知事物、掌握知识的过程中产生和发展的，离开掌握知识的智力活动，学生的非智力活动很难得到发展。反之，学生是有主观能动性的人，学生学习动机的强弱、意志品质的持久等非智力因素，直接影响学生的学习效果。

②**按教学需要调节学生的非智力活动，才能有成效地进行智力活动。**在教学中，调节非智力活动要注重两个方面：一方面，要改进教学本身，使教学的内容和过程都富有知识性、趣味性和启发性等，以便激发、保持学生的求知欲和学习兴趣；另一方面，要提高学生的自我教育能力，让他们能够逐步按教学要求自觉加强学习的注意力、毅力、责任感等，以提高学习效率。

③**防止忽视智力活动或非智力活动的偏向。**在教学中，如果只重视智力活动而轻视非智力活动，课堂教学则会死气沉沉、氛围压抑；而如果只注重非智力活动，教学内容会空洞。因此，在教学过程中，只有正确发挥学生的智力活动与非智力活动的整体功能，才能提高学生的学习效能和教学的质量。

（5）教师主导作用与学生主体作用的关系

①**发挥教师的主导作用是学生简捷有效地学习知识、发展身心的必要条件。**充分发挥教师的主导作用，是有成效地教学的重要保证。只有教师主导，教学的高效性才能充分发挥，才能使学生更好地完成认识主体的作用，使主体性不断提高。

②**学生在教学过程中具有主体地位，调动学生学习的主动性是教师有效教学的一个主要因素。**学生是有能动性的人，他们不只是教学的对象，还是学习主体与发展主体。只有认识到学生是学习的主体，充分发挥学生的主观能动性，才能真正发挥教育应有的功能。

③**防止忽视学生主体性或教师主导作用的偏向。**如何处理教学中的师生关系，在教学史上曾出现过两种片面性：一种是以赫尔巴特为代表的传统教育派，认为教师在教学中处于领导地位；另一种是以杜威为代表的现代教育派，主张以儿童为中心。在教学过程中，强调任何一方而忽视另外一方都是不可取的。

（6）教学方式与教学内容的关系

教学内容是学与教相互作用过程中有意传递的主要信息，一般包括课程标准、教材和课程等；而教学方式是让学生更有效地实现教学目标的具体手段。

①**教学方式和教学内容是教学过程中不可或缺的基本要素**，二者共同构成了教学活动的完整结构。

②**教学方式是教师完成教学内容、传递任务的手段和途径，是教学内容有效传递的基本保障**。

③**教学内容是教师个体确定教学方式的依据**。一是教师要根据学科以及教学内容的特征选择合适的教学方式完成教学活动；二是教师确立的教学方式需要遵循教学内容被学生内化的特定规律。

> ### 👩 点点小妙招 ⭐
>
> 记忆口诀：教师直接两巴掌的方式是不理智的。教师：教师主导与学生主体；直接：直接经验与间接经验；两巴掌：掌握知识与发展智力、掌握知识与进行教育；方式：教学方式与教学内容；智：智力活动与非智力活动。

> ### 👦 滴滴小提示 ⭐
>
> "教学过程中应处理好的几种关系"也可称为"教学过程的规律"，每一对关系都可单独考查，要注意厘清每一对关系。

题目3 论述教学工作的基本环节 ·要点背诵

答： 从教学的主要方面看，备课、上课、作业的布置和批改、课外辅导和学业考评共同构成教学工作的基本环节。

（1）备课

备课是上好课的先决条件。教师要备好课，就必须做好以下工作：a.认真钻研教材；b.深入了解学生；c.合理设计教学。

（2）上课

上课是教学的中心环节，提高教学质量的关键是上好课。

①基本要求：a.明确教学目的；b.保证教学的科学性与思想性；c.调动学生的学习积极性；d.注重解惑纠错；e.组织好教学活动；f.布置好课外作业。

②好课标准：目的明确、内容正确、方法恰当、组织有效、积极性高、表达清晰。

（3）作业的布置和批改

教师布置作业应注意：a.作业内容的深度与难度要适中；b.作业应与教科书的内容有逻辑联系；c.作业应有助于启发学生的思维；d.作业要力求理论联系实际；e.给学习能力不同的学生分别布置分量、难度各异的作业；f.作业量要合理。

（4）课外辅导

课外辅导是适应学生个别差异，因材施教的一个重要措施，可以分为个别辅导和集体辅导两种形式。它是上课的一种补充形式，但不是上课的继续。课外辅导工作主要有两个方面：a. 做好学生的思想教育工作；b. 做好对学生学习的辅导和帮助。

（5）学业考评

学业考评可通过书面考试（开卷与闭卷）、口试、实验操作考试等多种形式来实施。考试是对学生水平的检测，主要用于评定学生的学业成绩。学业考评的基本要求：a. 按时检查；b. 认真批改；c. 仔细评定；d. 及时反馈；e. 重点辅导。

点点小妙招

记忆口诀：背上作导学。背：备课。

题目 4 论述班级授课制的优缺点及教学组织形式的改革 ●逐字背诵

答： 班级授课制也叫班级上课制，是指把一定数量的学生按年龄和知识程度编成固定的班级，根据周课表和作息时间表，安排教师有计划地向全班学生集体上课，是教学的基本组织形式。它的特点在于学生固定、教师固定、时间固定、场所固定、内容固定。班级授课制的优缺点及其改革如下所述：

（1）班级授课制的优点

①大规模地面向全体学生教学，有利于提高教学效率。

②有利于提高教学质量，使学生获得系统的科学知识。

③有利于发挥教师的主导作用。

④有利于发挥班集体的作用，培养学生的集体感。

⑤有利于教育的普及与发展。

⑥形成了一整套严格的制度，如学年、学期、学周制等。

⑦有利于促进学生的社会化与个性化。

（2）班级授课制的缺点

①学生的主体地位或独立性受到一定的限制。

②实践性不强，容易使理论脱离实际。

③学生主要接受现成的知识，探索性、创造性不易发挥。

④难以照顾到学生的个别差异与个性发展。

（3）教学组织形式的改革

①把班级授课制作为学校教学的基本组织形式。班级授课制具有自身优势，在促进教育普

及、提高教学质量和效率等方面具有非常重要的作用。

②综合运用多种教学组织形式。如班级教学与个别指导、分组教学相结合，注重到特定的实验室里上课或在现场教学。

③改进班级授课制，探索教学组织形式的新模式。如翻转课堂、混合教学等教学组织形式。

点点小妙招

记忆口诀：优点（教师严格面向集体，知识普及有个性）＋缺点（主体实践现成差异）。

题目5 论述教学方法 ●逐字背诵

答： 教学方法是为完成教学任务而采用的方法，包括教师教的方法和学生学的方法，是教师引导学生探讨与掌握知识技能、获得身心发展而共同活动的方法。它具有目的性和双边性的特点。教学方法的优劣尤其对低、中年级学生的学习与发展起着最为关键的作用。常用的教学方法有：

（1）讲授法

讲授法是教师通过语言系统地向学生传授科学文化知识并促进他们的智能与品德发展的方法。讲授法是教学的一种主要方法，可以分为讲读、讲述、讲解和讲演四种。运用该方法的基本要求是：a. 精练内容；b. 注重讲授的策略与方式；c. 讲究语言艺术。

（2）谈话法

谈话法是通过师生问答、对话的形式来引导学生思考、探究，以获取或巩固知识，促进学生智能发展的方法，亦叫问答法。运用该方法的基本要求是：a. 要准备好谈话计划；b. 要善问；c. 要善于启发诱导；d. 要做好小结。

（3）讨论法

讨论法是学生在教师指导下为解决某个问题而进行探讨、评析，以明辨是非、获取真知、锻炼思维和独立思考能力的方法。运用该方法的基本要求是：a. 讨论的问题要有吸引力；b. 要善于启发引导；c. 做好讨论小结。

（4）实验法

实验法是在教师指导下学生运用一定仪器设备进行独立作业，观察事物的特性，探求其发展和变化规律，以获得知识和技能、培养科学精神的方法。运用该方法的基本要求是：a. 做好实验的准备；b. 明确实验的目的、要求与做法；c. 注意指导实验过程；d. 做好小结。

（5）实习法

实习法是学生在教师指导下进行学科实践活动，以培养学生专业操作能力的方法。运用该方法的基本要求是：a. 做好实习作业的准备；b. 做好实习作业的动员；c. 做好实习作业过程中的指导；d. 做好实习作业总结。

（6）演示法

演示法是教师通过展示实物、直观教具、实验或播放有关教学内容的软件、特制的课件，使学生认识事物、获得知识或巩固知识的方法。运用该方法的基本要求是：a.做好演示前的准备；b.让学生明确演示的目的、要求；c.讲究演示方法。

（7）练习法

练习法是学生在教师指导下运用知识去反复完成一定的操作、作业与习题，以加深理解和形成技能技巧的方法。运用该方法的基本要求是：a.提高练习的自觉性；b.循序渐进、逐步提高；c.严格要求。

（8）参观法

参观法是根据教学需要，组织学生对实际事物进行观察、研究，以获得新知识或巩固、验证已学知识的教学方法。运用该方法的基本要求是：a.做好参观前的准备；b.明确参观的目的与内容；c.注意参观中的指导；d.及时做好参观总结。

（9）自学辅导法

自学辅导法是学生在教师的指导和辅导下，以自学为主，使学生获得自学的方法，提高其自学能力的一种方法。运用该方法的基本要求是：a.教给学生阅读方法；b.培养学生的独立性；c.在教学效果检查中，适当增加学生的自我检查。

（10）角色扮演法

角色扮演法是学生在教师指导下根据教材中的要求扮演相应角色，通过角色扮演活动加强对教材内容的理解和掌握的教学方法。运用该方法的基本要求是：a.明确角色扮演所要达到的目标；b.讨论评判要注重多角度；c.适时发挥教师的主导作用；d.充分发挥学生的主观能动性。

（11）情境模拟法

情境模拟法是教师根据教学内容和教学目标，有针对性地设计情境，并让学生扮演情境角色、模拟情境过程，让学生在高度仿真的情境中获取知识和提高能力的教学方法。这种教学方法突出操作性、讲究趣味性、注重实效性。运用该方法的基本要求是：a.注意激发学生的主动性、积极性；b.注意情境设置的系统性、连贯性。

点点小妙招

记忆口诀：讲授谈话与讨论，实验演示与实习，参观辅导加练习，角色扮演有情境。

滴滴小提示

这里所呈现的教学方法共十一种，这十一种方法可作为整体进行考查，也可选取任意一种方法进行考查。注意理解清楚每种方法及相对应的要求，并将教学方法与德育方法进行区分。

题目6 论述教学评价的类型 · 要点背诵

答：教学评价是指依据一定的教学目标和标准，对教学工作质量进行的测量、分析和评定。它以参与教学活动的教师、学生、教学目标、内容、方法、场地和时间等因素的有机组合的过程和效果为评价对象，是对教学活动的整体功能的评价。常见的教学评价的类型有：

（1）根据评价在教学中的作用不同，分为诊断性评价、形成性评价、总结性评价

①**诊断性评价**：指在学期教学或单元教学开始时，对学生现有的知识水平和能力发展的评价，比如摸底考试。其目的是弄清学生现有知识水平和能力发展情况、优点与不足之处，以便更好地改进教学，因材施教，因势利导。

②**形成性评价**：指在教学过程中，对学生的知识掌握情况和能力发展情况所做的比较经常而及时的测评，包括对学生的提问、书面测验、作业批改等。其目的是使教师与学生都能及时获得反馈信息，更好地改进教与学，以促进教师和学生的发展、提高。

③**总结性评价**：指在一个长的学习阶段，对学生学习的成果进行制度化的正规考查、考试及其成绩评定，也称终结性评价，其目的在于为学生评定一定阶段的学习成绩。

（2）根据评价所运用的方法和标准不同，分为相对性评价和绝对性评价

①**相对性评价**：指用常模参照性测验对学生成绩进行的评定，依据学生个人的成绩在该班学生成绩序列中或常模中所处的位置来评价和决定他的成绩优劣，而不考虑他是否达到教学目标的要求，故相对性评价也称常模参照性评价。它宜用于选拔人才，但不能表明他在学业上是否达到了特定的标准。

②**绝对性评价**：指用目标参照性测验对学生成绩进行评定，依据教学目标和教材编制试题来测量学生的学业成绩，判断学生是否达到了教学目标的要求，而不以评定学生之间的差别为目的，故绝对性评价也称目标参照性评价。它宜用于升级考试、毕业考试等，不适用于甄选人才。

（3）根据评价的主体不同，分为教师评价和学生自我评价

①**教师评价**：指任课教师与班主任对学生的学习状况与成果进行的各种评价。

②**学生自我评价**：指在教师的引导下学生对自己的作业、试卷、其他学习成果进行的自我评价。

点点小妙招

记忆口诀：真心结，相对绝，师生评。真心结：诊断性、形成性、总结性评价。

题目7 论述教学评价的改革 · 要点背诵

答：教学评价是指依据一定的教学目标和标准，对教学工作质量进行的测量、分析和评定。它以参与教学活动的教师、学生、教学目标、内容、方法、场地和时间等因素的有机组合的过程和效果为评价对象，是对教学活动的整体功能的评价。教学评价的改革趋势有以下几点：

（1）从侧重总结性评价到形成性评价

总结性评价重在发挥鉴定和筛选功能，主要是为了衡量学生的好坏。相反，形成性评价关心的是能不能更好地改进教与学，促进教师和学生的发展、提高。评价不是为了揭示学生在群体中的位置，而是为了改进，为了最大可能地促进每个学生的全面发展。

（2）从侧重区分性功能到发挥激励性功能

以往我国的教学评价很注重鉴定质量、区别优劣、选拔淘汰。现在，我们主张教学评价应转向注重诊断、反馈、激励，即强调教学评价的发展性和激励性功能，强调通过评价促进学生主动、全面、可持续发展。

（3）从侧重一元评价到多元评价

在具体的评价活动中，以测验成绩为主要或唯一尺度，这一评价模式就是一元评价。现代教育评价倡导多元评价思想，也就是从多视角、采用多种方法评价学生。在多元评价思想下，教育关注学生整体能力的提高。实施多元评价应当注意：a.重视高层次认知能力的考查；b.重视对学习过程的检测；c.注重对各种活动表现的检测。

（4）从侧重量化评价转向质性与量化评价相结合

由于自然科学的影响，测量、统计等定量分析的方法得到广泛应用，量化评价方法科学、客观，但教育评价的全面量化是不可能的。因此，现在越来越重视质性与量化的结合，大大增加了评价的完整性。

（5）从侧重智育评价转向"五育"评价

之前的评价主要集中于学生的学习成绩，更加突出考核学生的智育，促使教育实践重视智育而相对忽视德育、美育、体育、劳动教育。如今，我们正在逐步进行改革，加强关于学生"五育"的评价，促进学生的个性全面发展。

> 🧑 **滴滴小提示**
>
> 教学评价的改革离不开教学评价的观念（指导思想）、教学评价的功能、教学评价的方式、教学评价的主体、教学评价的对象（内容）等方面的改革，可从这些方面总结教学评价改革的方向。

八、德育

题目1 **论述德育过程的规律** 逐字背诵

答： 德育过程即依据德育目标，在教师有目的、有计划、有组织地教导下，学生积极主动地进行道德认识和道德实践，逐步提高自我修养能力，形成个人品德的过程。

（1）德育过程是学生在教师教导下个体品德的自主建构过程

①**学生对环境影响的主动吸收。** 学生在积极吸收社会和教育影响的活动中，不完全是被动

的教育客体，也是能动地选择、吸收环境与教育影响的主体。外界的影响只有通过学生自己的理解、选择、吸收与践行，才能内化成他们自己的观点、立场，成为他们的品德习性。

②**教师对学生的积极教导**。虽然社会环境影响和学生自主选择对学生的思想道德发展有着十分重要的作用，但是，社会环境的影响良莠不齐，而学生的自主选择又可能带有一定的盲目性。因此，教师的教导就成为学生品德健全发展的一个必不可少的指针与动力。教师应该在正确的政治、教育、心理等学科理念的指导下，通过课程、活动、师生互动等途径积极开展对学生的教育引导。

③**外部活动与内部活动相互促进**。在德育过程中，一方面，我们要组织好学生的各种外显的实际活动，以启迪、激发和引导他们积极开展内部的心理活动，促进他们提高思想认识；另一方面又要把他们的能动性引导到道德实践活动中去，进一步推动学生思想品德的发展与提升。

（2）德育过程是培养学生知、情、意、行整体和谐发展的过程

德育过程是培养学生品德的过程，而学生的品德是由知、情、意、行四个要素构成的。因此，德育过程也就是培养学生知、情、意、行的过程。

①**知、情、意、行的特点**。a.道德认知是指人们对一定社会的道德关系及其理论、规范的理解和看法，包括人们通过认识形成的各种道德观。**道德认知是道德品质形成和发展的基础与前提**。b.道德情感是伴随着道德认知而产生的，是人的道德需要是否得到实现所产生的情感体验。**道德情感是品德心理结构的动力机制**。c.**道德意志是一种巨大的精神力量**，是人们为了达到某种道德目的而产生的自觉能动性。d.**道德行为**是指人们在一定道德认知或道德情感支配下采取的行动。它是道德认知和道德情感的集中体现，**是衡量一个人道德品质的客观指标**。

②**德育要注意发挥知、情、意、行的整体功能**。a.注意**全面性**。促进知、情、意、行的和谐统一发展，使四者相辅相成，全面地得到发展，这样才能最有效地培养学生的品德。b.注意**多端性**。德育过程没有一个固定不变的程式，既可以从知或情的培养入手，也可以从意或行的锻炼开始。c.注意**针对性**。在品德发展过程中，知、情、意、行四个因素的发展往往是不平衡的，导致各因素之间的不协调或严重脱节。所以，要针对品德结构中各因素发展不平衡的具体情况，有的放矢，因材施教。

（3）德育过程是提高学生自我教育能力的过程

①**自我教育能力培育的意义**。一方面，自我教育能力是德育的一个重要条件；另一方面，学生自我教育能力的形成又是学生思想道德发展过程的一个重要标志。

②**自我教育能力的构成要素**。自我教育能力主要由**自我期望能力、自我评价能力、自我调控能力**所构成。a.自我期望能力是个体设定自我发展愿景的能力。它是自我教育的内在目的和动力。b.自我评价能力是个体对自我发展现状和趋势的评判能力。它是进行自我教育的认识基础。c.自我调控能力是在自我评价的基础上建立起来的自觉调节、控制自己思想与行为的能力。它是进行自我教育的重要机制。

③**学生自我教育能力的发展**。学生自我教育能力的发展是有规律的，大致是从"自我中

心"发展到"他律"，又从"他律"发展到"自律"。教师应根据这一规律，从实际出发，因势利导，有目的地培养学生的自我意识，形成和发展他们的自我教育能力。

点点小妙招

记忆口诀：自主建构整体自我教育。

滴滴小提示

德育过程的规律可作为整体进行考查，也可选取任意一个进行考查。

题目2 论述德育原则 · 逐字背诵

答： 德育原则是指教师在对学生进行德育的过程中必须遵守的基本要求，它概括了德育实践的宝贵经验，反映了德育过程的规律性，对组织与开展德育、提高德育实效具有指导意义。现阶段我国学校的德育原则主要有以下七个：

（1）知行统一原则

知行统一原则是指进行德育要注重引导学生把思想政治观念和社会道德规范学习同参与生活实践结合起来，把提高道德认识与养成良好道德行为结合起来，做到心口如一、言行一致。贯彻该原则的基本要求是：a.理论与实际相结合，切实提高学生的思想水平；b.注重实践，培养学生良好的道德行为。

（2）正面引导与纪律约束相结合原则

正面引导与纪律约束相结合原则是指在德育过程中以事实、道理、榜样等进行启发诱导，调动学生的内在动力，同时制定必要的规章制度进行约束。贯彻该原则的基本要求是：a.讲明道理，疏通思想；b.因势利导，循循善诱；c.以表扬、激励为主，坚持正面教育。

（3）发挥积极因素与克服消极因素相结合原则（长善救失原则）

长善救失原则是指进行德育要调动学生自我教育的积极性，依靠和发扬他们自身的积极因素去克服他们品德上的消极因素，促进学生的道德成长。贯彻该原则的基本要求是：a.一分为二地看待学生；b.发扬积极因素，克服消极因素；c.引导学生自觉评价自己，勇于自我教育。

（4）严格要求与尊重信任相结合原则

严格要求与尊重信任相结合原则是指进行德育时要把对学生的思想品行的严格要求与对他们的尊重和信任结合起来，使教育者的严格要求易于转化为学生主动的道德自律。贯彻该原则的基本要求是：a.尊重和信赖学生；b.严格要求学生。

（5）照顾年龄特点与照顾个别特点相结合原则（因材施教原则）

因材施教原则是指德育要从学生的思想认识和品德发展的实际出发，根据他们的年龄特征和个性差异进行不同的教育，使每个学生的品德都能得到最优的发展。贯彻该原则的基本要求是：a. 深入了解学生的个性特点和内心世界；b. 根据学生个人特点有的放矢地进行教育；c. 根据学生的年龄特征有计划地进行教育。

（6）集体教育与个别教育相结合原则

集体教育与个别教育相结合原则是指既通过集体教育影响每个成员，又通过个别成员的教育影响集体，把集体教育与个别教育辩证地结合起来。贯彻该原则的基本要求是：a. 引导学生关心、热爱集体，为建设良好的集体而努力；b. 通过集体教育学生个人，通过学生个人转变影响集体；c. 把教师的主导作用与集体的教育力量结合起来。

（7）教育影响的一致性与连续性原则

教育影响的一致性与连续性原则是指德育应当有目的、有计划地把来自各方面对学生的教育影响加以组织、整合，使其相互配合、协调一致、前后连贯地发挥作用，以保障学生的品德能按德育目的的要求发展。贯彻该原则的基本要求是：a. 组建教师集体，使校内对学生的教育影响一致；b. 做好衔接工作，使对学生的教育前后连贯和一致；c. 发挥学校教育的引领作用，使学校、家庭和社会对学生的教育得到整合、优化。

点点小妙招

记忆口诀：认知行为相统一，积极引导要严格，集体施教需一致，因材施教不忘记。

滴滴小提示

这里所呈现的德育原则共七个，这七个原则可作为整体进行考查，也可选取任意一个进行考查。同学们要注意理解清楚每个原则及相对应的要求，也要注意将德育原则与教学原则进行区分。

题目3 论述德育方法 逐字背诵

答： 德育方法是师生为完成德育任务而采取的活动方式的总和。既指师生共同活动的方法，又指为实现德育的目标、要求服务的方法。德育方法在德育过程中有着极为重要的作用，为了有效地完成德育任务，有必要掌握德育的主要方法。我国中小学德育的一般方法有：

（1）说服教育法

说服教育法是通过引导学生摆事实、讲道理，经过思想情感上的沟通与互动，让他们悟明道德真谛，自觉践行的方法。它包括讲理、沟通、报告、讨论、参观等。运用该方法的基本要求是：a. 要有针对性；b. 要有知识性和趣味性；c. 要善抓时机；d. 要注意互尊互动。

（2）榜样示范法

榜样示范法是以他人的高尚品德、模范行为和卓越成就来影响学生品德的方法。运用该方法的基本要求是：a. 榜样必须是真实可信的；b. 激起学生对榜样的积极情感；c. 给不同年龄段的学生树立不同的榜样；d. 要注重教师自身的示范作用。

（3）情感陶冶法（情境陶冶法）

情感陶冶法是通过创设良好的教育情境，潜移默化地培养学生品德的方法。它包括人格感化、环境陶冶、艺术陶冶等。运用该方法的基本要求是：a.创设良好的情境；b.与启发引导相结合；c.引导学生参与情境的创设。

（4）实践锻炼法

实践锻炼法是有目的、有组织地安排学生进行一定的生活交往与社会践行活动以培养品德的方法。它包括练习、委托任务、组织活动等。运用该方法的基本要求是：a.调动学生的主动性；b.教师给予适当的指导；c.坚持严格要求学生；d.及时检查并长期坚持。

（5）自我教育法（自我修养法）

自我教育法是在教师引导下学生经过自觉学习、反思和自我改进，使自身品德不断完善的一种方法。它包括立志、学习、反思、箴言、慎独等。运用该方法的基本要求是：a.培养学生自我修养的兴趣与自觉性；b.指导学生掌握修养的标准；c.引导学生积极参加社会实践。

（6）品德评价法

品德评价法是对学生的思想和行为做出评价，包括表扬、奖励和批评、处分两个方面。运用该方法的基本要求是：a.要公平公正、正确适度、合情合理；b.要发扬民主，获得广大学生的支持；c.要注重宣传与教育。

（7）奖励与惩罚

奖励是一种激励手段，对学生或学生集体优良的思想言行给予肯定和表扬，奖励的方式有发奖状、奖章、奖品和授予荣誉称号等。惩罚是对犯错误的学生给予适当的处分，惩罚的方式有警告、严重警告、记过、留校察看和开除学籍等。运用该方法的基本要求：a.要公平公正、正确适度、合情合理；b.要发扬民主，获得广大学生的支持；c.要注重宣传与教育。

> **点点小妙招**
>
> 记忆口诀：请讲说我品德实在棒。请：情感陶冶法；讲：奖励与惩罚；棒：榜样示范法。

> **滴滴小提示**
>
> 这里所呈现的德育方法共七个，这七种方法可作为整体进行考查，也可选取任意一种进行考查。同学们要注意理解清楚每种方法及相对应的要求，也要注意将德育方法与教学方法进行区分。

题目4 论述德育途径 ·逐字背诵

答： 学校的全部生活，学生参与的各种活动和交往，都有德育价值，都是德育的途径。但就目前我国学校德育的构成来看，主要有下述德育途径：

（1）直接的道德教育

直接的道德教育即通过**开设专门的道德课程**向学生有目的、有计划、有组织地传授德育知识，主要包括思想品德课、时事政治课等。

（2）间接的道德教育

间接的道德教育主要指在学科教学和学校集体生活的各个层面对学生进行道德渗透。学校间接的道德教育途径主要有以下几种：

①**教学育人**：在道德课程以外的其他课程进行道德教育，如语文课等。

②**指导育人**：如班主任谈话、职业指导、就业讲座、心理咨询等。

③**管理育人**：如校风建设、教学理念、学生守则等。

④**活动育人**：如课外活动、校外活动、少先队活动等。

⑤**环境育人**：如校园生活、校园环境建设等。

⑥**协同育人**：通过家庭、社会、学校三位一体对学生进行道德教育，强调家庭教育、学校教育与社会教育紧密结合、协调一致的基本原则。

> **点点小妙招**
>
> 记忆口诀：直接＋间接（协同教学环境，指导管理活动）。

题目5 论述德育模式 ·逐字背诵

答：德育模式是指在道德教育理论和实践中逐步发展形成的、用以组织和实施道德教育过程的典型化范式。

（1）道德认知发展模式

①代表人物：瑞士心理学家皮亚杰和美国心理学家科尔伯格。

②研究重点：道德判断。皮亚杰的贡献在理论建设上，科尔伯格的贡献在于从实践上提供了一种可供操作的德育模式。

③理论假设：

a. 道德发展论：道德判断形式反映个体道德判断水平。根据道德两难问题，科尔伯格提出了三水平六阶段的理论：前习俗水平（惩罚与服从定向阶段、工具性的相对主义定向阶段）；习俗水平（人际协调的定向阶段、维护权威或秩序的定向阶段）；后习俗水平（社会契约定向阶段、普遍道德原则定向阶段）。他认为人的道德判断处于不断发展之中，且是从低到高逐步发展的。冲突的交往和生活情境最适合促进个体道德判断能力的发展。

b. 道德教育论：道德教育是为了促进道德判断的发展及其与行为的一致性；道德教育遵循发展性原则。

④**方法和策略**：a. 了解学生当前的道德判断发展水平；b. 运用道德难题引起学生的意见分

歧和认知失衡；c.向学生揭示比他们高一阶段的道德推理方式；d.引导学生在比较中自动接受比自己原有的道德推理方式更为合理的推理方式；e.鼓励学生把自己的道德判断付诸行动。

⑤评价：该模式有利于学生主动获得发展，但其忽视了道德认知之外的其他因素。

（2）体谅模式

①代表人物：英国教育家麦克菲尔等人创立。

②研究重点：道德情感。

③理论假设：a.与人友好相处是人类的基本需要，帮助学生满足这种需要是教育的首要职责；b.道德教育重在提高学生的人际意识和社会意识；c.鼓励处于社会试验期的青少年试验各种不同的角色和身份；d.德育就是让学生学会关心、学会体谅。

④实践操作：麦克菲尔等人编制了一套独具特色的人际—社会情境问题教材——《生命线》丛书。这套教材是实施体谅模式的支柱，由《设身处地》《证明规则》《你会怎么办？》三部分组成，循序渐进地向学生呈现越来越复杂的人际与社会情境。

⑤评价：该模式实践性强，有专门的教材和教学参考书，设计有趣，内容逼真，深受师生欢迎。但因其缺乏理论基础而影响其具体实施。

（3）价值澄清模式

①代表人物：美国的拉斯、哈明、西蒙等人。

②研究重点：价值观教育。

③理论假设：a.当代社会充满互相冲突的价值观念，而这些价值观念又通过各种渠道影响着青少年学生的道德价值观念的形成和发展；b.在当代多元的社会背景之下，几乎找不到一套公认的道德个人价值观念和道德标准。

④实践操作：价值澄清的完整过程可划分为选择、赞赏和行动三个阶段，具体又分为七个步骤。

a.第一阶段：选择。该阶段包括三个步骤：自由选择；在尽可能广泛的范围内再进行自由选择；对每一种可能选择的后果进行审慎思考后做出选择。

b.第二阶段：赞赏。该阶段包括两个步骤：做出喜欢的选择并对选择感到满意；乐于向别人公布自己的选择。

c.第三阶段：行动。该阶段包括两个步骤：根据做出的选择行事；作为一种生活方式不断重复。

⑤教学方法：a.澄清应答法；b.价值单填写法；c.价值观延续讨论法。

⑥评价：该模式尊重学生的地位，引发学生的主动性，具有较强的实践性，有章可循，具有很强的可操作性，注重现实生活。但该模式极易导致价值相对主义、极端个人主义。

> **滴滴小提示** ★
>
> 德育模式这个知识点可以作为整体考查，也可以任选其一考查。同学们尤其要注意道德认知发展模式中科尔伯格所提出的三水平六阶段理论。

教育学原理

九、教师与学生

题目1 论述教师劳动的特点 ·逐字背诵

答: 教师是年青一代的培育者,被推崇为"人类灵魂的工程师"。认识教师劳动的特点有助于我们更深刻地理解教师的职责和作用。教师劳动的主要特点如下:

(1) 教师劳动的复杂性

①**学生状况的复杂性决定着教师劳动的复杂性**。教师劳动的对象主要是发展变化中的青少年学生,是具有能动性的主体。他们既有共同的生理、心理特点,遵循共同的发展规律,又有各自不同的天赋、经历、兴趣爱好和个性特征等,需要教师全面把握他们身心发展的共性、个性,创造性地因材施教。

②**教师任务的多样性制约着教师劳动的复杂性**。教师既要面向全体学生,又要关注个别学生;既要提高其才能,又要教会他们为人处世;既要培养优秀生,又要帮助后进生;既要与家庭、社会协调一致,又要对学生的校内生活全面负责。

③**影响学生发展因素的广泛性制约着教师劳动的复杂性**。学生入校后,仍然直接或间接地接受着社会和家庭的影响,如何有效地协调各方面的关系,引导学生自觉抵制不良因素的影响而积极向上地成长,是当代教师的一项重大而复杂的任务。

(2) 教师劳动的示范性

教育是教师引导、培养学生的活动,它要求教师以身作则,具有示范性。所以,教师必须严格要求自己,以身作则,时时处处用自己的积极思想行为、良好个性和一丝不苟的教学精神,通过示范方式去影响学生,以便取得最佳教育效果。

(3) 教师劳动的创造性

教师工作是培养青少年智慧与灵魂的工作,是最富有创造性的。教师劳动的创造性表现在:a. 教师对教育、教学原则和方法的选择和运用;b. 教师对教材内容的处理和加工;c. 教师的教育机智。

(4) 教师劳动的专业性

《中华人民共和国教师法》明确规定:教师是履行教育教学职责的专业人员。这从根本上肯定了教师劳动的专业性。教师劳动的专业性表现在:a. 教师用专业知识和专业技能来培养学生;b. 教师要有专业精神,有崇高的敬业精神和道德修养。

点点小妙招

记忆口诀:复试创业。试:示范性。

 **滴滴小提示**

除上述特点之外，教师劳动还具有长期性、个体性和协作性等特点。

题目2 论述教师的专业素养和专业发展 ·逐字背诵

答：教师的专业素养是指教师拥有的并体现在教学情境中的知识、能力和信念的集合，通常是经过正规而严格的教师教育获得的。教师专业发展是教师以自身专业素质，包括知识、技能和情意等方面的提高与完善为基础的专业成长、专业成熟过程，是教师由非专业人员转向专业人员的过程。

（1）教师专业素养的结构

①**专业知识**。教师的专业知识是教师职业区别于其他职业的理论体系与经验系统，是教师专业素质的基础。舒尔曼提出，教师的专业知识结构包括学科内容知识、一般教学法知识、课程知识、学科教学法知识、有关学生的知识、有关教育情境的知识、其他课程知识。我国学者申继亮等人提出，教师的专业知识包括本体性知识、条件性知识和实践性知识。

②**专业技能**。教师的专业技能是教师在教学过程中运用一定的专业知识和经验顺利完成某种教学任务的基本技能和能力。它是教师综合素质的集中体现，也是评价教师专业水平的核心因素。教师的专业技能主要包括以下几个方面：

a. 教学认知能力：教师对所教学科的基本概念和原理等的概括水平，以及对所教学生的身心特点和自己所采用的教学策略的理解水平。

b. 教学操作能力：教师在教学中使用策略的水平，它所要解决的是如何教的问题。包括教学目标的制定、教学计划的编制、教学方法的选择和运用、教学效果的评价、课堂管理的策略等。

c. 教学监控能力：教师为保证教学达到预期目标而在教学的全过程中将教学活动本身作为意识对象，不断对其进行积极主动的计划、检查、评价、反馈和调节的能力。

d. 教学研究能力：教师对教育教学实践和理论进行探索，发现问题并试图解决问题的能力。

③**专业情意**。教师的专业情意是教师在教育教学工作中长期形成的有关教育本质、目的和价值的理想和信念，是指导教师教育教学工作的世界观和方法论，是教师专业行为的理性支点和精神内核。

（2）教师专业发展的途径

①**教师个体专业发展的途径。**

a. 教师自身要有专业发展的观念和态度。教师要寻求自我专业发展的途径。

b. 教师自己制定自我生涯发展规划。教师要认识自我及所处的时间与空间环境；审视发展机会，确定发展目标；制定行动策略并按目标逐步执行；评价发展计划。

c. 职前培养（师范教育）。职前培养由师范院校承担，是教育事业开始和教师专业发展的起点和基础。

d. 新教师的入职辅导。 新教师的入职辅导要有一个安排有序的计划，主要由有经验的导师进行现场指导，目的是向新教师提供系统持续的帮助，使之尽快适应环境。

e. 教师的在职培训。 教师的在职培训是为了适应教育改革与发展的需要，为在职教师提供适应教师专业发展不同阶段需要的继续教育。除传统的相互评课、研讨等方法之外，近几年还发展出若干有效的培训模式，主要包括教师发展学校、校本培训等。

f. 开展教育科研。 在开展教育科研的过程中，教师不断地学习新的教育理论和方法，并将其用于解决自己教育教学中的问题，由此获得新的知识和能力，在专业上得到进一步成长和发展。

g. 反思性教学。 教学反思是教师立足于教学实践，以提高教学效率、教学质量和促进教师自身专业发展为目的，以自己的教学活动过程作为反思对象，对自己的教学理念、教学经验和教学行为进行理性审视和分析，反思教学活动中的不足，并采取相应的改进策略，以提高教学实践的科学性，使自己成为反思型教师的过程。

②教师队伍专业发展的途径。

a. 国家有对教师资格和教师教育机构的认定制度和管理制度。

b. 国家建立从业教师的管理制度。

c. 国家完善教师教育制度，提供各种教师培训。

d. 组织专业教师团体。

> **点点小妙招**
>
> 教师专业素养的记忆口诀：拾记忆。拾：专业知识；记：专业技能；忆：专业情意。
>
> 教师个体专业发展的记忆口诀：职前（师范教育）＋在职（有观念、定规划、师辅导、参培训、做科研、勤反思）。

题目3 论述教师的权利和义务 ·要点背诵

答： 明确教师的权利与义务既是教师管理民主化、法治化的需要，也是保障教师的权利与义务、提高教师素养的需要。

（1）教师的专业权利与专业自主

①教师的专业权利。

a. 教育教学权。 教师有进行教育教学活动、开展教育教学改革和实验的权利，这是教师为履行教育教学职责必须具备的基本权利。

b. 学术研究权。 教师有从事教学研究、学术交流、参加专业的学术团体、在学术活动中充分发表意见的权利，这是教师作为专业技术人员所享有的一项基本权利。

c. 获取报酬权。 教师有权按时获取工资报酬，享受国家规定的福利待遇以及寒暑假期的带

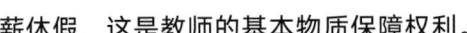

薪休假，这是教师的基本物质保障权利。

d. 民主管理权。 教师有权对学校教育教学、管理工作和教育行政部门的工作提出意见和建议，通过教职工代表大会或者其他形式，参与学校的民主管理。

e. 指导评价权。 教师有指导学生的学习和发展、评定学生的品行和学业成绩的权利，这是教师在教学活动中居于主导地位的基本权利。

f. 进修培训权。 教师有参加进修或者其他方式培训的权利，这是教师享有的接受继续教育、不断获得充实和发展的基本权利。

②教师的专业自主。

教师专业自主权即教师在某专业的规范内，依其专业知识、专业能力，对其教学、学校或组织的决策与任务，享有专业判断及自由执行、不受他人或非教师成员的干预的基本权利。其主要内涵包括**教育教学自主权、学术研究自主权、参与决策自主权和专业发展自主权。**

a. 教育教学自主权指在课程选定与创生、教学的设计与安排（改革与实验）、课外活动的组织与实施、学生的考核与评定等方面的自由决策权。

b. 学术研究自主权指教师除教育教学之外，应该有自主开展学术研究、参加学术讨论、加入学术团体发表专业言论和进行学术交流与合作的权利。

c. 参与决策权指教师有权参与学校重大问题的决策，包括学校整体规划、学校专业人员的评定、学校专业组织的建立等方面的自主权。

d. 专业发展自主权指教师有权参加各种形式的教师进修、培训和专业学习等促进教师专业发展的各项活动的权利。

（2）教师的职业道德与法律义务

①教师的职业道德。

教师的职业道德又称"师德"，是教师在从事教育劳动中所遵循的行为准则和必备的道德品质。**爱与责任是师德的核心与灵魂。** 当前，教师职业道德的时代特征主要有**爱国守法、爱岗敬业、教书育人、关爱学生、为人师表、终身学习**这六点。

②教师的法律义务。

a. 遵守宪法、法律和职业道德，为人师表。

b. 贯彻国家的教育方针，遵守规章制度，执行学校的教学计划，履行教师聘约，完成教育教学工作任务。

c. 对学生进行宪法所确定的基本原则的教育和爱国主义教育、民族团结教育、法制教育以及思想品德、文化、科学技术教育，组织、带领学生开展有益的社会活动。

d. 关心、爱护全体学生，尊重学生人格，促进学生在品德、智力、体质等方面全面发展。

e. 制止有害于学生的行为或者其他侵犯学生合法权益的行为，批评和抵制有害于学生健康成长的行为。

f. 不断提高思想政治觉悟和教育教学业务水平。

点点小妙招

教师权利的记忆口诀：教学研究、指导培训、管理报酬。

教师义务的记忆口诀：3 教育 2 法律 1 关爱。3 教育：完成教育教学任务、对学生进行教育、提高教育水平；2 法律：遵守宪法、制止侵犯学生合法权益的行为；1 关爱：关心、爱护学生。

题目 4 论述良好师生关系的标准及建构策略 （逐字背诵）

答： 师生关系是指教师和学生在教育教学过程中结成的相互关系，包括彼此所处的地位、作用和相互对待的态度等。良好的师生关系是在教学过程中形成的，师生关系的建立和发展同师生双方都有联系。

（1）良好师生关系的标准

①**社会关系：民主平等，和谐亲密**。教师尊重学生的人格，发扬教学民主，有助于教师发挥创造性和主导作用。民主平等是建立良好师生关系的基本要求。

②**人际关系：尊师爱生，相互配合**。师生之间彼此尊重、相互友爱，教学才会配合默契，这是建立良好师生关系的感情基础。

③**教育关系：共享共创，教学相长**。在教育教学过程中，教师和学生相互促进、共同提高。

④**心理关系：宽容理解**。教师能够对学生的不同特点有充分的认识，能够理解学生之间的差异，宽容学生的不足和错误。

（2）良好师生关系的建构策略

①**教师方面**。a. 转变观念：这是建立良好师生关系的前提。教师要树立正确的学生观、师生观、人才观。b. 尊重和理解是关键。教师要做到：第一，充分了解信任学生，让学生做课堂的主人；第二，主动接近学生，研究学生；第三，民主公正地对待学生；第四，尊重和理解学生，做到移情体验。c. 努力提高自我修养，健全人格：**教师的素质是影响师生关系的核心因素**。教师的师德修养、知识能力、教育态度、个性品质都对学生产生深刻的影响。

②**学生方面**。a. 尊重和维护教师的合法权益，尊重教师的人格，尊重教师的劳动；b. 严格要求自己，努力完成学习任务；c. 主动与教师沟通，努力与教师保持良好的关系。

点点小妙招

良好师生关系的建构策略的记忆口诀：教师——转念理解，提高自我；学生——尊师律己，主动沟通。

下篇

技巧拓展
拔高题

（侧重答题技巧）

第一部分
比较题 ★✩

题目 1 论述孟子与荀子教育思想的异同

答： 孟子是继孔子之后儒家学派的主要代表人物，被尊称为"亚圣"。以孟子为代表的"思孟学派"，成为儒学派别中最有影响力的学派，被后来的封建统治者视为儒学正统，称为"孔孟之道"。他的"性善论"，开创了中国教育史上强调个体理性自觉的"内发说"。

荀子是先秦最后一位儒学大师，他重视以儒学经籍为内容的文化知识传授，是先秦思想的集大成者。荀子提出了"性恶论"，在中国教育史上开创了与教育"内发说"截然相对的教育"外铄说"，对教育目的、教育内容、学习过程、教师地位和作用的阐发，都颇具新意。

（1）相同点

①**思想渊源：**都继承了孔子"仁""礼"的教育思想，是对儒家学派的继承与发展。

②**教育作用：**都肯定教育对个人和社会的作用，渗透教育与政治相结合的思想。对个人来说，激人向善；对社会来说，有利于国泰民安。

③**教育目的：**都主张培养德才兼备的统治者。不论是孟子提出的"明人伦"，还是荀子提出的要培养"大儒"，其本质都是培养君子。

④**教育内容：**都主张学习儒家经典，强调道德教育是教育内容中的重要方面。

（2）不同点

①**教育作用：**孟子倡导"性善论"，认为人先天具有"仁、义、礼、智"四个"善端"。荀子肯定"性恶论"，即人性中不存在道德和理智，若不加以节制就会变成恶。基于对人性论认识的不同，孟子认为教育的个体功能是保存与发展人性中固有的"善端"，荀子则认为教育的个体功能在于"化性起伪"，即改变自身的恶性，化恶为善。

②**教育目的：**孟子主张"明人伦"和"大丈夫"理想人格，继承但不改造孔子的君子观。荀子认为"大儒"是最理想的一类人才，他们不仅知识广博，而且能以已知推未知，自如地应对新事物、新问题，自如地治理好国家，继承但改造了孔子的君子观。

③**教育方法：**孟子主张"内发"，侧重"思"，主张"深造自得""专心致志""盈科而进""教亦多术"。荀子更倾向于"外铄"，侧重"学"，主张闻、见、知、行，其中闻、见是学习的起点，用知把握事物本质和规律，行指在实践中验证知识，是学习的最高阶段。

④**教师观：**孟子强调尊重教师，但提出"尽信《书》，则不如无《书》"，主张独立思考和独立见解。荀子最为提倡尊师，认为教师是治国之本，对教师要无条件服从，主张"师云亦云"。尽管荀子提出过"青，取之于蓝，而青于蓝"的主张，但其教师观是不变的，还是要求学生绝对服从教师。

综上所述，孟子与荀子的教育思想都有值得我们吸收和发扬的可贵之处，我们应该取长补短，借鉴吸收。

> **滴滴小提示**
>
> **教育思想的异同比较题考频非常高**，此类型题目的解题思路可分为以下几点：
>
> ①**简要介绍教育家的思想及实践。** 每个教育家的简介写 3~5 行即可，最好是每个教育家的简介各写一段，这样更直观、清晰。
>
> ②**回答教育思想的相同点（联系）。** 如何找到不同教育家教育思想的相同点呢？其实很简单，先列出比较的主要维度，再逐一比较即可。
>
> 比较的主要维度有：历史背景、理论基础、人性论、教育作用、教育目的、指导思想、教育宗旨、教育原则、教育内容、教育方法、德育观（德育内容、德育方法、德育原则）、师生观等。
>
> ③**回答教育思想的不同点（区别）。** 思路与回答相同点一致，不再赘述。
>
> 需要注意的是：回答教育思想的相同点时，只需总结其相同或相似之处。回答教育思想的不同点时，需先分别简述其不同的教育观点，再指出其不同之处，所以答题篇幅更长。
>
> ④**总结与评价。** 此部分内容并非阅卷评分的核心参考依据，是否展开论述可视答题时间与答题篇幅而定。
>
> 值得注意的是：同一个维度在比较时可能既有相同点也有不同点，答题时可以只写相同点或不同点，也可以都写上。整体而言，因答题时间和答题篇幅有限，相同点与不同点分别写 4~5 点即可。

题目2 论述儒家与墨家教育思想的异同

答： 儒家学派的创始人是孔子，儒家思想的精华比较集中地体现在《论语》《孟子》等著作中，其思想以"仁"为核心，提出"己所不欲，勿施于人"等论点，提倡培养圣人、君子，强调道德教育，对中国封建社会乃至后世都产生了深远的影响。

墨家学派的创始人是墨子，其教育目的是培养"贤士"或"兼士"，认为"贤士"或"兼士"对国家的治乱盛衰有决定性的影响。墨家以"兼爱""非攻"为教，重视文史知识的掌握及逻辑思维能力的培养，还注重实用技术的传习。

（1）相同点

①**时代背景：** 儒家和墨家是两个著名的学派，韩非称之为"世之显学"，都形成于春秋战国时期，社会动荡，因此都广泛关注社会现实和社会民生。

②**教育作用：** 都肯定教育对个体和社会的作用，都更加侧重教育为社会政治服务。

③**教育目的：** 君子和"兼士"都是德才兼备的理想型人格。

④**教育内容：** 都坚持德智并重，既主张学习文史和政治知识，又重视德育。儒家主张培养君子，强调德才兼备。墨家主张培养"兼士"，强调"厚乎德行""博乎道术"。

⑤**教育方法：** 都注重教育与实践相结合，注重因材施教，启发诱导；在道德教育上都主张

言行一致，强调修身、践行。

（2）不同点

①教育实践：儒家创始人孔子的思想基本上代表开明的奴隶主贵族利益，主张开明的贵族政治。墨家创始人墨子是"农与工肆之人"的代表，强调小生产者的利益。

②人性论：儒家提出的"性善论""性恶论"，都是通过人性强调教育有重大作用。墨家提出"素丝说"来论述教育的作用，认为先天的人性如同待染的素丝，其发展状况完全随着环境和教育的变化而变化，是后天环境习染和教育学习的结果。

③教育对象：儒家的教育对象是平民，倡导的"有教无类"具有等级性，主张维护贵族阶级的利益，教育是治国治民最重要的统治手段。墨家的教育对象是手工业者和农民，无阶级性之分，倡导真正的"有教无类"，通过教育使天下人"知义"，从而实现社会的完善。

④教育目的：儒家主张培养德才兼备的君子，"大丈夫""大儒"等人才培养目标都是君子人格的具体化，提出"学而优则仕"，将教育与政治紧密结合。墨家主张培养"兼士"，除了道德和才智，还重视"辩乎言谈"，强调逻辑思维的训练。

⑤教育内容：儒家以"六经"为教育内容，偏重社会人事、文事，但轻视科技与生产劳动。墨家重科学和技术教育、思维能力教育，但极其反感儒家倡导的礼乐教育。

⑥教育方法：

a. 施教：儒家主张"叩则鸣，不叩则不鸣"，强调学生主动求教，学生做足了知识和心理上的准备后教师再去进行教育。墨家提倡主动施教，主张"虽不叩必鸣者也"，要求教者主动上门去教。**b. 述作：**儒家推崇"述而不作"，墨家主张述作结合，且更强调作。**c. 实践：**儒家重视政治和道德实践，只重动机不重效果，墨家除此之外还强调生产劳动、军事、科技实践，既重动机又重效果，坚持"合其志功而观焉"。**d. 量力：**墨家创始人墨子是中国教育史上第一个明确提出"量力"这一教育方法的人，具有独特的意义和价值。

综上所述，儒家作为中华传统文化的主流，不仅不断地丰富着自身内涵，还影响着其他学派思想的发展进程。其中，墨子作为墨家学派创始人学于儒而不囿于儒，能够自成一家，是学术史上第一个批判儒家的思想家，极大地促进了学术思想的发展与争鸣。

👦 **滴滴小提示**

"论述孔子与墨子教育思想的异同"与"论述儒家与墨家教育思想的异同"并非同一题，前者是两个教育家的教育思想的比较，后者是两个学派的教育思想的比较。但这两个题的答题思路和比较维度基本一致，只是表述稍有不同。

题目3 论述晏阳初与梁漱溟乡村教育思想的异同

答：晏阳初是平民教育运动与乡村改造运动的倡导者，是中国近代史上著名的教育家。他提出中国农村当时存在的问题是"愚、穷、弱、私",为解决这四大问题,决定走乡村教育救国的道路。1929—1936年,他在河北定县从事乡村平民教育实验,总结出"四大教育""三大方式""两化"之法,著有《平民教育概论》《平民教育的真义》《农村运动的使命》等。

梁漱溟是我国现代史上著名的教育家、思想家,也是20世纪30年代乡村建设运动的倡导者和实践者。他认为"愚、穷、弱、私"只是表象,中国落后的根源是文化失调,基于中国社会和文化特殊性分析的乡村教育理论及其实践,产生过广泛的社会影响,提倡建设"政教养卫合一"的乡农学校,代表作有《乡村建设理论》《中国文化要义》。

(1) 相同点

①**教育作用:** 在当时半殖民地、半封建的时代背景下,中国农村贫困落后,农民生活极端困难。晏阳初、梁漱溟等爱国教育家试图在现有制度下,从乡村切入,以教育为手段,使中国走上民族自救、自强的道路。

②**实践目的:** 都是在旧政治制度中的具有改良主义性质的教育改革运动,但是他们都没有认识到中国问题的实质。都认为中国问题的实质不是政治问题,也不是经济问题,而是文化和教育问题。

③**实践途径:** 都主张重点开展乡村学校教育,并亲自开展乡村教育实验。都强调"农民自觉",注重发挥知识分子的作用。在乡村建设的规划中,都注重以县为单位进行实验,以探索出乡村建设的可行性方案,再作为示范加以推广。都主张不依靠政权,走独立发展的学术团体道路。

④**影响作用:** 都力图以中国固有文化为基础,吸取西方先进的思想、观念等,特别是基于近代科学的方法从事农村教育、农业技术改良、社会风俗改造等方面的工作,取得了一定的成效,为解决中国农村极为严重的衰败问题,带来了一定的积极影响。

(2) 不同点

①**问题认识:** 晏阳初把中国的所有问题归结为"愚、穷、弱、私"。梁漱溟认为"愚、穷、弱、私"只是社会表面病象,中国问题的实质是由外部引发的极为严重的文化失调。

②**改革思路:** 晏阳初主张"维新",以学习西方文化为改革思路。梁漱溟从中国文化出发,主张"复古",以弘扬中华传统文化为改革思路。

③**教育措施:** 晏阳初提出"四大教育""三大方式"来解决"愚、穷、弱、私"这四大问题。梁漱溟主张建设"政教养卫合一"的乡农学校,并开展精神讲话来重建传统文化。

综上所述,晏阳初和梁漱溟的乡村建设在理论和实践上有许多共同之处,但也存在着明显的差异。晏阳初领导的中华平民教育促进会和梁漱溟领导的乡村建设运动是当时乡村建设运动中历时最长、影响最大的两个派别,对我国现在的农村教育和农村社会经济改革都有很大启示。

题目4 **论述陶行知的"生活教育"思想和陈鹤琴的"活教育"思想及二者的共同特点**

答:(1) 陶行知的"生活教育"思想

略。(参考上篇P23)

(2) 陈鹤琴的"活教育"思想

略。(参考上篇 P22)

(3) 共同特点

①理论基础：都受到了杜威实用主义教育思想的影响，但都进行了本土化改造。

二者都不讳言受到杜威实用主义教育思想的影响，但也感到杜威的教育思想在实践中行不通，因而两人的教育思想更多是针对当时中国教育的实际情况提出的。如陶行知的"生活教育"思想是将杜威的理论翻了半个筋斗，而陈鹤琴的"活教育"思想完全是一种新的试验。

②教育目的：生活、兴趣、需要。

教育目的、教育内容、教育方法都是由生活决定的，所以生活既是教育的起点，也是教育的终点。教育最终是为了让每个人走向有意义的生活，满足学生的兴趣、需要的教育一定是合乎生活本质的教育。

③书本观：反对传统的书本教育，但并不忽视书本的地位。

陶行知认为传统教育"读死书、死读书、读书死"，学生和教师都是以书本为中心。但是，在"生活即教育"的原则下，书本只不过是工具，过什么生活就用什么书本。陈鹤琴也认为传统的书本教育把学校与社会、自然隔离了。但是，他并不反对书本，而是反对将其作为唯一的知识来源，因此将书本恰当地作为参考材料，书本还是有用的。

④教育与生活的关系：反对传统的课堂中心和学校中心，强调教育与社会生活、大自然的联系。

陶行知主张"生活即教育""社会即学校"，认为教育应以生活为中心。陈鹤琴提出"大自然、大社会都是活教材"，让学生在与自然、社会的直接接触中获取经验和知识。

⑤教育方法：重视直接经验的价值，强调"做"在教学中的地位。

陶行知提出"教学做合一"的教学方法，主张事情怎样做便怎样学，怎样学便怎样教，教的方法根据学的方法，学的方法根据做的方法。陈鹤琴认为"做"是学生学习的基础，主张"做中教，做中学，做中求进步"。

⑥儿童观：批判传统教育忽视儿童的生活及其主体性，提倡相信儿童、解放儿童、发展儿童。

陶行知认为儿童生活是学校的中心，教育者应了解儿童、尊重儿童、解放儿童、发展儿童，培养具有创造性的儿童。陈鹤琴主张凡是儿童自己能够做的就应当叫儿童自己做，鼓励儿童去发现自己的世界，重视儿童的主体性、经验性、实践性、实用性。

综上所述，陶行知的"生活教育"思想和陈鹤琴的"活教育"思想都是在批判中国近代传统教育的弊端，吸收和借鉴美国教育家杜威的教育思想的基础上形成的，二者的理论有相通之处，但同时也有各自不同的侧重点。如陈鹤琴的"活教育"思想通常适用于学前教育领域，而陶行知的"生活教育"思想适用于各个阶段的教育，范围更加广阔。

> **滴滴小提示**
>
> 阐述共同特点实质上是简化了的比较题，只需要回答相同点而无须回答不同点。总结教育思想的共同特点的常见维度有理论基础、教育目的、教育内容、教育方法、教育评价等。

题目5 论述察举制与九品中正制的异同

答： 察举制是汉武帝在董仲舒的建议下发展而成的一种完备的选官制度。察举制制度化的标志是汉武帝设孝廉一科。在察举科目上，孝廉是汉代察举中最重要的科目，还有茂材、贤良方正、明经科，体现了察举制德智并重的特点。在察举方式上，采取举荐加考试的方式选拔官员。在察举对象上，取士范围扩大到布衣之士。而在选举考试中，儒家学者极受优待，开创了察举制主要以儒术取士的新局面。

九品中正制是魏文帝时采用的选官制度，又称九品官人法。其主要做法是郡设小中正，州设大中正，由地方上有声望的人充任，将士人按"才能"评定为九等，实际上是按照门第高低列等，政府按等选用。

（1）相同点

①**制度性质：** 中国古代早期的选官制度，旨在选拔人才，根本目的是维护封建统治。

②**考核内容：** 德智并重，量才录用。

③**考核方式：** 中央操纵、选拔、实施、授官。

④**制度特点：** 阶级性和等级性强。

⑤**社会影响：** 难以保证公平，缺乏标准，贿赂成风。

（2）不同点

①**产生背景：** 察举制是在西汉国家统一的前提下，为加强中央集权，扩大统治基础而创立并制度化的一种人才选拔制度。九品中正制是在魏晋时期社会动荡、封建门阀制度高度发展、士族地主把持朝政大权的前提下，为维持其受教育和优先选官的特权而专设的选官制度。

②**选才标准：** 察举制强调德才兼备，故"德才并重"是标准。如孝廉是汉代察举中最重要的科目，以孝行廉举为基本条件。九品中正制按门第高低列等，故"门第"是标准。

③**授官对象：** 察举制面向所有人，平民也可入朝为官，民主性较强。九品中正制面向贵族，阶级性、等级性较强。

④**选才方式：** 察举制举荐与考试相结合，考试成绩成为选才的重要参考。九品中正制重在考察生员血统与姓族是否高贵，并按门第高低列等，政府按等选用。

⑤**社会影响：** 察举制使"学而优则仕"成为现实，促进社会形成讲习儒学风气。九品中正制实质上是选官制度的倒退，等级性强，严重挫伤了人们求学的积极性。

综上所述，中国古代的选官制度源远流长，由最开始的世袭制到汉代察举制是一种进步，但随之出现的九品中正制却是选官制度的倒退。我们应该对其进行全面客观的评价，将其可取之处应用于如今的考试评价之中，深化新时代教育评价改革，实现教育评价的现代化、科学化。

题目6 与"癸卯学制"相比，"壬子癸丑学制"有哪些进步之处

答："癸卯学制"是中国近代由中央政府颁布并首次得到施行的全国性法定学制系统。该学制参照日本学制，将主系列划分为三段七级，学制总年限为20~21年，实施5年义务教育，并将幼儿教育机构纳入学制系统。

"壬子癸丑学制"，即1912—1913年学制，是中国近代第一个资产阶级性质的学制。该学制参照日本学制，将主系列划分为三段四级，学制总年限为17~18年，实施4年义务教育，小学男女同校，中学设置女子中学，以"小学—大学"教育为骨干，兼重师范教育和实业教育。

与"癸卯学制"相比，"壬子癸丑学制"的进步之处体现在以下几个方面：

（1）性质：实现了封建性质向资产阶级性质的转变

"壬子癸丑学制"是中国近代第一个资产阶级性质的学制，取消对毕业生奖励科举出身，废除清末高等教育中的保人制度，大学不设经科，消除教育中的封建等级性。

（2）学校系统：对学校体系做了相对完整的设计

从学制的结构及内容来看，"壬子癸丑学制"的基础教育、高等教育、实业教育、师范教育等教育类别都有了雏形，而小学、中学、大学各个阶段也有了清晰的划分。中学废除文实分科，取消高等学堂，只设大学预科。

（3）学制年限：缩短了3年，易于普及教育，使普通教育向平民化发展

与清末"癸卯学制"相比，"壬子癸丑学制"的教育周期缩短了3年，这加快了人才培养的速度，有利于普通教育的普及和平民化发展。

（4）课程内容和教学方法：突出实用性与科学性

在课程内容方面，取消了"忠君""尊孔"课程，不再局限于传统的经典著作，增加自然科学课程和生产技能的训练，知识体系进一步开放化和实用化。改进教学方法，反对体罚，使教育更加联系儿童实际，适合儿童身心发展。

（5）教育对象：女子享有与男子平等的法定教育权

改变先前学制排斥女性的传统，不分男女儿童，都应接受义务教育；初等教育阶段可以男女同校；设立专门的女子中学、女子师范学校等。这突破了封建礼教对女性的限制，体现了资本主义文化的男女平等观点。

综上所述，"壬子癸丑学制"的进步之处较为突出，但由于其未能结合当时的国情，因此实施过程也是困难重重，如小学过长，中学过短，偏重升学，忽视就业等。后来制定的1922年"新学制"旨在改进相关问题，增强学制的可行性、有效性。

题目7 论述斯巴达教育和雅典教育的异同

答： 斯巴达和雅典都是古希腊的城邦。斯巴达经济以农业为主，实行寡头政治。雅典经济以商业贸易为主，实行奴隶主民主政治。它们的教育既有相同点，也有不同点。

（1）相同点

①**教育对象：** 教育主要为奴隶主阶级服务，具有阶级性。

②**教育内容：** 都把严格的军事体育训练放到了重要地位。

③**教育与生产劳动的关系：教育脱离生产劳动。**

（2）不同点

①**教育性质：** 斯巴达教育完全由国家控制；雅典教育不完全由国家控制，私人办学盛行。

②**教育对象：** 斯巴达重视女子教育；雅典忽视女子教育。

③**教育目的：** 斯巴达实行的是军事寡头独裁体制，教育目的以培养战士和满足军事需要为主；雅典建立了奴隶主民主政体，教育以培养身心和谐发展的公民为目的。

④**教育内容：** 斯巴达的教育内容以军事教育和道德教育为主；雅典的教育内容丰富多样，包括德育、智育、体育、美育。

⑤**教育方法：** 斯巴达教育方法野蛮，多鞭笞；雅典教育方法更温和，具有民主色彩。

> 🧑 **滴滴小提示** ⭐
>
> 类似的题目还有不同城邦、时期、派别之间教育特征的比较，如"比较文艺复兴时期北欧与意大利的人文主义教育思想"。可从微观和宏观两个维度进行比较。
>
> 微观比较维度：教育的性质、教育对象、教育目的、教育内容、教育方法、教学语言等。
>
> 宏观比较维度：教育的时代背景、教育与社会的关系、教育的发展走向、教育的影响等。

题目8 比较福禄培尔和蒙台梭利幼儿教育思想的异同 ·要点背诵

答： 福禄培尔是19世纪德国著名的教育家、幼儿园的创立者、近代学前教育理论的奠基人，被誉为"幼儿教育之父"。蒙台梭利是20世纪意大利著名的幼儿教育家，创办了"儿童之家"，形成了著名的蒙台梭利教学法，推动了新教育运动及儿童教育的发展。两位幼儿教育家的教育思想既有相同点，也有不同点。

（1）相同点

①**在儿童地位上，** 都反对传统教育对儿童身心的束缚和压迫，主张以儿童为本位，强调教育中自由及活动的重要性。

②**在儿童教育的理论和实践上，** 都建立了幼儿教育理论体系和专门的幼儿教育机构。福禄培尔建立了幼儿园，蒙台梭利创办了"儿童之家"。

③**在影响上，** 他们的教育思想都对世界各国幼儿教育的发展产生了深远的影响。

（2）不同点

①**教育方法**：福禄培尔关于幼儿园教育方法的基本原理是自我活动或自动性，认为游戏是儿童内在本质向外的自发表现，强调应通过游戏来发展儿童的想象力和创造力；蒙台梭利主张"工作"，让儿童通过"工作"的中介作用把传统教育中根本对立的两个概念——"纪律"与"自由"有机地联系与统一起来。

②**教学组织形式**：福禄培尔要求组织集体教学，进行集体游戏，让儿童通过社会参与复演家庭和邻里生活；蒙台梭利主张个别活动、单独学习。

③**教育内容**：福禄培尔建立起一个以活动与游戏为主要特征的幼儿园课程体系，包括游戏与歌谣、恩物、手工作业、运动游戏、自然研究等；蒙台梭利幼儿教育的教育内容则包括感官教育，读、写、算的练习，以及实际生活训练。

④**教师作用**：福禄培尔主张教师应该是儿童学习的引导者和组织者，通过讲解、演示和引导等方式，帮助儿童掌握知识和技能；蒙台梭利主张教师应该是儿童学习的观察者和指导者，为学生提供有准备的环境，帮助学生自主学习和发展。

题目9 论述赫尔巴特和杜威的教育思想的异同

答：赫尔巴特是 19 世纪德国哲学家、心理学家、教育家，是传统教育学派的代表人物。他提出把教育学建成一门独立学科的设想，并提出了完整的教育理论体系，代表作是《普通教育学》。

杜威是 20 世纪美国著名的哲学家、社会学家和教育家，是现代教育学派的代表人物，代表作是《民主主义与教育》。

（1）相同点

①**思想基础**：二人对哲学、心理学的理解是其教育理论和实践的重要前提。赫尔巴特的教育思想有着深厚的心理学和伦理学基础，提出了统觉理论和五种道德观念。杜威讲授哲学、伦理学、心理学、教育学等课程，更加注重从多学科的角度研究教育问题。

②**研究问题**：都关注教育目的、道德教育、课程理论和教学理论等教育的基本问题。

③**在教育史上都有非常重要的地位**：赫尔巴特是传统教育学派的代表人物，杜威则是现代教育学派的代表人物，二人对世界范围内的教育理论和实践都有深远的影响。

（2）不同点

以赫尔巴特为代表的传统教育和以杜威为代表的现代教育在教育理论上的分歧，可以归结为"三中心"的对立，即赫尔巴特强调"课堂、书本、教师"三中心，杜威则强调"学生、活动、经验"三中心。

①**教育目的**：赫尔巴特提出"可能的目的"和"必要的目的"，其中"可能的目的"和儿童未来所从事的职业有关，是对未来生活多方面的准备；杜威提出教育无目的论，反对外在的、固定的教育目的。

②**师生地位**：赫尔巴特强调以教师为中心，以教师为主导，学生处于被动地位；杜威提出

学生中心论，强调整个教育过程要以学生为中心，尊重学生的天性。

③**教学方法：** 赫尔巴特强调教师的讲授，强调课堂教学；杜威推崇从做中学、从经验中学习的教学方法。

④**课程理论：** 赫尔巴特强调以系统的知识为中心，重视学科学习；杜威提出了"从做中学"和"从经验中学"的课程理论，要求以活动性、经验性的作业取代传统书本的统治地位，主张以学生的直接经验为教育的起点。

⑤**教学过程和目的：** 赫尔巴特提出教学形式阶段论，把课堂教学划分为明了、联想、系统、方法四个阶段，强调对知识的掌握；杜威提出思维五步法，要求学生必须掌握科学的思维方法，目的在于训练学生的思维能力，增长智慧，即运用学问指导和改善生活的各种能力。

⑥**道德教育：** 赫尔巴特重视五种道德观念的培养；杜威强调道德教育的主要任务是协调个人与社会的关系，培养时代新人。

> **滴滴小提示** ★
>
> 中外教育思想的比较题，答题思路基本一致。以某个教育家的教育思想为基准，分维度（从教育家重要的教育思想中选取）逐一进行比较即可，也可以把常用的比较维度记下来，按照自己的习惯逐一进行比较。
>
> 微观比较维度：教育目的、教育对象、教学组织形式、教学环境、教育内容、教育方法、教育原则、教师观等。
>
> 宏观比较维度：时代背景和理论基础，及其对教育理论、教育实践、教育家的影响等。

题目 10 论述新教育运动与进步教育运动的异同

答： 新教育运动又称"新学校运动"，是指 19 世纪末 20 世纪初在欧洲兴起的教育改革运动。其主要内容是在教育目的、内容、方法上建立与旧式的传统学校完全不同的新学校，作为新教育的"实验室"。

进步教育运动是指产生于 19 世纪末并持续到 20 世纪 50 年代在美国出现的以杜威教育哲学为主要理论基础，以进步主义教育协会为组织中心，以改革美国学校教育为宗旨的教育革新理论和实践活动。

（1）相同点

①**相似的社会背景，都发生在 19 世纪末 20 世纪初。** 19 世纪末欧美国家工业和经济迅速发展，社会生活变化巨大，人们寄希望于教育，希望通过教育来解决各种社会矛盾。同时，随着初等教育的普及，人们日益关注教育质量的提高，因此重视研究学生自身的特性。

②**都进行了教育实验，尝试新的教育形式或方法，有丰富的教育实践。** 新教育运动形成了"乡村之家运动"，创造了"德可乐利教学法"等；进步教育运动创造了"昆西教学法"、葛雷

制、道尔顿制等。

③**都批判传统教育**。二者都主张教育不应仅是知识的传授，还应该关注学生的全面发展，强调对学生天性的尊重与保护，重视学生在教育中的主体地位。

④**在运动的发展过程中，都通过成立协会、办杂志来交流教育思想**。新教育运动成立了"新教育联谊会"并出版杂志《新时期的教育》；进步教育运动成立了美国进步主义教育协会，创办了《进步主义教育》杂志。

（2）不同点

①**教育机构：**新教育运动建立的新学校规模一般很小，是私立学校，独立于国家制度之外，地址选在环境优美的乡村；进步教育运动在美国城市的公立学校中开展。

②**教育对象：**新教育运动主要的教育对象是具有激进思想的上层社会和高收入阶层的少数学龄儿童；进步教育运动主要针对美国公立学校，关心普通民众的教育。

③**教育目的：**新教育运动提倡精英式的教育，重视培养社会的精英；进步教育运动强调培养社会的公民。

④**理论基础：**新教育运动的理论基础较为多样，主要以梅伊曼、拉伊的实验教育学和凯兴斯泰纳的公民教育理论为指导；进步教育运动的理论源自卢梭、裴斯泰洛齐和福禄培尔等人的教育思想，并以杜威的实用主义教育思想为主要的理论指导。

⑤**改革影响：**新教育运动较为温和，主要影响欧洲；进步教育运动更激进、批判性更强，影响力也更大，不仅对美国，对世界范围内的教育也产生了重要影响。

题目 11 论述陈述性知识和程序性知识的区别与联系

答：安德森从信息加工的角度，把知识分为陈述性知识和程序性知识。陈述性知识是关于"是什么"的知识，是对事实、定义、规则、原理等的说明；程序性知识是关于"怎么做"的知识，如怎样进行推理、决策或者解决某类问题等。

（1）区别

①**性质：**陈述性知识关心"是什么""怎么样"的问题；程序性知识关心"做什么""怎么做"的问题。

②**获得机制：**陈述性知识通过同化和顺应两种基本机制获得；程序性知识通过一个或多个产生式获得。

③**表征形式：**陈述性知识主要以命题和命题网格等形式在头脑中得到表征；程序性知识主要以产生式和产生式系统等形式来表征。

④**测量方式：**陈述性知识可以用词汇或者其他符号进行测量；程序性知识主要通过实践和操作两种方式检测。

⑤**意识控制角度：**陈述性知识激活速度一般较慢，其提取往往是一个有意识的搜寻过程；

程序性知识激活速度较快，是一种自动化了的信息变形的活动。

⑥**学习与遗忘速度：**陈述性知识是一种静态的知识，比较容易获得，但也容易遗忘；程序性知识是一种动态的知识，比较复杂，较难获得，一旦获得，巩固性比较好，不容易遗忘。

⑦**学习过程：**陈述性知识的学习要经历理解符号所代表的意义，建立符号与事物之间的等值关系，对事实进行分类，掌握同类事物的关键特征，理解概念、事实之间的关系等一系列步骤；程序性知识的学习在此基础上，还包括两个相互联系的部分，即模式识别和动作序列。

（2）联系

①相互促进。在实际活动中，陈述性知识常常可以为执行某个实际操作程序提供必要的信息，是学习程序性知识的基础。反过来，程序性知识的掌握也会促进陈述性知识的深化。

②程序性知识是在陈述性知识的基础上发展起来的。学生的学习常常从陈述性知识的获得开始，而后把陈述性知识与具体的任务目标联系起来，去解决一个又一个问题，变成可以灵活熟练应用的程序性知识。

题目12 论述心智技能和操作技能的区别与联系

答：技能是指经过练习形成合乎法则或程序的认知活动或身体活动的能力。按其本身的性质和特点，技能可以分为心智技能和操作技能。

心智技能也称智力技能、智慧技能，是指借助内部语言，在人头脑中进行认知活动的能力，如默读、心算、写作、观察和分析等技能。

操作技能也称运动技能、动作技能，是指由一系列的外部动作以合理程序组成操作活动的能力，如书写、体操、骑自行车等技能。

（1）二者的区别

①在动作对象上，心智技能的动作对象有观念性，是客观事物在人脑中的主观印象；操作技能的动作对象是物质性客体或肌肉，具有客观性。

②在动作执行上，心智技能的动作执行有内潜性，在头脑内部进行；操作技能动作执行是通过外显的肌体运动实现的，具有外显性。

③在动作结构上，心智技能的动作结构有简缩性，内部言语是可以合并、简化的；操作技能活动的每个动作必须切实执行，不能合并、省略，具有展开性。

（2）二者的联系

①操作技能是心智技能形成的最初依据和外部体现的标志。心智技能的形成常常是在外部操作技能的基础上，逐步脱离外部动作而借助内部言语实现的。

②心智技能是操作技能的调节者和必要组成部分。复杂的操作技能往往包含认知成分，需要学习者智力活动的参与，手脑并用才能执行。

比较题

题目 13 论述经典性条件作用与操作性条件作用的异同

答： 经典性条件作用是一种刺激替代另一个刺激的过程，由一个新的、中性的刺激替代原先自然引发的无条件刺激。

操作性条件作用是在一定的刺激情境中，有机体的某种反应结果能满足其某种需要，以后在相同的情境中其反应概率就会提高的现象。

（1）相同点

都认为学习的最终结果是建立 S—R 的联结；都强调外在的刺激和能够测量的外在表现，而对内在的心理过程不重视。

（2）不同点

①**行为消退的方式：** 经典性条件作用中，要消退已形成的反应，可让条件刺激多次单独出现，而不给予无条件刺激；操作性条件作用中，要消退已形成的反应，可去掉强化物。

②**使用领域：** 经典性条件作用主要研究应答性行为，用以解释人们各种情绪性或生理反应如何与各种中性刺激建立联系；操作性条件作用主要研究操作性行为，适用于利用强化手段来形成良好的行为或改变不良行为。

③**动物的反应：** 经典性条件作用中，动物往往是被动接受刺激的，这样不能发挥动物的主观能动性，对动物而言，只是一种被动的刺激；操作性条件作用中，动物是自由活动的，通过自身的主动操作来达到目的，这样能发挥动物的主观能动性，对动物而言，是一种主动的适应。

④**形式：** 经典性条件作用是通过训练将条件刺激与无条件刺激联系起来，使条件刺激也能引出与无条件刺激产生的无条件反射相同的条件反射；操作性条件作用是通过训练将"随意"操作和奖赏联系起来，以引出特定的操作。

⑤**刺激—反应：** 经典性条件作用更强调"刺激在前，反应在后"，也就是先有无条件刺激的出现，再做出分泌唾液的反应，是 S—R 的联结；操作性条件作用更强调研究反应后出现的强化刺激会增加或减少行为发生的概率，更多的是研究 S—R—S 中的 R—S 部分。

题目 14 论述接受学习与发现学习的异同

答： 奥苏伯尔提出的接受学习是一种由教师引导学生接受事物意义的学习，其学习内容基本上是以定论的形式讲授给学生，也称讲授教学。

布鲁纳极力倡导的发现学习是指学生用自己的头脑亲自获得知识的一切形式，发现不只限于发现人类尚未知晓的事物，还包括发现人类现有的知识，是来源于学习活动中主体对经验的直接发现或创造，并非由他人的传授而得，也称创造学习。

（1）相同点

①都属于认知主义范畴，都强调学生已有知识经验的重要性，基于学生已有的知识经验开

展教学，从而使学生将获得的内容融入自己的认知结构中，以完善自己的认知结构。

②都有可能是机械的，也都有可能是有意义的。如果教师的讲授教学实施得法，并不一定会导致机械的接受学习；同样，发现学习也并不一定保证学生能有意义地学习。如果学生只是机械地记住解决问题的典型步骤，而不清楚自己在做什么，这并不比机械的接受学习有意义。

（2）不同点

①心理过程不同。

a. 在接受学习中，学习的主要内容基本上是以定论的形式传授给学生，对学生而言，学习不包括任何发现，只需要将教学内容加以内化，以便将来能够再现或派作他用。

b. 在发现学习中，学习的主要内容不是现成地给予学生，而是必须由他们自己去发现这些内容，然后将发现的内容加以内化，以便将来在一定的场合下予以运用。

②教师作用不同。

a. 在接受学习中，知识内容需要通过教师以定论的方式传授给学生，教师需要对知识内容进行组织、教授并控制着整个课程。因此，教师更多的是扮演教授者、控制者的角色。

b. 在发现学习中，教师要为学生提供一定的材料，创设问题情境，引导学生独立地发现解决问题的方法，从中发现事物之间的联系和规律，形成或改造认知结构。因此，教师更多的是扮演指导者、促进者的角色。

③教学特点不同。

a. 接受学习的特点：a. 师生之间要有大量互动；b. 大量利用例证，包括图解和图画；c. 它是演绎的；d. 它是有序列的，材料的呈现有一定的步骤。

b. 发现学习的特点：a. 教学围绕一个问题情境展开；b. 教学中以学生的发现活动为主；c. 没有固定的组织形式，能最大限度地发挥学生在学习中的主体性和创造性。

④学习过程不同。

a. 接受学习强调演绎过程，让学生理解从一般到特殊。

b. 发现学习强调归纳过程，让学生由特殊发现一般。

题目15 论述个体个性化和个体社会化的关系

答： 教育作为一种有目的地培养人的社会活动，具有促进个体个性化和个体社会化的功能。

（1）个体个性化和个体社会化的内涵

①**个体个性化**是在人的共同社会性的基础上，发挥人的自主性和能动性，充分把人的差异性和独特性彰显出来，实现个体我与社会我的统一、生命的个体价值与社会价值的统一，即**个体在社会活动中形成独特性、自主性和创造性的过程**。学校教育促进个体个性化的功能主要表现在：教育促进人的主体意识的形成和主体能力的发展；教育促进个性差异的充分发展，形成人的独特性；教育开发人的创造性，促进个体价值的实现。

②**个体社会化**是个体在其社会文化环境中，通过社会交往活动，学习和掌握知识、技能、语言、社会价值观和行为规范等，适应社会生活，参与社会生活，创造社会新文化的过程。也就是个体通过社会规范的内化，**从一个"自然人"转变为"社会人"的过程。**学校教育促进个体社会化的功能主要表现在：教育促进个体思想观念的社会化；教育促进个体行为的社会化；教育促进个体角色和职业的社会化。

（2）个体个性化和个体社会化的统一

①**个体个性化和个体社会化是人的发展不可缺少的两个方面。**个性和社会性是人的发展不可分割的两个方面，单一的某个方面不可能造就一个真正完整的人。

②**个体个性化和个体社会化在社会实践活动中实现统一。**个体个性化和个体社会化并不是孤立的，二者统一于社会实践活动中。社会实践活动既有社会对个体的客观要求，又有个体对社会要求的主观建构。

③**人类社会发展的最终目的是实现社会要求和个性发展的完美统一。**

④**当代中国，在科学发展观的指导下，实现经济、社会和人的全面、协调、可持续发展。**

（3）个体个性化和个体社会化的对立

①**基点不同**：个体个性化是基于个体自身的发展，反映的是个体自身发展的独特需要，代表的是"所有"个人的利益；个体社会化是基于社会的需要，反映的是社会对人的要求，代表的是社会利益。

②**目的指向不同**：个体个性化注重发展人的个性和独特性；个体社会化注重发展人的社会性和共性。

③**人与社会的关系不同**：个体个性化是按照人自身的发展需要，发展个体的社会批判能力，反映的是人对社会的变革与超越；个体社会化反映的是人对社会的适应，社会对人的决定。

综上所述，教育促进人的发展，包括促进个体个性化和个体社会化，二者在相互作用中实现人自身发展的统一。

题目 16 论述学科课程和活动课程的联系与区别

答：根据课程的主体不同，可以把课程分为学科课程和活动课程。

（1）含义

①学科课程是根据学校培养目标和科学发展，分门别类地从各门科学中选择适合学生年龄特征与发展水平的知识所组成的教学科目，亦称分科课程。学科课程具有结构性、系统性、简约性等特点。

②活动课程与学科课程相对立，它打破学科逻辑系统的界限，是以学生的兴趣、需要、经验和能力为基础，通过引导学生自己组织的有目的的活动系列而编制的课程，亦称经验课程，或儿童中心课程。活动课程具有生活性、实用性、开放性等特点。

（2）联系

学科课程和活动课程在总体上都服从于整体的课程目标，二者都是学校课程结构中不可缺少的要素。

①**在目标上具有一致性。** 作为课程体系的组成部分，二者都以实现学校的培养目标为根本任务。

②**在内容上具有互补性。** 学科课程的知识内容具有相对较强的稳定性；活动课程的知识内容具有开放性和灵活性。

（3）区别

①**在目的方面，** 学科课程主要向学生传递人类长期创造和积累起来的种族经验的精华；而活动课程则主要让学生获得包括直接经验和直接感知的新信息在内的个体教育性经验。

②**在编排方式方面，** 学科课程重视学科知识逻辑的系统性；而活动课程则强调各种有教育意义的学生活动的系统性。

③**在教学方式方面，** 学科课程主要是以教师为主导去认识人类的种族经验；而活动课程则主要是以学生自主的实践交往为主导去获取直接经验。

④**在评价方面，** 学科课程强调终结性评价，侧重考查学生学习的结果；而活动课程则重视过程性评价，侧重考查学生学习的过程。

总之，学科课程和活动课程是现代学校教育中的两种基本课程类型，各有特点与不足，二者既相互独立，又相互补充。在课程设置与编制上，应根据不同需要与情况，分别发挥两种课程不同的特点与作用。

比较题

第二部分 综述题 ★

题目 1 论述中国古代教育史的人性论及教育作用理论

答： 人性论是关于"人的本质是什么"的学说。中国古代教育家们在论述教育作用时都会探讨人性，通过人性论来确立教育作用、教育对象、教育目的、教育内容、教育方法等。

（1）先秦：全面论述"人性是什么"

①**孔子：** 主张"性相近，习相远"的人性观并首次论述了教育与人的关系。他认为人的本性是很接近的，之所以后来有较大的差别，主要是教育和学习的结果。同时，创新性地提出"庶、富、教"理论，以此论述教育在社会发展中的作用。

②**孟子：** 提出"性善论"，认为人性本善。对个人来说，教育不仅能"存心养性"，还可以"求放心"；对社会来说，教育是"行仁政，得民心"最有效的手段。

③**荀子：** 提出"性恶论"，认为教育在人的发展中的作用是"化性起伪"，即通过教育的作用改变自己的恶性，化恶为善；教育的社会作用是通过教育人"化性起伪"，最后实现国泰民安。

④**墨子：** 从人性平等的立场提出"素丝说"，指出人性不是先天所成的，而是由环境和教育造就。墨家主张通过教育建设一个民众平等、互助的"兼爱"社会。

⑤**法家：** 提出"人性利己说"，这是一种绝对的"性恶论"。基于此，法家在教育上提倡法治教育，借助法律高压，使得百姓成为顺民。

（2）汉、唐：对人性进行品级划分，提出"性三品说"

①**董仲舒：** 主张"性三品说"，其中"中民之性"是绝大多数普通人拥有的，通过教育才能使之发展成"善"。

②**韩愈：** 同董仲舒一样主张"性三品说"，将人性分为上品、中品、下品，人性决定教育所起的作用，即性可移，但品级不可移。只有上品和中品的人享有受教育权，学习儒家经典内容。

③**王充：** 提出与董仲舒相异的"性三品说"，生来就善的人是中人以上的人；生来就恶的人是中人以下的人；无善无恶或善恶混杂的人是中人，教育对各个品级的人都起作用，只是难易程度不同罢了。强调教育具有隐效性、间接性，所以呼吁统治者重视教育，充分发挥教育的社会功能。

（3）宋、明、清：超越"性三品说"，从理性和欲望的角度讨论

①**朱熹：** 提出了"天命之性"与"气质之性"。"天命之性"纯然至善，包括"仁、义、礼、智"等优秀品质；"气质之性"指出人性中有善有恶。教育的作用是"存天理，灭人欲"，即"变化气质"，发挥"气质之性"中的善性。

②**王守仁**：从主观唯心主义出发，提出教育的作用是"致良知"，由于良知人人与生俱来、不会泯灭，但容易受后天物欲蒙蔽，所以教育的作用是"学以去其昏蔽"。

③**王夫之**：从唯物主义角度创造性地提出"性日生日成"的人性论，认为人性并不是一成不变的，而是在后天生长过程中逐渐形成的。教育的作用主要表现在两个方面：一是继善成性，使之为善；二是改恶为善。

④**颜元**：提出了义利合一的人性观，教育的作用是培养"实才实德之士"。

综上所述，人性论历来被众多思想家、教育家所争论，但都强调教育对人的发展具有重要作用。这启示我们在实施教育的过程中要弄清楚人的本质、教育的本质这一系列深刻问题，在此基础上实施顺性教育，实现教育的初心和使命，促进学生尽可能得到最大程度的发展，完成全人目标。

题目2 论述先秦时期诸子学派教育宗旨的变化

答： 东周末年，官学衰落，私学兴起。私学的兴起，造就了众多的学派和弟子，形成百家争鸣、教育繁荣的良好局面。如此，教育宗旨也就从培养统治人才转向培养各家各派的知识人，即士阶层。士阶层是指战国时期一个流动的社会阶层，凡有一德一艺者皆可称士。

(1) 儒家培养"君子"

①**孔子：培养德才兼备的君子。** a. **德**：君子之德，包括严格的道德操守、独立的人格品质和正确的价值追求。孔子提倡道德修养以"仁"为最高准则，以"礼"为行为规范。b. **才**：君子之才，就是精深广博的学识、待人接物的方式、为政理事的能力。

②**孟子：继承了孔子的教育宗旨。** 孟子主张"性善论"，在教育宗旨上继承了孔子的君子论，并往前推进一步，提出"大丈夫"的理想人格，即"富贵不能淫，贫贱不能移，威武不能屈"。

③**荀子：改造了孔子的教育宗旨。** 荀子主张"性恶论"，认为仁义不是天生的，而是通过后天努力获得的。他不满足以培养君子为教育宗旨，进一步提高要求，认为"大儒"是最理想的一类人才。

(2) 墨家培养"兼士"

墨家的创始人是墨子，他站在普通劳动者的立场，从"兼相爱、交相利"的思想出发，提出以培养"兼士"为教育宗旨。"兼士"的具体标准，即"辩乎言谈，博乎道术，厚乎德行"。墨家在人才培养方面还有一大贡献，就是以染丝为比喻，强调环境和教育的作用。

(3) 道家培养"真人"

道家以老聃和庄周为代表，崇尚自然，注重个体的感受、体验和觉悟，甚至为追求个人的精神自由而否定人的社会属性。庄周提出人的最高境界是成为"真人"。所谓"真人"，就是勇于摆脱仁义道德等世俗观念的束缚，与自然融为一体，不为他人所左右，达到精神的绝对自由的人。

（4）法家培养"耕战之士"与"智术能法之士"

法家持绝对的"性恶论"，认为好逸恶劳、趋利避害是人的本性，人与人之间的关系是一种利害关系。既然人性恶，就必须以严刑峻法加以管束，因此法家主张依法治国。法家的教育宗旨是将普通百姓培养成"耕战之士"，将统治人才培养成"智术能法之士"。

百家学说的思想旨趣不同，极大地丰富了教育理论和人才观。代表各个阶层不同利益的各家学派，相互之间展开了激烈的思想斗争，促进了思想学术上的百家争鸣，为后世的教育科研提供了丰富的研究材料。

> **滴滴小提示**
>
> 教育宗旨题的解题思路：
> ①需明确"教育宗旨"的含义，即国家或政党在一定历史阶段提出的教育工作发展的总方向、总要求。其内容一般包括教育的性质、目的及实现目的的基本途径等，而教育目的是最重要的。
> ②根据题意梳理不同时间段、不同主体提出的教育宗旨并进行系统阐释。
> ③依据题目分值、可支配时间，或详或略地分析不同教育宗旨制定的原因或目的，总结相应的规律。

题目3 论述近代以来公民教育宗旨的变化

答： 近代以来，中国教育逐渐从传统向现代转型，西方科学文化知识大量输入，西式现代学校不断创办和发展。随着中国对西学的认识由"西艺"推进到"西政"，社会对人才的培养也不断提出新的要求。

（1）早期改良派"不拘一格"的人才观

近代社会开始前，西方的数学、地理、天文等自然科学知识由传教士带到中国，得到少数开明学者的接纳，传播和影响的范围不断扩大。龚自珍痛感社会专门人才的缺乏，提出一个由相、史、将、士、民、工、商等组合起来的人才结构。魏源同样倡导经世致用的学风，批判考据之学和义理之学不切实际，明确提出"师夷长技以制夷"。

（2）洋务派造就"中体西用"人才

创办洋务学堂是洋务运动的一项重要内容，目的是培养翻译、外交、工程技术、军事等方面的专门人才。洋务学堂的教育宗旨是"中学为体，西学为用"，这是洋务运动应对顽固派的策略，也是国家培养人才的宗旨。

（3）维新派培养"新民"

梁启超首次明确了教育培养"新民"的宗旨，这种"新民"是具有资产阶级政治信仰、思想观念、道德修养和适应资本主义社会生活的知识技能的新国民。"新民"教育宗旨的提出，是对统治阶级垄断教育的反叛，是对普通民众接受现代教育的呐喊，其最终目的是要建设现代民族国家。

（4）清末新政时期的"忠君、尊孔、尚公、尚武、尚实"

1906 年 3 月，学部针对民权思想的流行和资产阶级革命派的活动，拟订"忠君、尊孔、尚公、尚武、尚实"的五项教育宗旨。这五项教育宗旨虽未脱"中体西用"的窠臼，但较以前仅说明中西学的关系要进一步，其中对后三项的解释注意到国民公共心、国家观念、身体素质和基本生活技能的培养，教学方法上倡导学用结合等。

（5）民国初年，蔡元培提出"五育"并举的教育方针

1912 年，全国临时教育会议召开，这次会议讨论通过了民国教育方针，于 9 月 2 日由教育部公布施行。其内容为："注重道德教育，以实利教育、军国民教育辅之，更以美感教育完成其道德。"它基本反映了蔡元培的思想，但"世界观教育"因陈义过高，未为多数与会者接受，故未采纳。

（6）南京国民政府颁行"三民主义"的教育宗旨

南京国民政府公布的新的教育宗旨为："中华民国之教育，根据'三民主义'，以充实人民生活，扶植社会生存，发展国民生计，延续民族生命为目的；务期民族独立，民权普遍，民生发展，以促进世界大同。"国民政府关于"三民主义"教育宗旨的一系列规定，细致完备，务求实施，以免流于口号与形式。但国民党借推行"三民主义"教育之名，行严厉控制教育之实。

（7）抗日民主根据地培养战士和建设者的教育宗旨

全面抗战爆发后，中国共产党本着建立广泛的抗日民族统一战线的要求，在根据地制定了"一切为着前线，一切为着打倒日本侵略者和解放中国人民"的总方针。1940 年的《边区教育宗旨和实施原则（草案）》明确提出要以培养能担负抗战建国之任务的战士和建设者为教育宗旨。

简而言之，教育宗旨是为国家政权和社会发展服务的，随着历史进程的发展而变化。没有国家政治、经济、文化领域的巨变，教育宗旨也就无法不断地更新与创新。

综述题

题目 4 论述先秦时期关于为学过程的观点

答： 孔子、荀子等教育家和《中庸》等著作中都深刻论述了为学过程的观点，阐述了为学过程中学、思、行之间的关系。

（1）孔子提出学、思、行结合

孔子提出学、思、行结合的为学过程观，具体如下：

①提出"学而知之"，认为学是求知的途径，也是求知的唯一手段。

②提出"学而不思则罔，思而不学则殆"，认为学习与思考不宜偏废，应当结合起来，学是思的基础，思有助于深入认识。

③孔子还强调学习知识要"学以致用"，学是手段，行是终极目的，行比学重要。

由学而思进而行，是孔子探索的学习过程，也就是教学过程，与人的一般认识过程基本符合。

（2）荀子提出闻、见、知、行

荀子提出："不闻不若闻之，闻之不若见之，见之不若知之，知之不若行之，学至于行之而止矣。"闻、见、知、行每个阶段都具有充分的意义，由此构成一个完整的学习过程。

①闻、见是学习的起点、基础和知识的来源。

②知指运用思维去把握事物的本质与规律。知有两种方法：其一，"兼陈万物而中悬衡"，通过综合分析来全面认识事物；其二，"虚壹而静"，要求一心一意、专心致志。

③行指在实践中验证知识，是学习的最高阶段。荀子认为，由闻、见、知而得的知识带有假设的性质，它最终是否切实可靠，唯有通过行方能得到验证。

荀子的学习过程是以行为目的和归宿的完整步骤序列，对此做如此明确而系统的表述，这是他的贡献。

（3）《中庸》提出学、问、思、辨、行

《中庸》中有关于学习过程的论述，具体为学、问、思、辨、行五个步骤，实质上是对前人的为学顺序进行了总结与深化。

学、问、思、辨、行中的学包括荀子的闻、见、知的过程；同时，《中庸》更加关注从学到行的中间环节，即用问、思、辨不同方式学习知识，探究事物本质与真理。总之，《中庸》将学习过程进一步细节化、系统化、可行化，对如今的学习仍然具有现实意义。

从孔子到荀子再到《中庸》系统地论述了为学之序，体现了中国自古以来就以学为重，依据学生的学习顺序科学地进行教学，也进一步体现了中国古代重视学生学习主体性的发挥。

题目5　论述中国古代选士（取士）制度的沿革

答： 选士制度是指国家选拔士人用以补充官员队伍的制度。中国古代的选士最早源于西周，其后在漫长的历史进程中，先后出现了两汉的察举制、魏晋南北朝的九品中正制和隋唐开始的科举制。

（1）发展历史

①**先秦考试制的萌芽：** 西周时期已形成人才考核选拔制度。先秦考试中德行与道义并重、育才与选官结合的特点对后世产生了深远的影响。

②**汉代察举制：** 察举制是汉武帝在董仲舒的建议下发展而成的一种完备的选官制度。察举制制度化的标志是汉武帝设孝廉一科。在察举科目上，孝廉是汉代察举中最重要的科目，还有茂材、贤良方正、明经科，体现了察举制德智并重的特点。在察举方式上，采取举荐加考试的方式选拔官员。在察举对象上，取士范围扩大到布衣之士。而在选举考试中，儒家学者极受优待，开创了察举制主要以儒术取士的新局面。

③**魏晋南北朝九品中正制：** 九品中正制是魏文帝时采用的选官制度，又称九品官人法。其主要做法是郡设小中正，州设大中正，由地方上有声望的人充任，将士人按"才能"评定为九等，实际上是按照门第高低列等，政府按等选用。

④科举制的发展： 科举制是由察举制演变而来，通过分科考试以成绩选拔人才的选官制度。科举制是隋朝的一大创举，经唐、宋、元、明、清各朝代的发展更加完备，清末1905年被正式废除，共存在了1300年，对封建社会产生了重大的影响。

a.产生于隋朝。 隋炀帝始置文才秀美科（后来发展成进士科），进士科的设置标志着科举制的创立。

b.完善于唐朝。 武则天开创了科举考试中殿试的形式，开武举选军事人才的先例，并实行糊名制防止作弊。另外，唐朝确定并完善了科举考试的程序、科目、方法。

c.宋朝进一步发展。 科举制成为取士正途，主要特点有：扩大科举名额；确定三年一贡举；殿试成为定试；建立新制防止科场作弊；等等。

d.元朝开始中落。 主要特点有：民族歧视明显；规定从《四书》中出题，以《四书章句集注》为答题标准；科举制日趋严密。

e.明朝是鼎盛时期，但开始僵化。 主要特点有：八股文成为固定的考试文体；学校教育纳入科举体系；新增童试；等等。

f.清朝进一步僵化。 清朝科场舞弊层出不穷，积重难返，学校完全沦为科举的附庸，丧失了作为教育机构的独立性。

（2）中国古代选士制度对封建社会的影响

①行政管理： 有利于加强中央集权，巩固封建统治。选士大权从地方官吏逐渐收归于中央政府，强化了中央集权的统治。

②制度本身： 选士制度逐步完备，是中国教育史上的宝贵财富，对当今的人才选拔仍具有一定借鉴价值。

③学校教育： 官方制定文教政策，鼓励世人积极求学，促进了学校教育的发展与完备，促进了私学的繁荣与发展。

综上所述，中国古代选士（取士）制度对当时的学校教育、社会等产生了重大影响，同时也为后来民国时期建立新的人才选拔考试制度以及考试科学化提供了重要的历史经验。

> **滴滴小提示**
>
> 阐述影响的常用维度：当时、后世；积极、消极；国内、国外；理论、实践；政治、经济、文化、人口、科技。

题目6 论述中国古代教育家的教师观

答： 教师观指人们对教师这一职业的认识和看法，其中包括教师的地位、作用、职业素养以及师生关系等内容。中国自古就有尊师重教的传统，早在古代对教师的认识就较为深刻，具体内容如下：

（1）中国古代教育家的教师观

①**孔子：**主张"性相近，习相远"的人性观，重视教育与教师的作用，并在日常教学中践行师德，深受弟子爱戴，开启了我国尊师重教的优良教育传统。他提出将"学而不厌、温故知新、诲人不倦、以身作则、爱护学生、教学相长"的品格作为教师应具备的基本条件。

②**荀子：**特别看重教师的权威，要求学生对教师要无条件地服从，主张"师云亦云"。正是由于教师的地位较高，所以对教师提出了严格的要求：有渊博的学问；有尊严和威信；讲课有条理而不违师法；见解精深而表述合理。

③**王充：**提倡"问难"与"距师"，反对"师云亦云"，主张面对权威，应大胆质疑，提出自己的见解，如此才能培养出创造型学术人才。总之，王充持有的是一种极富现代性的民主平等的师生观，具有先进性、科学性的特点。

④**韩愈：**撰写了中国古代第一篇集中论述教师问题的文章——《师说》。他认为教师的任务是"传道、授业、解惑"。以"道"为求师的标准，主张建立民主平等的师生关系，强调师生之间的关系是相对的，在一定条件下可以互相转化。

（2）中国古代教师观的特点（评价）

①**对教师：**特别注重教师个人的思想品德修养以及人格的完善。中国古代教育家都充分地认识到教育的社会价值和重要作用，但是他们都将建立和传播封建伦理道德作为教育的主要宗旨，因此教师必须是道德的楷模、社会的典范。

②**对学生：**特别强调教师对学生应有充分的认识，做到因材施教。在我国古代教育实践中，相当重视对人的研究，几千年前就开始注意到人的不同特点和不同生理阶段的不同心理特征。所以，因材施教的原则贯穿了中国古代教育家教育实践的全过程。

③**对社会：**教师的社会地位高，对教师的要求也高。中国古代教育家都十分强调社会应形成尊师重教的风气，与此同时，对教师的素质要求也就十分严格。

综上所述，我国古代教育家的教师观是积极向上且丰富多彩的。各教育家对教师提出的高标准，值得我们认真学习与研究；各教育家对尊师重教社会风尚的形成所做的努力，是对所有教师的警醒，时刻提醒着教师应该做到"学高为师，身正为范"。

题目 7 **20 世纪二三十年代苏联相继颁布实施了《国家学术委员会教学大纲》和《关于小学和中学的决定》。试论述其中有关系统知识教学与生产劳动相结合的规定及其实施结果**

答：（1）20 世纪 20 年代颁布《国家学术委员会教学大纲》

①1921—1925 年，苏联国家学术委员会的科学教育组编制并正式颁布了《国家学术委员会教学大纲》。其特点是完全取消学科界限，将指定要学生学习的全部知识，按自然、劳动和社会三个方面的综合形式来编排，并以劳动为中心。

②在实施综合教学大纲的同时，苏联的学校相应地改变了教学方法，开始采用所谓劳动的教学法，即在自然环境、劳动和其他活动中进行教学，主张废除教科书，广泛推行"工作手册""活页课本""杂志课本"。在教学的组织形式方面，主张取消班级授课制而代之以分组实验室制（道尔顿制）和设计教学法等。

③新大纲实施的结果：a.新大纲力图打破学科界限，加强教学内容同生活的联系，激发学生对改造周围生活的兴趣，但其破坏了各学科之间的内在逻辑，削弱了系统的基础理论知识的学习和基本的读、写、算能力的训练；b.中学毕业生数量少、质量差，与高速发展的经济建设很不协调。

（2）20 世纪 30 年代颁布《关于小学和中学的决定》

1931 年，为了满足苏联国家建设的需要并解决教育发展中的问题，苏联颁布了《关于小学和中学的决定》。

①**具体实施内容：** a.建议立刻组织对教学大纲进行马克思主义的科学研究工作，保证在教学大纲中有范围明确的各种系统知识；b.要求在学校中采取有助于培养主动的、积极的社会主义建设参加者的各种新的教学方法，坚决反对轻率鲁莽的教学法上的空洞计划；c.普通教育阶段一定要使学生有足够的读、写、算的能力，授予学生各种科学的基本知识，要求学校依据规定的教育计划和教学大纲等严格地进行各科教学；d.要求学生的一切社会生产劳动必须服从于学校的教育和教学目的；e.反对大规模地传播没有预先在实践中检验过的方法；f.恢复班级授课制。

②**实施结果：** a.该决定对于克服苏联普通学校工作中存在的缺点，进一步改进学校的教育、教学工作，提高教学质量，使之更加适合于社会主义建设的需要具有极其重要的意义，并且扭转了学生和教师醉心于参加工人和农民的一般劳动而忽视学校教育工作的错误倾向；b.在实际执行该决定的过程中，过分强调对学生的知识教育，导致学校教育工作走向了另一个极端，即忽视学生的劳动教育。

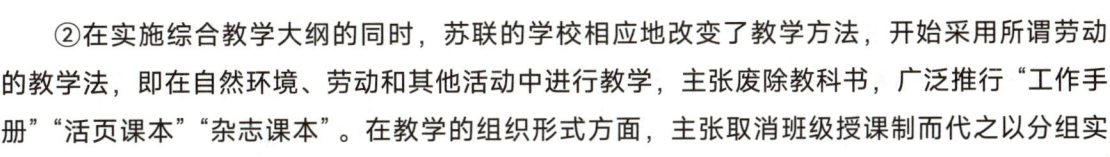

题目 8 **试论述二战后英国高等教育改革概况**

答： 第二次世界大战后英国高等教育改革概况如下。

（1）20 世纪 60 年代颁布《罗宾斯报告》

1963 年，为了探讨英国高等教育如何为社会服务这一重大问题，英国颁布了《罗宾斯报告》。报告建议应为所有在能力和成绩方面合格的并愿意接受高等教育的人提供高等教育课程，此建议后被称为"罗宾斯原则"。在这一原则的主导下，英国创办了英国教育史上具有划时代意义的新型高等教育机构——开放大学。它主要以成年人为教育对象，以现代化的教学手段和灵活的教学方式进行教学。

（2）20 世纪 80 年代颁布《雷弗休姆报告》

1981—1983 年，在雷弗休姆基金会的资助下，英国高等教育研究会连续发表了十多份高等教育调查报告。这些报告被合称为《雷弗休姆报告》。主要内容有：a.增加高等院校入学途径，加快培养各种专门人才，以适应振兴英国经济发展的需要；b.调整高等教育课程内容和课程结构，以适应知识综合化和职业多变化的需要；c.加强和改进高等教育管理，特别是要加强高校内部专业化管理，提高教学和科研水平，以承担更多的社会和经济课题；d.开辟更多的奖学金和助学金发放途径，促进学生学习，以减轻国家负担；等等。

（3）20 世纪 80 年代颁布《1988 年教育改革法》

1988 年，英国国会通过了《1988 年教育改革法》。该法废除了高等教育的"双重制"。"双重制"是指英国各类学院由地方管理，而大学则由中央管理的体制。根据新规定，包括多科技术学院和其他学院在内的高等院校将脱离地方教育当局的管辖，而成为"独立"的机构，并获得与大学同等的法人地位。该法对高等教育的管理和经费预算也作出了新的规定。

（4）20 世纪 90 年代颁布《1992 年继续教育和高等教育法》

1992 年，梅杰政府通过了《1992 年继续教育和高等教育法》，废除了存在将近 30 年的二元制，建立了统一的高等教育体制。主要内容有：a.国家学位授予委员会赋予多科技术学院学位授予权，同意将多科技术学院改名为大学，具有和大学相等的地位；b.统一了拨款机构，将教学与科研拨款分开；c.建立了新的高等教育质量保证体系，主要包括质量控制、质量审查和质量评估。

（5）20 世纪 90 年代发表《学习社会中的高等教育》

1997 年，为了检讨和评估《罗宾斯报告》以来英国高等教育政策和发展状况，制定面向 21 世纪的高等教育改革框架与发展战略，英国政府发表了《学习社会中的高等教育》咨询报告（《迪尔英报告》）。主要内容有：a.对英国高等教育的目的、模式、结构、规模、拨款、面临的教育危机以及未来 20 年的发展作出了具体规划；b.提出建立高等教育经费筹措机制、加强高等教育在地方和区域发展中的作用等多项改革建议。

题目9 论述赫尔巴特的兴趣观及兴趣观在其教育理论体系中的作用

答： 赫尔巴特是 19 世纪德国的哲学家、心理学家、教育家，被称为"现代教育学之父"。他提出把教育学建成为一门独立学科的设想，并提出了较为完整的教育思想体系，代表作是《普通教育学》。

（1）赫尔巴特的兴趣观

①**兴趣的含义：** 赫尔巴特认为，兴趣是一种将思维的对象保留在意识中的内心力量，是一种智力活动的特性，并具有道德的力量。

②**兴趣的地位：** 兴趣是统觉的前提条件，是课程与教学的基本依据。

③**兴趣的类型：** 把人类所具有的兴趣分为两大类，即经验的兴趣和同情的兴趣。

④**兴趣活动的过程：** 把兴趣活动划分为四个阶段，即注意、期待、要求和行动。

（2）兴趣观在其教育理论体系中的作用

①**在教育目的论中，赫尔巴特提出可能的目的和必要的目的。**培养儿童具有多方面的兴趣是"教育目的的第一部分"，也就是可能的目的，和儿童未来从事的职业有关。

②**在课程理论中，赫尔巴特提出经验、兴趣与课程，主张课程内容的选择与儿童的经验与兴趣相一致。**根据经验的兴趣设置自然、物理、化学、地理、数学、逻辑学、绘画等课程；根据同情的兴趣设置外国语、本国语、历史、政治、法律、神学等课程。

③**兴趣观是赫尔巴特确立教学形式阶段的重要依据。**赫尔巴特把兴趣分为注意、期待、要求、行动四个阶段，在此基础上提出教学形式阶段理论。在教学的明了阶段，学生的兴趣表现为注意；在教学的联想阶段，学生的兴趣表现为获得新观念前的期待；在教学的系统阶段，学生的兴趣表现为要求；在教学的方法阶段，学生的兴趣表现为行动。

题目 10 论述人本主义学习理论有哪些贡献与局限

答：（1）贡献

人本主义学习理论的贡献是多方面的，除了提出了人们耳熟能详的以学生为中心的教育理论，最主要的贡献有以下两点：

①**重视人的全面发展。**人本主义者将学习与人的整体发展联系起来，强调学习的目的是促进学习者人格的全面发展，是使学习者成为一个具有适应环境变化的能力、具有内在自由特性的人，并强调意义学习。

②**提出了一些颇具新意的教学模式。**人本主义者重视学习者的内心世界，对学习者的本质持积极乐观的态度，强调以学习者为中心，构建出典型的人本主义教学模式。主张创设自由、宽松、快乐的学习气氛，让学习者处于一个和谐融洽、被人关爱和理解的氛围中。

（2）局限

①**片面强调学习者天赋潜能的作用。**人本主义学习理论的一个核心假设是人性本善，并有求知的本能，这是一种片面强调遗传决定发展的观点，忽视了环境对教育的作用，过分强调天生潜能的自我实现，只会导致放任自流式的自由学习。

②**降低了教师在教育中的作用。**人本主义学习理论主张教师是学生的服务者，这种观点没有正确处理好教师与学生在教育中所扮演的角色，过于强调学生的中心地位，使教育成为一种"放羊式"的散漫教育。这与其教育目的是不相符的。

③**欠缺操作性。**人本主义学习理论由于太注重人文关怀而缺少严格意义上的科学研究，导致欠缺操作性。这主要体现在三个方面：第一，人本主义学习理论的概念不够明确；第二，人本主义学习理论一般只做陈述概念性的结论；第三，人本主义学习理论缺乏客观测量的依据。

④**忽视了逆境出人才的道理。**人本主义学习理论过于强调顺境出人才的道理，而忽视逆境出人才的道理。其过于强调要为学习者的心智成长和人格完善创造一个良好的外部环境，但是适度的顺境和适度的逆境对人才的成长都有好处，不宜强调一方而忽视另一方。

题目 11 论述建构主义学习理论的积极影响与局限

答： 建构主义学习理论强调学习过程中的积极主动性，对新知识的意义建构性和理解的创造性，强调学习的社会性质，重视教师与学生之间、学生与学生之间的相互作用对学习的影响。

（1）积极影响

①建构主义学习理论拓展了学习研究的领域。 早期的行为主义学习理论和认知主义学习理论与自然情境和生活情境无关，而建构主义学习理论从产生时起，不仅重视学校、课堂中的学习，还重视日常生活中的学习，从而使其自身有更好的生态效度。

②建构主义学习理论深化了关于知识学习的本质性认识。 建构主义学习理论认为，知识是主体利用已有的经验图式建构客观世界的过程，学习是一种自发组织的认知结构的改变过程。建构主义学习理论关于知识、学习这种认识论立场，实现了由客体到主体、由外部向内部的认识论倒转。

③建构主义学习理论提供了多种具有启示意义的教学模式，促进了教学的改革。 建构主义研究者十分重视建构主义学习理论同教育教学实践的密切结合，成功开发了抛锚式教学、认知学徒制、支架式教学、随机通达教学等多种教学模式，推进了基础教育的教学改革。

（2）局限

①主观经验主义倾向。 建构主义学习理论只承认主观经验世界的知识建构，无视客观世界的真实存在，特别是激进建构主义的学习理论，强调知识只能来源于个体主观经验的建构，认为世界的真实性是不得而知的，具有狭隘的唯我论的主观经验主义倾向。

②实用主义倾向。 建构主义学习理论认为学习是一个自我建构知识以适应环境的自生产系统，即认识的功能是适应，是用来组织经验世界的，不是用来发现本体现实的，其最终目的不在于追求真理，只是一种实用的考虑。

③怀疑主义、相对主义倾向。 建构主义学习理论不承认真理的客观性，认为每个人只能建构出他自己经验的世界，以人的相对意义赋予或取代客观真理性，这样建构主义学习理论就走向了怀疑主义，同时建构主义学习理论过于强调主体建构，易陷入相对主义的泥潭。

④太看重先备知识的价值， 没有看到言语的局限性和价值观、兴趣爱好等对学习新知识的影响。

题目 12 论述如何提高学生的成就动机

答： 成就动机的水平与完成学业任务的质与量紧密相关。高成就动机者在没有外力控制的环境下仍能保持好的表现，在经历失败的过程中，具有较强的坚持性、很强的自信心和内归因。

（1）强化成就意识

强化成就意识分为榜样强化和目标强化两个方面： a. 榜样强化。发动学生利用课余时间搜集有关历史伟人的故事、范例，利用其对学生进行说理，激发学生勤奋学习，树立远大理想，即培养高层次成就需要。b. 目标强化。帮助学生根据自身的学习基础，确立具体、合适的短期学科学习目标，在不断战胜自己的过程中，提高自己的成就动机水平，同时养成良好的学习习惯。

（2）设置中等难度的任务

根据阿特金森的理论，成功率为中等的任务会具有适当的挑战性，能提高学生的行为水平，让学生产生自豪感、自信心和满足感。学生一旦选择具有中等难度水平的挑战性任务，就能调动自己的注意力、兴趣和活力去学习，就会期待成功。因此教师要注意以下几点：a. 每一种选择成功的可能性是清晰而非模糊的；b. 将强加的外在约束控制在最低限度；c. 最后的报偿随难度的变化而变化；d. 最后的收益是可被期望的。

（3）利用期望效应

期望效应也称"皮格马利翁效应"，是指学生会按照教师或父母的期望来塑造自己的行为。教师在课堂内外要传达自己的期望。只有教师把学生看作渴望学习的人，学生才能成为渴望学习的人。教师要避免传递这样的信息，即认为学生不喜欢学习活动，或他们学习只是为了得高分。更可取的方式是，教师把学生看作是积极的、有强烈的成长动机的学习者，他们喜欢学习，并且努力带着理解的态度学习。

（4）营造成功的课堂氛围

课堂教学活动是师生进行交流的主阵地。教学中要根据学生的基础知识、能力的客观差异进行因材施教，不同的问题让不同能力的学生回答，并要在课堂上对学生的行为给予及时、积极的评价。另外，练习的设计要有弹性，让学生有选择的余地，不用统一的标准衡量学生，尽可能地让他们都体验到成功的乐趣。

题目 13　论述如何进行正确的积极归因

答：对学习结果的归因往往影响着学生的学习动机，从而左右着学生日后的学习行为。

（1）引导学生客观归因

教师要引导学生进行客观归因，尽量将学习上的成功归因于自己的能力和努力，而不是任务难度和运气。这可以进一步提升他们的自信心，同时促进下一项任务的完成，使他们最终达到目标。

（2）根据不同的学习阶段进行归因

在引导学生进行归因时还要考虑学生所处的学习阶段，在技能获得的不同阶段引导学生进行不同的归因。例如，应鼓励学生在学习的初期将成功归因于努力，到后期将成功归因于能力。

（3）帮助学生建立积极的自我概念

自我概念是个人经验的产物，影响着学生对新事件的加工和解释。自我概念水平高的学生往往把成功归因于个人的能力和努力，把失败归因于努力不够，因而失败不仅不会降低学生的自信心，反而会激发他们的学习动机。教师在日常工作中要慎重地评价学生，注意引导学生建立积极的自我概念。

除此之外，教师自身的归因信念、对学生的情绪反应和行为也影响着学生的归因。教师的同情会导致学生将考试失败归因于自己能力低下，使学生降低自我概念水平，降低对成功的期望，而教师的愤怒反而是对自己缺乏努力的反应。

题目 14 论述当代教育的发展趋势

答：随着社会的发展，当代教育除具备现代教育的一些特征之外，从世界范围来看，还体现出全民化、现代化、国际化、终身化、信息化、多元化、社会化等发展趋势。

（1）教育全民化

教育全民化是指人人都享有平等的受教育的权利，必须接受一定程度的教育。国际上的《世界全民教育宣言》《达喀尔行动纲领》《2030 教育行动框架》等文件都充分体现了各国对未来一个时期全球教育发展的共同愿景，彰显了世界教育发展全民化的趋势。

（2）教育现代化

教育现代化是指教育将社会现代化的理念和要求逐渐现实化的过程。教育现代化包括教育观念、教育内容、教育体制机制、教育手段方法、教育管理和教师素质等方面的现代化。当今世界众多国家都把实现教育的现代化作为本国社会现代化发展进程的重要组成部分。

（3）教育国际化

教育国际化是指以国际的视野和全球认同的方式，构建教育发展和运行的完整体系和管理制度。当今世界各国联系日益紧密、交流日益频繁，追求教育的国际化是世界教育发展的一个显著趋势。

（4）教育终身化

20 世纪 60 年代，法国学者保罗·朗格朗在《终身教育引论》中首次明确揭示了终身教育的内涵，即一个人一生各阶段中所受的各种教育的总和。1972 年，联合国教科文组织国际教育委员会在《学会生存——教育世界的今天和明天》中对终身教育进行了进一步的论述和确认，使这一教育理念成为世界各国教育发展的指导原则和共同追求。

（5）教育信息化

教育信息化是指在教育领域全面深入地运用现代信息技术来提升教育现代化水平的过程。其技术特点是数字化、网络化、智能化和多媒体化，基本特征是开放、共享、交互、协作。教育信息化的发展，带来了教育形式和学习方式的重大变革。

（6）教育多元化

教育多元化是对教育单一性和统一性的否定，是世界物质生活和精神生活多元化在教育上的反映。教育多元化的具体表现：a.教育研究多元化；b.办学形式多元化；c.教育文化背景多

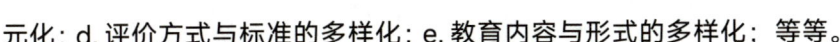

元化；d.评价方式与标准的多样化；e.教育内容与形式的多样化；等等。

（7）教育社会化

教育社会化既表现为"教育社会""学习化社会"的构想，也表现为教育与社会的联系普遍化、直接化，教育问题和社会问题交叉呈现。教育不仅是学校等专职机构的事业，还是全社会的事业。

总之，社会在不断发展，教育作为社会的一个子系统，会随着社会的发展而不断发展。

> 🧑 **滴滴小提示**
>
> 对于当代教育的发展趋势，可以从教育对象、教育时空范围、教育内容、教育手段和方式方法等方面总结。

综述题

第三部分
启示题 ✦

题目1 论述孔子的教师观及其启示（现实意义）

答： 孔子，名丘，字仲尼，春秋时期鲁国人，是中国古代伟大的思想家、教育家，儒家学派的创始人。他开创了私人讲学之风，并编订了"六经"。在长期的教育实践活动过程中，孔子形成了系统科学的教师观，具体论述如下：

（1）孔子的教师观

略。（参考上篇P4）

（2）启示

①**观念上：学而不厌、诲人不倦**。学而不厌是教人的前提条件，身处知识爆炸的时代，教师想要教好书、育好人，需要不断地学习才能应对各种挑战。诲人不倦强调教师要有耐心、责任心，积极主动承担育人职责，为国育人、为党育才，践行教育的初心和使命。

②**行为上：以身作则、爱护学生**。身教重于言教，教师要以自己的良好道德言行来教育和感化学生，为学生树立典范。尊重爱护学生，全方位关心学生，认识到每个学生都希望在重要他人面前保持良好的自我形象。教师是学生成长过程中的重要他人，所以要多给学生积极正向的反馈。

③**方法上：启发诱导、因材施教**。教师应帮助学生养成积极思考的行为习惯，自觉学习科学知识，提高分析问题和解决问题的能力。要从学生现有的发展水平出发，有的放矢地进行教学，正如墨子所说："深其深，浅其浅，益其益，尊其尊。"要使每个学生都能扬长避短，达到全面发展与个性发展的统一。

④**结果上：温故知新、教学相长**。温故知新是教师专业成长的有效途径。教师教学与学生学习之间是相互促进、相互影响的。教师不仅仅是讲授者，本身也是教学中的受益者，教与学是师生相互陪伴、共同成长、相互促进的过程。

综上所述，孔子作为"万圣先师"，其教师观内容丰富、思想深刻、意义深远，经过社会历史和时代的检验，对当今教师的发展具有重要意义。

🧑 滴滴小提示

写启示或评价时，有两种方法：

①**一一对应法**。写完每一部分内容后紧跟着写启示，也可以主体内容写完后，再集中一一对应地写启示。本题采用后者，这种方法的优点是清晰易懂，不会漏点、少点。

②**归纳总结法**。遵循先写完主体内容再写启示的原则，但启示与主体内容不再是一一对应的，可能

是多条内容里面包含一条共通的启示，也可能是一条内容中包含多条启示。这种方法的优点是减少重复，归纳性强。

题目2 论述孔子的道德教育思想，并谈谈其对当今德育改革的启示

答：孔子，名丘，字仲尼，春秋时期鲁国人，是中国古代伟大的思想家、教育家，儒家学派的创始人。他开创了私人讲学之风，并编订了"六经"。他提出了丰富、系统、全面的教育思想，是我国德育思想的先驱。

（1）孔子的德育论（道德教育思想）

略。（参考上篇P3）

（2）对当今德育改革的启示

①**在德育目标上**，由"德才兼备的君子"到"立德树人的根本任务"，本质相同，表述有异。强调道德教育是人才培养的重要根基，启示德育要重视道德的全面养成，实现较高的道德追求。

②**在德育内容上**，由"仁礼为主"到"真善美与时代共同之德"，涉及面广，内容丰富。启示德育不仅要重视个人品德，还要注重社会公德的全面养成。

③**在德育方法上**，由"立志、克己、力行、中庸、内省、改过"到"知、情、意、行全面注重"，环节连续，方法多样。启示品德可以通过多种方法养成，应坚持德育的一致性、连续性。

④**在德育评价上**，由"个体价值的实现、社会需要的满足以及具体德育目标的达成三者相统一"到"过程性、多元性、综合性评价"，体现对德育实际效果的重视。启示德育评价要注重过程性、方法多样性、内容全面性，突出情境性、综合性、实践性。

总之，孔子的道德教育思想中有许多合理的因素和积极的成果，对当今的德育改革依然具有启示意义，我们要学会继承、吸收和发展其中的精髓，促进教育立德树人的根本任务的实现。

滴滴小提示

针对教育家的某部分思想谈启示这类题，同学们要学会聚焦在那部分思想上，针对性地分点谈启示。也可以参照泰勒的目标模式，这个模式可以说是万能的，因为不管做任何事情或解答任何问题都可以遵循"目标—内容—实施—评价"的逻辑展开。

题目3 论述蔡元培改革北大的措施及其对我国"双一流"高校建设的启示

答：蔡元培是中国近代著名的资产阶级革命家和民主主义教育家。1917年任北京大学校长后，他以自由、民主的原则对北大进行改革，为中国高等教育开辟了一片新天地，被毛泽东誉为

"学界泰斗，人世楷模"。

世界一流大学和一流学科简称"双一流"，是中共中央、国务院作出的重大战略部署，有利于提升中国高等教育综合实力和国际竞争力，为实现"两个一百年"奋斗目标和实现中华民族伟大复兴的中国梦提供有力保证。

(1) 蔡元培改革北大的措施

略。(参考上篇 P18)

(2) 对我国"双一流"高校建设的启示

①**学术研究为大学发展之根**。大学拥有三大职能，分别是教学、科研和为社会服务。尽管二战后的高校科研地位发生了重要变化，但尚未改变大学以教学为主的状况，所以大学应在保证教学质量的前提下提升其科研实力。因为高校的科研水平直接决定了高校的发展水平，所以所有高校的综合科研水平决定了社会的发展水平。

②**思想自由为大学办学原则**。a. 树立良好的校园风气，允许各学派思想自由发展，坚持"学诣"第一的原则；b. 高校研究内容自由；c. 教师聘用自由，重视学诣，吸纳人才；d. 教育对象自由广泛、不设限；e. 高校服务社会自由。

③**民主管理为大学政策之保**。教授治校、民主管理，成立各种组织，参与学校管理。一方面能提高管理决策的科学性、民主性，如设立教学委员会、家长委员会、专家评议会等；另一方面对学术发展起促进作用，充分发挥专家学者的辐射带动作用。

④**丰富多样课程为大学之要**。a. 发展通识课程，打造精品课程，完备专业课程；b. 加强学科联系，打破学科壁垒，加强实际应用；c. 全面提高能力，培养健全国民。

⑤**自然个性教育为大学之方**。a. 吸收借鉴西方自然主义教育思想，反对强制划一，尊重自然、展示个性；b. 反对注入式、填鸭式教学，主张学生自觉、自学、自动、自助式学习。

综上所述，蔡元培改革北大的这些举措影响深远，不仅让北大焕然一新，成为中国首屈一指的著名高等学府，也是中国高等教育近代化发展过程中的里程碑。我们应结合当前社会实际加以借鉴学习，以求达到进一步完善我国高等教育的目标，积极推进"双一流"高校的建设。

题目 4 **论述《郎之万－瓦隆教育改革方案》的主要内容及其对教育民主化的启示**

答：1947 年，以法国著名物理学家郎之万为主席和著名儿童心理学家瓦隆为副主席的教育改革委员会提交了《郎之万－瓦隆教育改革方案》(以下简称《方案》)。该《方案》批评了法国教育的弊端，对各级各类学校的组织和制度以及教育内容和方法，提出了具体的改革意见。

(1)《方案》的主要内容

①《方案》提出了二战后法国教育改革的六条原则：a. 社会公正；b. 工作和学科价值平等；c. 人人都有接受完备教育的权利；d. 在加强专门教育的同时，适当注意普通教育；e. 各级教育实行免费；f. 加强师资培养，提高教师地位。

②**实施 6~18 岁学生的免费义务教育**。这种教育具体划分为三个阶段：第一阶段为基础教育阶段（6~11 岁）；第二阶段为方向指导阶段（12~15 岁）；第三阶段为决定阶段（16~18 岁）。

③**《方案》对高等教育进行了设计**。在义务教育的第三阶段之后，在学术型学校结业的学生可进入一年制大学预科接受教育，然后进入高等学校学习。

（2）对教育民主化的启示

①**注重社会公正和价值平等**。《方案》提出社会公正和工作、学科价值平等原则，学制中设置方向指导阶段，要依据学生的能力和兴趣选择学生未来的发展方向。

②**注重学生接受完备教育的权利，为学生建立完整、有保障的学制系统**。《方案》提出人人都有接受完备教育的权利，并建立了 6~18 岁完善的学制系统，还对高等教育进行了设计。

③**免费教育有利于教育民主化的发展**。《方案》提出实施 6~18 岁学生的免费义务教育，降低了受教育的门槛，有利于全体儿童接受教育。

④**提高师资待遇和社会地位，加强师资培养**。师资是教育发展的基础，雄厚的师资力量有利于教育体量的扩大和质量的提升，从而促进教育民主化的发展。

⑤**教育民主化的发展有赖于社会经济、文化等的繁荣**。《方案》制定了教育的原则和学制，但因社会问题并未付诸实施。教育是社会中的子系统，只有经济、文化等因素稳定、繁荣，教育民主化发展才有有力保障。

题目5 论述杜威对传统教育思想的批判与超越

答：杜威是 20 世纪美国著名的哲学家、社会学家和教育家。被称为"哲学家们的哲学家"。杜威的代表作《民主主义与教育》最集中、最系统地表述了他的教育理论。杜威对传统教育思想的论述如下：

①**在教育本质上**，杜威提出"教育即生活""教育即生长""教育即经验的改造"这三个命题。

a."教育即生活"的提出在当时教育严重脱离社会生活的情况下，有利于使教育参与生活，通过教育改造社会生活。

b."教育即生长"批判传统教育不考虑儿童的心理特点，压抑儿童的个性，置儿童于被动地位，主张教育要重视儿童自身的能力和主动性。

c."教育即经验的改造"克服了经验与理性的对立，拓宽了经验的外延，强调经验过程中人的主动性。

②**在教育目的上**，杜威认为以往的社会、政治需要决定的教育目的是"教育过程以外"的目的，是外在的、虚伪的目的。杜威认为：

a.教育无目的（"教育即生长"）：由儿童的本能、冲动、兴趣所决定的具体的教育过程（"生长"），就是教育的目的。

b. 教育的社会性目的是民主，为社会进步服务，为民主制度完善服务。教育是社会进步及社会改革的基本方法，学校是社会进步和改革的最基本和最有效的工具。

③**在课程与教材上**，杜威提出了以下三点：

a. 批判传统课程。杜威强烈反对传统教育所使用的以既有知识为中心的课程和教材，认为这种教材违反了儿童的天性，超出儿童已有的经验范围。

b. "从做中学"。在经验论的基础上，杜威要求学生从做中学、从经验中学，要求以活动性、经验性的主动作业取代传统书本式教材的统治地位（如开设园艺、烹饪、印刷、纺织、油漆、绘画、唱歌等经验性课程）。

c. "教材心理化"。"教材心理化"是指把各门学科的教材或知识各部分恢复到它所被抽象出来的原来的经验，就是把间接经验转化为直接经验，即直接经验化。之后再把直接经验组织化，从而形成能提供给有技能的、成熟的人的教材形式。

④**在思维与教学方法上**，杜威反对以教师、教科书、教室为中心的传统教学方法，推崇"从做中学"的方法，这是一种在经验的情境中思维的方法。杜威力倡反省思维，即对某个经验情境中的问题进行反复、严肃、持续不断地思考，其功能在于求得一个新情境，把困难解决、疑虑排除。

⑤**在道德教育上**，杜威反对传统的个人至上论和社会至上论，认为道德教育的主要任务是协调个人与社会的关系，认为道德教育的目的是培养时代的新人，提出学校德育的三位一体。

总之，杜威全部的教育理论都是针对传统教学中的种种弊端提出来的，是对传统教育的批判和超越，对美国教育的许多制度和方法都产生了重大影响。

题目 6　论述终身教育思想及其对当今学习化社会建设的意义

答： 在现代欧美教育思潮中，终身教育是一种在国际上具有重要影响的教育理论。终身教育产生于 20 世纪 20 年代中期的英国，兴起于 20 世纪 50 年代中期的法国，20 世纪 60 年代后在世界上得到广泛的传播。终身教育的代表人物是法国成人教育理论家保罗·朗格朗，代表作是《终身教育引论》。

终身教育包括了教育的各个方面、各项内容，从一个人出生的那一刻起一直到生命终结时为止的不间断的发展，也包括了在教育发展过程中的各个阶段之间的紧密而有机的内在联系。它既包括纵向的一个人从婴儿到老年期各个不同发展阶段所受到的各级各类教育，也包括横向的一个人从学校、家庭、社会各个不同领域所受到的教育。

（1）主要观点

①终身教育的缘由：使人能够在各方面做好迎接社会新挑战的准备。

②终身教育的目标：培养具有终身学习能力和意愿的人，实现更美好的生活，使人过一种更和谐、更充实和符合生命真谛的生活。其具体目标包含两个方面，即培养新人和实现教育民主化。

③终身教育没有固定的内容和方法，任务是学会学习。

④终身教育是未来教育发展的战略，对于实现教育机会均等和建立学习化社会有积极意义。

（2）对当今学习化社会建设的意义

①终身教育模式的确立有利于教育民主化。学习化社会应该保障每个人终身受教育的权利。终身教育制度为每个人的终身教育提供了教育机构和个性化的教育，社会结构将朝着有利于个性发展的方向变化。

②终身教育模式的确立有利于冲破传统学校的僵化体制。在终身教育的理念下，学校不再是封闭的、与社会隔绝的场所，而是为社会服务的文化和教育中心，从学校毕业是教育的开始而非终结。因此，学校的教学组织形式、内容和手段都会更加灵活多样。

③终身教育思想推动了师生关系的变革。教育不再是教师向学生单向传递知识，而是培养学生终身学习的意愿和能力，师生关系将更加开放、民主。

④终身教育思想为学习者的终身发展、自我完善提供了道路，为个人的终身学习提供了更便捷、更全面的方式。

终身教育理论兴起后，便在教育领域中引起了一场广泛而深刻的革命，终身教育已成为建设学习化社会的象征。以"学会生存""学会学习""学会关心"为宗旨的终身教育理论和模式必将改变世界教育的面貌。

题目7 论述多元智力理论的教育启示

答：在推进我国教育改革不断深入的新形势下，运用多元智力理论分析我国的教育问题，对于促进我国的教育改革和学生素质的全面提高有着重要的启示。

（1）树立积极乐观的学生观

①学生智能。根据加德纳的多元智力理论，学生的智能类型和发展水平存在着较大差异，每个学生都有自己的优势智力，有自己的学习风格和方法，学校里没有差生，只要为他们提供合适的社会环境和教育，他们都能够成为社会需要的多种类型的人才。

②教师态度。教育工作者只有确立了科学的学生观，才能从内心深处对学生的发展持乐观的态度，才能真心地对待每一个学生，才能帮助学生成为社会所需要的多种类型的人才。

（2）树立个性化的课程观

①"为多元智能而教"。这就要求教师公平对待学生的多种智能，向全体学生全面展示多方面的智能领域，设计和开发出适合学生智能分布特点的课程，开发其多元智能。

②"通过多元智能来教"。这就要求教师充分领会多元智能的深刻内涵，真正做到以多元智力理论为教学指导思想，公平对待每一位学生和每一种智能，把他们摆在同等重要的位置上，把学生的智能领域和学科课程的教学有机地结合起来，形成良性互动，提高课堂教学的实际效果。

启示题

（3）树立"对症下药"的教学观

①针对不同智力特点"对症下药"。加德纳的多元智力理论认为，不同的智力领域都有自己独特的发展过程并使用不同的符号系统。因此，教师的教学方法和手段应根据不同的教学内容而有所区别。

②针对不同学生"对症下药"。根据加德纳的观点，学校教育的宗旨应该是开发多种智力并帮助学生发现适合其智能特点的职业和业余爱好，形成了"以个人为中心的学校"模式。这种学校非常重视学生的个体差异，在教学过程中真正做到了因材施教。

（4）树立灵活多样的评价观

①树立多元化的评价观。我们的教育应该通过多种渠道，采取多种形式，在多种不同的实际生活和学习情境下进行，切实考查学生解决问题的能力，以及创造出精神产品和物质产品的能力。

②教师应从多方面观察、评价和分析学生的优点和缺点。以通过多方面观察、评价和分析学生的优点和缺点得来的资料为依据选择和设计适宜的教学内容和教学方法，使评价切实成为促进每一个学生充分发展的有力手段。

题目8 论述人本主义理论的教学应用

答： 罗杰斯等人本主义心理学家从他们的自我实现理论及"患者中心"思想出发，在教育实践中倡导以学生经验为中心的"有意义的自由学习"，推动了教育改革的发展。主要表现如下：

（1）重视学习者的内心世界

关注学习者在学习过程中的情感、兴趣、动机、潜在智能等心理活动，主张设身处地为学习者着想，使他们感受到学习的乐趣，从而全身心地投入学习。

（2）对学习者持积极乐观的态度

人本主义心理学家反对强制学习者适应学校，不重视整个人全面发展的传统教育目标；提倡教育目标应该指向学习者的创造性、目的和意义，这就要求教师应当充分地尊重、了解与理解学生，创设自由、宽松、快乐的学习氛围，激发学生的学习积极性，从而促进学生的学习与成长。

（3）对教师的态度定势与教学风格的重视

人本主义心理学家重视师生关系、课堂气氛及群体动力的作用，特别是促使教师更加重视与研究人际关系与人际感情，诸如自我概念与自我尊重等问题；促使教师从学生的外部行为理解其内在的动因；促使教师在讲授知识中正确地理解自己。

（4）重视有意义学习与过程学习

人本主义心理学家主张的"做中学"和在学习过程中如何学习的观点，有利于在教育教学中消除教师与学生、学与做、目的与手段之间的对立，使学习成为乐趣。

题目9 论述建构主义教学理论及其对我国基础教育教学改革的启示

答：（1）主要观点

①教学不是传递客观而确定的现成知识，而是激发学生原有的相关知识经验，促进学生进行知识建构活动的过程。

②教学要为学生创设理想的学习环境，为学生提供丰富的信息资源、处理信息的工具以及适当的帮助和支持，以促进学生知识经验的重新组织、转化和改造。

③教学的目的是帮助学生进行知识的意义建构，以培养学生的探究能力和创新能力为目标。

④教学评价要重视评价学生知识建构的过程。

（2）启示

①**改变教育观念，重视学生的主体地位。**"注入式""满堂灌"的传统教学方式置学生于被动地位，不利于学生学习的主动性和积极性的发挥，而建构主义认为，学生对知识的掌握只能用他自己的意义建构去完成。因此，教育工作者要转变教育教学观念，把学生视为学习的主体，通过各种方式调动学生学习的主动性和积极性，使他们能够勤于思考、勇于探究，不断追求和探索新知识。

②**加强课程研究，体现课程内容的多样性、实用性和趣味性。**课程内容及其编排直接决定了师生之间教与学的方式，是影响教学改革的关键。因此，要用现代的课程与新的教学研究成果对我国基础教育课程内容进行全面、系统的改造，加强课程内容与学生实际生活的联系，以便引导他们运用原有知识经验在活动与交往中，进行知识经验的重新组织、转化和改造，不断提高自身的综合素养。

③**改变教学方式，倡导学生的自主学习、合作学习和探究学习。**基于对学习本质的理解，建构主义要求教学以学生为中心，反对学生被动学习和接受学习，倡导学生通过自主、合作和探究的学习方式实现对知识的意义建构，并以此来培养学生的创新能力和探究能力。

④**改革评价制度，构建科学完善的教学评价体系。**教学评价制度是影响教学改革进程和效果的重要因素，基础教育改革要尽快建立和完善科学实用的教学评价体系，重视对学生知识建构过程的评价，发挥教学评价促进教师和学生发展、提高教学质量的功能。

题目10 联系实际论述分科课程和综合课程的关系及其对我国基础教育课程改革的启示

答： 分科课程也叫学科课程，是根据学校培养目标和科学发展，分门别类地从各门科学中选择适合学生年龄特征与发展水平的知识所组成的教学科目。

综合课程，又称"广域课程""统合课程""合成课程"，其根本目的是克服学科课程分科过细的缺点。它采取合并相关学科的办法，减少教学科目，把几门学科的教学内容组织在一门综合学科之中。

启示题

(1) 关系

从课程的组织形式来看，分科课程和综合课程属于两类不同且相对应的课程。

①**分科课程是一种单学科的课程组织形式**。它是从分门别类的学科知识中选取相应内容，按照各学科知识的自身逻辑组成不同学科的课程。它强调不同学科门类之间的相对独立性，强调一门学科逻辑体系的完整性。

②**综合课程是一种双学科或多学科的课程组织形式**。它是出于对现实生活和实际问题的复杂性认识，试图用两种或两种以上学科的知识和方法，探究和解决同一项目主题或问题的课程。它强调不同学科之间的关联性和统一性，旨在弱化学科之间的界限。

(2) 启示

①**在课程结构方面**，根据不同地区和学生发展的需求，设置不同的课程门类，体现课程结构的均衡性、综合性和选择性。

②**在课程内容方面**，改变课程内容"难、繁、偏、旧"和过于注重书本知识的现状，加强课程内容与学生生活以及现代社会和科技发展的联系，关注学生的学习兴趣和经验，注重不同课程内容之间的关联性，可进行跨学科主题教学。

③**在课程实施方面**，不能单纯强调以教师为主导的授受，要倡导学生主动参与、乐于探究、勤于动手，培养学生搜集和处理信息的能力、获取新知识的能力、分析和解决问题的能力以及交流与合作的能力。

总之，分科课程和综合课程各有特点与不足，在课程设置与编制上，应根据不同需要与情况，分别发挥两种课程不同的特点与作用，以更好地促进学生的发展。

第四部分
热点题 ✦✦

题目 1 习近平总书记提出"四有"好老师的标准，孔子也对教师提出一些具体的要求，请将二者结合起来谈谈你的看法

答：(1) 孔子的教师观

略。（参考上篇P4）

(2) "四有"好老师的标准

"四有"即有理想信念、有道德情操、有扎实学识、有仁爱之心。理想信念是教师的根基，怀揣着坚定的理想信念，努力践行社会主义核心价值观；道德情操是教师的核心，影响着教师的思想和行为；有扎实学识要求教师要不断提高教学水平，用坚实的知识功底为学生做好帮扶和引导；有仁爱之心强调教师应用广博的爱去教化学生，教会学生用爱去与他人相处。

(3) 通过比较发现二者具有以下特征

①**继承性**。a. 在师德要求上，孔子提出教师要"以身作则"；"四有"好老师要求教师"有道德情操"，继承了孔子的师德观。b. 在知识要求上，孔子提出教师要"学而不厌、温故知新"；"四有"好老师强调教师要"有扎实学识"，继承了孔子对教师知识素养的重视。c. 在师生关系上，孔子强调教师要"爱护学生、诲人不倦"；"四有"好老师要求教师要"有仁爱之心"，继承了孔子的教师要关爱学生的思想。

②**创新性**。a. 在师德创新上，"四有"好老师除了强调师德，更强调教师的理想信念，从教师私德到公德全面提升教师的道德素养。b. 在学识创新上，"四有"好老师对教师的知识要求更宽泛，强调教师既要有学科知识，还要有广博的科学文化知识以及教育学、心理学等知识，要求教师的知识面更加丰富。

③**时代性**。a. "四有"好老师更强调教师的理想要与当今国家的发展紧密相关，要求教师坚定地为社会主义培养建设者和接班人，相信教育的力量。b. "四有"好老师更强调教学内容、教学方法与教学手段等都要具有时代性，以适应现代化信息社会。

综上所述，"四有"好老师的标准继承了孔子的教师观，且更具有创新性与时代性。虽然二者在具体的教学内容和道德要求上有所不同，但整体的思想是一脉相承的。

👤 **滴滴小提示**

本题看似是教育热点题，实则是比较题。解题的关键在于将孔子的教师观与"四有"好老师关联起来，寻找其中的内在逻辑，分析出后者对前者的继承在哪里？创新在哪里？

题目2 论述"朱子读书法"的内容和要点，再谈谈当代社会快餐文化与"朱子读书法"二者之间有何区别

答：(1)"朱子读书法"的内容和要点

略。（参考上篇P12）

(2) 快餐文化

快餐文化比喻追求速成、通俗、短期流行，不注重深厚积累和内在价值的文化现象，如看名著只看精简版、想学东西只报速成班等。快餐文化是人们生活节奏加快、对名利过多追逐的产物，也是人们只求其名不求其实的表现。

(3)"朱子读书法"与当代社会快餐文化的区别

①**学习目标。**a."朱子读书法"：通过一系列方法的指导与读书过程最终要达成的目标是"存天理，灭人欲"，发挥"气质之性"中的"善性"，养成"仁、义、礼、智、信"等各种优秀精神与品质。b.快餐文化：由于具有短时、速成、便捷、高效等特点，所以它是一种功利主义的读书观。

②**学习内容。**a."朱子读书法"：大多涉及儒家圣贤伦理道德之书，其结构性、系统性强。b.快餐文化：内容狭窄，范围有限，往往只关注对自己有利、自己最感兴趣的内容，容易陷入"信息茧房"，难以适应社会发展、满足社会需要。

③**学习方式。**a."朱子读书法"：遵循人学习、读书、身心发展的规律，合乎顺序性、阶段性、连续性、主动性、差异性、反思性等特点。b.快餐文化：用他人的阅读体验代替自我的学习过程，往往采用走马观花、浅尝辄止、表面学习的方式方法。

④**学习评价。**a."朱子读书法"：经过时间和社会的检验，集中反映了中国古代读书研究成果。让学生掌握学习方法，促进学生深度学习、有意义学习、自主学习，最终养成学生应具备的、能够适应其终身发展和社会发展需要的品格、关键能力和正确的价值观。b.快餐文化：以"短、平、快"为主要特点，满足了受众的需要，但缺乏直接经验、深度思考等环节，导致学习质量和效果大打折扣，最终不利于学生理解能力、思维能力的发展与提升，更不用说培养学生自主学习的态度与习惯了。

综上所述，"朱子读书法"与快餐文化具有较大的差异，但我们可以充分利用二者的优势，提高学习质量与效率。建议利用整块可支配的学习时间系统地涉猎各种经典书籍，过程中可使用"朱子读书法"进行深度学习、分析性学习，养成正确的读书观。另外，可以充分利用现代信息技术，在网络平台上学习各种新知识、新技能，促进个体知识技能更新换代，紧跟时代发展的步伐。

题目3 结合我国教育实际，谈谈怎么提升学生的核心素养

答：核心素养主要指学生应具备的、能够适应终身发展和社会发展需要的必备品格和关键能

力。中国学生发展核心素养以培养"全面发展的人"为核心，分为文化基础、自主发展、社会参与三个方面。提升学生的核心素养的途径有：

（1）以核心素养为导向，优化课程体系

落实培养目标，需要依靠课程。课程标准的研制、教材的开发、课程资源的建设，都要紧扣核心素养这个育人目标，都要与核心素养精准对接，并以核心素养为中心，不断精简内容，优化结构，加强跨学科学习，做到减负增效。我国在素质教育方面取得了显著成效，但也存在课程和教材的系统性、适宜性不强，学生的社会责任感、创新精神和实践能力较为薄弱等问题。要解决这些问题，就要建立以"学生核心素养"为统领的课程体系，以更好地培养学生的核心素养。

（2）以核心素养为导向，改革教学方式

学生核心素养的培育，要求改革传统的"满堂灌""题海战术"等教学方式，运用启发式、探究式、讨论式、参与式等教学方式，激发学生的好奇心，培养学生的兴趣爱好，营造独立思考、自由探索、勇于创新的良好环境，让学生学会发现学习、合作学习、自主学习，不断提升终身发展和社会发展需要的必备品格和关键能力。

（3）以核心素养为导向，提升教师素养

学生核心素养的培育，需要有教师的积极引导，所以教师必须具备必要的素养。为此，应注重开展不同形式的教师培训。根据学生核心素养培育的要求，建构教师培训的目标、课程、模式等，更新教师的教学理念和方法，以便更好地引导学生发展核心素养。只有教师具备了相应的素养，才能更好地在教学过程中提升学生的核心素养。

（4）以核心素养为导向，改进教育评价

核心素养所具有的整合性、跨学科性及可迁移性等特征，尤其是其所包含的大量隐性知识和态度层面的要素，给教育评价带来极大的挑战。我国的教育评价的重点需要由分科知识的评价转向基于核心素养的评价，可以开发相应测量工具，通过定期评估、个人发展档案、综合测评等多种形式对学生的核心素养开展教育评价。

总之，学生核心素养的培养与提升，需要多方面的共同努力。

滴滴小提示

①析题：该题所涉及的知识点为核心素养，具体为"怎么办"的问题，可理解为措施题。

②答题：

a.解释专有名词——核心素养。可以从基本含义和内容出发进行解释。

b.阐述提升学生核心素养的途径。可以从当前的教育目标出发，探讨当前教育目标是否注重培养学生的核心素养，分析目前教育体制下可能存在的不足和需要改革的方面。进一步从课程设置、教学方式、教师素养、教育评价等角度展开论述。也可从家校合作与社会参与的角度，强调建立有效的家校沟通渠道和社会资源共享平台，以促进学生全面发展和核心素养的提升。

注意：核心素养和学科核心素养的关系。学科核心素养是核心素养落地的抓手，是学科教育的灵魂。

题目4 结合实际，谈谈你对"公平而有质量的教育"的看法

答："公平而有质量的教育"既强调教育公平，也突出教育质量，即强调在发展教育事业时，我们既要解决教育中的一些公平性问题，同时也要保证教育的质量，促使每个学生都能健康快乐成长，并有出彩的机会。公平的教育主要表现在：教育起点公平，教育过程公平，教育结果公平。有质量的教育主要表现在：尊重个体差异，为不同学生提供个性化教育；培养人的综合能力，促进人的全面发展；等等。

(1) 提出的原因

①**在理论方面**，教育公平是社会公平的基础，是社会公平在教育领域的延伸和体现。新时代，全体人民正在为实现美好生活而努力奋斗，坚持教育公平是追求美好生活的应有之义；有质量、高质量的教育是教育发展的行动自觉和内在追求。

②**在实践方面**，城乡、地区之间教育差距大，优质教育资源短缺，进城务工人员子女就学难等问题，都反映了教育公平、教育质量正面临严峻的考验。提出"公平而有质量的教育"有利于实现教育均衡发展，有利于促进学生的全面发展。

(2) 实现路径

追求"公平而有质量"是中国教育的基本特征。实现"公平而有质量的教育"需要政府、学校和教师进行多主体协同。

①**政府统筹保障资源供给**。政府是教育的监管主体，是教育改革与发展的"领导者"和"设计师"，实现"公平而有质量的教育"在宏观层面上需要政府进行统筹规划。教育资源分布的不均衡是亟待解决的问题。只有努力优化城市内部、城乡之间、乡村内部之间的教育资源分布，才可能更好地推动人人享有公平的教育，在公平教育的基础上才能更好地追求教育的质量。为此，政府应建立教育经费供给机制，保障教育经费投入与使用稳定；制定并落实信息化教育政策，推进优质教育资源共建共享。

②**学校积极创新办学体系**。学校是育人的实践场所，其办学体系和育人结构决定教育公平与教育质量的水平。实现"公平而有质量的教育"，需要学校从以下几个方面创新办学体系：

a. 坚持以生为本，优化学校办学结构。逐渐转变应试主导的办学思维，建构符合学校校情、发挥学校优势、显现学校特色的发展道路，为学生提供更多适合其个体特征的教育选择。

b. 注重课程建设，开足开齐不同课程。一方面，坚持开齐、开足、开好国家课程；另一方面，基于学生的发展需要，开展校本课程建设。

c. 优化教学设计，积极开展教学改革。学校要顺应信息化时代教学改革的趋势，保留传统教学师生情感交互较多的优势的同时，借助政府和教育部门的力量开展传统教学改革。

③**教师自觉优化专业素养**。教师是教育的第一资源，教师的素养决定着教育公平与质量的水平。实现"公平而有质量的教育"需要教师从以下方面进行实践优化：a. 关注自身师德建设，充分发挥教师以身示范的育人价值；b. 坚守岗位，坚持因材施教原则，履行专业育人责任的同时配合学校办学体系调整，构建人的全面培养体系，为不同禀赋的学生提供有差异的教育；

c.以优化师生关系为基点，坚持严而有度且严而有方，平等对待全体学生，推进师生之间的和谐交往。

总之，"公平而有质量"是教育的追求与愿景，需要不同主体的共同努力才能实现。

滴滴小提示

①析题：该题所涉及的知识点为"公平而有质量的教育"，可理解为观点阐述题。完整作答的基本思路是：是什么—为什么—怎么办。

②答题：

a.解释专有名词——"公平而有质量的教育"。可以从公平的教育和有质量的教育两方面进行解释。

b.阐述提出"公平而有质量的教育"的原因。可以从理论与实践两方面进行分析。在理论方面，追求"公平而有质量的教育"有何重要意义；在实践方面，"公平而有质量的教育"有何亟待解决的问题，而追求"公平而有质量的教育"会使教育产生什么变化。

c.阐述"公平而有质量的教育"的实现路径。"公平而有质量的教育"属于比较宏观的概念，其实现路径可以从不同主体出发，即宏观层面的主体——政府；中观层面的主体——学校；微观层面的主体——教师。也可以将公平的教育和有质量的教育分开来论述。

注意：当前我国教育已经解决了没有学上的问题，新时代的教育公平主要是解决人人都能上好学的问题。我们面临的不是公平有无的问题，而是公平质量如何的问题，只有高质量的教育公平才能真正满足人民群众日益增长的美好生活需要。同学们也可对"高质量教育公平"加以思考。

题目5 论述新时代教育家精神的内涵及其培养路径

答： 教师承载着传播知识、传播思想、传播真理，塑造灵魂、塑造生命、塑造新人的时代重任，新时代教育事业需要好老师、大先生肩负起培养社会主义事业接班人的历史重任。大力弘扬教育家精神，不仅引领高素质教师队伍建设，而且为加快建设教育强国提供强大精神动力。

（1）内涵

教育家精神是教育家在从事教育研究、追求教育理想、践行教育理念的过程中体现出来的对教育的态度情感、价值取向和职业操守。在第三十九个教师节到来之际，习近平总书记致信全国优秀教师代表，首次提出并深刻阐释了中国特有的教育家精神的时代内涵，"教师群体中涌现出一批教育家和优秀教师，他们具有心有大我、至诚报国的理想信念，言为士则、行为世范的道德情操，启智润心、因材施教的育人智慧，勤学笃行、求是创新的躬耕态度，乐教爱生、甘于奉献的仁爱之心，胸怀天下、以文化人的弘道追求，展现了中国特有的教育家精神"。

（2）培养路径

①**政府层面：在制度设计中注重对教育家精神的落实。** 政府层面要持续发挥社会主义制度集中力量办大事的显著优势，大力推动教育家精神的落实。a.构建支持教育家培养的制度体系；b.在深化教育评价改革中融入教育家精神；c.在典型引领中树立教育家的崇高形象。政府

热点题

部门要持续完善教师国家荣誉称号和表彰奖励体系，构建国家层面具有权威象征的教育家荣誉称号。

②**学校层面：在文化构建中注重对教育家精神的融通。**学校无疑是教育家成长最重要的场域之一，要在校园文化建设中大力弘扬教育家精神，使教育家精神渗透到师生成长的各个环节。a.打造饱含教育家精神的校园文化。学校要在物质文化、精神文化、制度文化建设中，大力弘扬教育家精神，在校园环境的设计中融入教育家精神元素，通过展示教育家形象、讲述教育家故事，追随教育家步伐，让广大师生浸润于崇尚教育家精神的校园文化中。b.创设与教育家精神相关的育人课程。学校要在课程建设中主动增设教育家精神培养模块。c.营造崇尚教育家精神的环境氛围。学校要在重大节庆日、纪念日、校庆日中表彰优秀教师，奖励教育楷模，学习教育家精神。

③**个人层面：在自我修炼中注重对教育家精神的联通。**教育家精神的养成存在诸多外在客观条件，但自身的内部主观能动性远比客观条件更为关键。教师要从技能提升与师德修养两个方面共同加强自我修炼，不断朝着成为教育家的方向迈进，从而具备教育家精神。一方面，教师教学技能的提升可遵从一定的发展路径，如从泛化阶段、分化阶段、固化阶段到自动化阶段；另一方面，教师师德修养的提升也可以遵循一定的发展规律，如从依从、认同到内化。

总之，任何一种精神的培养都是受多因素影响的复杂过程。教育家精神的培养应该从政府、学校、个人三方面共同努力，使更多的教师具备教育家精神，成就更多新时代的教育家。

滴滴小提示 ★

①析题：该题所涉及的知识点为教育家精神，可理解为内涵措施题。

②答题：

a.阐述新时代弘扬教育家精神的意义。可从不同主体出发，如对于教师本身的发展、对于国家教育事业的发展。

b.阐述新时代教育家精神的内涵，即教育家精神的基本结构。也可将自己对教育家精神的理解作为补充。

c.阐述新时代教育家精神的培养路径。可以从不同主体出发提出教育家精神的培养途径，如政府、学校、个人等不同层面；也可以针对教育家精神的内涵提出相应的具体培养路径。

题目6 **论述当前教育评价存在的问题及改进对策**

答：教育评价是指依据一定的教育价值观或教育目的，运用可操作的科学评价技术和手段，通过系统地收集信息、资料，分析、整理对教育活动、教育过程和教育效果及影响教育效果的诸因素做出的价值判断，从而不断改进教育措施或为教育决策提供依据的过程。

（1）当前教育评价存在的问题

①**忽视学生的主体地位。**教育评价本质上是对教育活动给予价值判断的过程，它以学生的利益为最终目的，"以学生的全面发展"为目标。但是在现实的教育评价中，从教育评价标准的制定到实施，学生几乎没有参与其中，只是被动地被评价。教师按照制定好的标准评价学生，完全忽视了学生的主体性，忽视了学生的自我评价。

②**评价内容片面化。**传统的教育评价大多把学生成绩的好坏作为唯一的衡量标准。这种评价注重的是结果而不是过程，忽视了对学生的学习能力、创新能力、学习态度及习惯的培养。我们所要培养的是德智体美劳全面发展的具有独立个性的人，过分关注学生的成绩，漠视学生的个性和创造性，严重阻碍了学生全面、健康、均衡的发展。

③**评价方式单一化。**现行的各种评价活动大多采取"指标量化"的方式，即制定出一套相应的评价指标体系，运用可以将教育活动量化的考核方式，收集并处理有关信息，最终得出一个分数，并评出等级。教育评价追求的是科学、客观和可操作性，而量化考核由于其本身所具有的客观性和科学主义取向使它在评价活动中备受推崇。似乎数字表征成了评价结果的典型表现，使得教育评价局限在量化考核方法上，凸显出评价方式的单一化。

（2）改进教育评价的对策

①**评价主体互动化。**参与教育评价的不仅要有教师，还应包括学生、家长等。教育评价应重视教师与学生在评价过程中的互动，充分调动他们的积极性、主动性、创造性，促进学校、教师、学生的和谐发展。过去老师被当作"权威"，而现在学生也可以来评价老师，这种双向的评价将促进师生之间的沟通交流，使我们的教育朝着更好的方向发展。评价主体只有在评价中相互尊重、和谐共处，形成和谐的关系，才能充分发挥评价的教育、服务作用，使学校、教师、学生得到和谐发展。

②**评价内容多元化。**教育评价不应仅仅关注学生的成绩，而应该使教育评价的内容多样化、综合化。在对学生的评价方面，要在学习成绩的基础上加入对学生日常表现的评价，包括学生平时学习中的表现评价、道德综合评价、健康评价等。此外，教育评价不能仅仅局限于评价学生，也包括对教师的评价、对课程的评价、对学校的评价等。

③**评价方式多样化。**运用合理而有效的评价方式可以使评价结果真实反映评价活动中出现的相关问题。因此，不能把量化评价作为唯一的评价方式，而要将量化评价与质性评价、过程性评价与终结性评价、自评与他评等多种评价方式有机结合起来。每种评价方式都有其优缺点，只有合理利用各种评价方式的长处，才能全面、客观地反映被评价对象的实际情况，从而做出科学的判断。

教育评价是教育改革中的重点区域、难点环节。它的改革直接影响着教育改革的进度，对我国教育事业的发展有着极为深远的影响。它的进一步发展和完善需要社会各界的关注，需要全社会的支持与理解，更需要全社会的共同努力。

热点题

题目 7 何谓立德树人？如何落实立德树人的根本任务

答： 立德树人是一个有着深厚文化底蕴的概念，厘清立德树人的科学内涵对于落实新时代立德树人的根本任务至关重要。"立德"强调的是人之为人的根本，是人才培养的基础，立什么样的德，就树什么样的人；"树人"指向的是人才培养目标，教育工作归根结底是为了培养人、塑造人。二者相互补充，辩证统一，是对教育的根本问题——"培养什么人"和"如何培养人"的回答。

（1）立德树人的内涵

①**"立什么德"**。"立什么德"与"树什么人"相对应。一是立成"人"之德，德是成"人"的根本。人性中包含着成为人的共同德性，即人性的善。二是立时代之德，即时代的共同道德。现代社会不仅强调个人权利和利益，也强调公共利益和社会责任，且公共性不断扩大，从国家走向区域，进而走向世界。

②**"树什么人"**。习近平总书记在全国教育大会上指出，"培养什么人"，是教育的首要问题。"培养什么人"，不同国家、不同时代有不同的回答，这些回答有共同的一面，如共同的人性、共同的时代性，但对于每个国家而言，又具有特殊的一面。在一个国家的不同时期，也具有特定时代的要求。培养社会主义建设者和接班人，是中国特色社会主义教育的一贯目的。对于新时代而言，德智体美劳全面发展的社会主义建设者和接班人还应成为"担当民族复兴大任的时代新人"。

（2）落实立德树人要避免的误区

①**把立德树人等同于对学生进行德育**。立德树人不仅包括对学生进行德育，还包括教育者、管理者、家长的"立德"，即榜样示范。

②**把立德树人等同于思政工作的专属**。思政工作虽是落实立德树人的主渠道，但绝不是思政工作的专属，"立德树人"应是全方位的系统工程。

③**把立德树人看成是某个学段的任务**。立德树人不是某个学段的特殊任务，而是贯穿于教育全过程的任务。

（3）落实立德树人的路径

立德树人是教育的根本任务，但不只是学校教育的任务，而是学校、家庭和社会共同的任务。

①**构建学校实施立德树人的主渠道**。习近平总书记提出了"三全育人"的要求，即全员育人、全程育人和全方位育人。全员育人是指学校中每一个人都是育人主体，都应发挥各自的教育作用；全程育人是指道德教育贯穿于学生成长的全过程，贯穿学生学习生活的始终；全方位育人是指学校的每一个要素，包括课程、课堂、管理、文化、环境、人员等都要发挥育人作用。学校可以基于"三全育人"的要求，实现立德树人的全覆盖。

②**发挥家庭在立德树人中的奠基作用**。一是增强家庭育人意识，发挥家长的榜样作用。家庭德育不同于学校德育，它更多发挥家长对孩子潜移默化的影响。因此，要引导广大家长重言

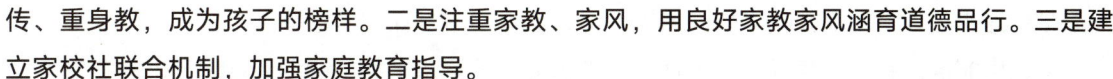

传、重身教，成为孩子的榜样。二是注重家教、家风，用良好家教家风涵育道德品行。三是建立家校社联合机制，加强家庭教育指导。

③**重视实践育人，发挥社会合力育人的作用**。立德树人不仅仅是学校和家庭的事，全社会都要担负起帮助青少年成人成才的责任，发挥社会的合力育人作用。为此，要确立社会的自觉教育意识，构建社会共育机制；发挥德育阵地的作用，组织开展主题教育实践活动；广泛开展社会文明实践活动，推动公民的道德实践养成；建立健康的网络空间。

立德树人是对"培养什么人、怎样培养人、为谁培养人"的明确回答。落实立德树人的根本任务需要学校、家庭和社会的共同努力。

题目8 结合党的二十大报告，论述如何培养创新型人才

答： 党的二十大报告指出，我们要坚持教育优先发展、科技自立自强、人才引领驱动，加快建设教育强国、科技强国、人才强国，坚持为党育人、为国育才，全面提高人才自主培养质量，着力造就拔尖创新人才，聚天下英才而用之。创新型人才是具有创新精神和创新能力的人才，通常表现出灵活、开放、好奇的个性，具有精力充沛、坚持不懈、注意力集中、想象力丰富以及富于冒险精神等特征。

（1）培养创新型人才的必要性

①**培养创新型人才是时代的呼唤**。21世纪是知识经济时代，影响经济发展的关键因素不再是传统的物力因素，而是新的人力因素，包括知识、创新精神和创新能力等。创新是知识经济时代的根本要求。当今世界的竞争，归根结底是民族创新能力的竞争。因此，创新型人才的培养已成为世界各国高度关注的问题。

②**培养创新型人才是素质教育的重点**。素质教育是以培养创新精神为重点的教育，突出创新型人才的培养，这是素质教育区别于应试教育的根本所在，也是现代教育与传统教育的区别。

（2）创新型人才的培养需要创新教育

创新教育是以培养学生的创新精神和创新能力为重点，以培养创新人才为价值取向的教育。其核心是着重研究和解决如何培养学生的批判性思维、创新思维、创新人格和创新精神的问题。创新教育要求的是教育全方位的创新。

①**教育观念创新**。观念是行动的先导，观念的创新是教育创新的先导。在教育观念创新方面，主要是人才观、教育观的创新。要树立人的全面发展观念、多样化人才观念，尊重个人选择，鼓励个性发展，确立"适合的教育才是最好的教育"观念。根据这样的人才观，形成体系开放、机制灵活、渠道互通的人才培养机制。

②**教育模式创新**。教育观念的创新需要通过教育模式转化为教育实践。没有教育模式的创新，再好的教育观念也难以落实。就我国而言，人才培养模式是教育模式创新的核心。因此，要深化教育教学改革，创新教育教学方法，实现教育中心从教师转向学生，从以学科为中心转

向以学生为中心，从灌输性教学转向自主学习、合作学习、探究学习等。

③**教育制度创新。**教育观念和教育模式的创新，需要教育制度的创新作保证。教育制度创新不仅对教育创新起着保障作用，而且在一定程度上对人的全面发展、个性发展具有解放作用，尤其是人才培养体制和招生制度改革直接关系到人的发展。在人才培养体制方面，要打破统一的管理模式，探索适应不同类型教育和人才成长的学校管理体制与办学模式；在招生制度方面，要按照有利于科学选拔人才、促进学生健康发展的原则，形成分类考试、综合评价、多元录取的招生制度。

总之，创新的事业，人才是关键，教育是基础。创新型人才的培养，需要教育各个方面的创新。

题目 9 论述跨学科学习实施的困境及策略

答：从具体实践来看，跨学科学习是以发展学生某一方面或多方面核心素养为目标，在学生年段身心发展特点和个体差异性特质经验基础上，融合相关学科的学习视野、思维方式、知识、技能和方法，以及地方性、世界性学习资源，从整体性理解和把握层面，促进学生在解决问题或完成任务的主题性深度学习中，发展其核心素养，培养未来人才的过程。

(1) 跨学科学习实施的困境

①**在教师能力支持方面，**传统教师培养体系和工作体制都具有明显的学科建制特点，如何使学科专业出身的教师突破特定学科的研究范式和思维惯性？

②**在课程设计方面，**中小学国家课程的教材以分科为主，有相对独立的学科知识体系，如何在保质保量落实国家教材的前提下，科学整合形成适切的跨学科学习内容？

③**在教学方式方面，**如何减少以单学科知识讲授为主的教学方式比重，增加基于复杂性问题解决和结构化知识理解的发现学习、探究学习等的比重？

④**在学生评价方面，**传统的纸笔测试难以评估学生在跨学科学习中的实践、创造、合作等能力，如何以更具有情境性和真实性的表现性评价，监测和促进学生跨学科学习能力的发展？

(2) 跨学科学习实施的策略

①**提升教师的跨学科教学能力。**要培养具有跨学科学习能力的学生，需要先有一支具有跨学科教学素养的教师。a. 突破学科本位设置教学与管理岗。通过以班级、年级、年段为单位设置教学、管理岗，打破教师局限在学科教学中的桎梏。b. 班主任岗位不限学科人人可担任。开展跨学科学习，需要学生、教师从思想上重视每门学科的学习。c. 开展跨学科多领域教研培训。建立跨学科学习实践专业发展共同体，依靠团队智慧不断提升跨学科教学能力。

②**开发跨学科学习的内容资源。**a. 基于核心素养的基本要点，分年段研发跨学科主题活动。b. 基于学生核心素养的内涵价值，整合地方性生活资源和世界性发展成果。c. 基于学生核心素养的整体要求，各学科协同促进学生发展。教师在开展学科教学的时候，要打破学科本

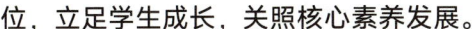

位，立足学生成长，关照核心素养发展。

③**创新跨学科学习的方式方法**。a.选择适切的学习路径。跨学科学习旨在促进课堂教学更好地与现实世界相联结，培养学生适应未来的核心素养。因此，启发式、探究式、体验式、互动式等教学方式更有助于学生进行跨学科学习。b.强化多主体互动教学。学校在跨学科实践中，让学生在与自我、文本、材料、同伴、教师等多主体、多形式的对话中开展学习，让学生以社会一分子的身份进行学习，学得鲜活、学得丰富。c.实施动态化分层走班。当学习任务适配学生的最佳发展区时，能激励学生乐学善学。

④**发挥跨学科学习过程性评价的育人功能**。通过评价牵引，保障跨学科学习的育人价值。a.强化评价意识。对学生在校生活的表现进行全方位、全过程的关注与即时反馈，使学生的思维、行动随时随地得到调整优化。b.前置评价设计。在进行跨学科学习之前，教师要优先考虑学生需要达到的评价标准，使评价成为连接跨学科学习目标和过程的重要桥梁。c.整合任务情境。表现性评价需要设计更多情境化的表现性任务。

总之，在落实立德树人根本任务、发展学生核心素养的时代背景下，促进学生进行以探究性、协同性、反思性学习活动为主的跨学科学习具有十分重要的价值。

🙍 滴滴小提示 ★

①析题：该题所涉及的知识点为跨学科学习，可理解为问题对策题。

②答题：

a.解释专有名词——跨学科学习。可以从基本含义、重要性等方面进行简要解释。

b.阐述跨学科学习实施的困境，即实施跨学科学习会面临的问题。可以从实施主体、实施内容、实施方式、结果评价等方面进行总结。

c.阐述跨学科学习实施的策略。根据所阐述的实施困境，提出针对性的解决策略，策略应与困境相对应。

注意：关于强化学科知识的整合，除跨学科学习外，还可关注大单元教学、项目学习/项目课程等。

第五部分
情境题 ✦

题目1 如果一个学生自暴自弃、放弃学习，作为教师应该怎么做

答：(1) 明确原因

一个学生自暴自弃、放弃学习显然是学习动机不足，教师可以基于学习动机理论以及影响学习动机的因素来分析可能导致该生学习动机不足的原因。

①**基于强化理论**，学生学习动机不足可能与缺少外界的强化有关。强化理论表明，人的某种学习行为倾向完全取决于先前的这种学习行为与刺激因强化而建立起来的稳固联系，强化可以使人在学习过程中增加某种反应重复的可能性。因此，学生学习动机不足，可能与长期表现良好却没有得到外界强化有关。

②**基于需要层次理论**，学生学习动机不足可能与学生的需要未得到满足有关，如某些生理需要、安全需要、归属与爱的需要、尊重需要等。只有这些缺失性需要得到满足，个体才会追求成长性需要。

③**基于期望—价值理论**，学生自暴自弃、放弃学习有可能是因为该生属于避免失败者，学生想通过这种方式避免在学业上的失败，以免被同学、教师或家长瞧不起而产生挫败感。

④**基于成败归因理论**，学生自暴自弃、放弃学习也许与其错误的归因有关。若学生将学业上的失败归因于自身能力不足，就会产生习得性无助，从而表现出不愿意学习。

(2) 寻找对策

①及时给予学生反馈，多发现学生身上的闪光点，给予奖赏与正面的评价。

②利用集体的力量唤醒学生的学习力，合理利用竞争与合作。

③建立良好的师生关系，尊重并关爱学生。

④引导学生建立正确的学习目标。

⑤提高学生的自我效能感，建立起学生对学习的信心。

⑥引导学生正确归因，避免习得性无助。

👦 **滴滴小提示** ★

①根据题干，对应理论。本题中的学生自暴自弃，放弃学习，实则是学习动机不足，同学们可以结合学习动机的内容进行分析。

②谈原因。这种"怎么办"的题目，同学们不要下笔就写措施。措施是基于影响因素或其他相关内容提出的。学生学习动机不足可以从学习动机的各相关理论以及影响因素这两大部分内容中寻找

原因。

③谈对策。针对原因谈对策，言之有理即可。同学们可以根据题目要求适当进行阐述。

题目2 如何看待教师"错一罚十""漏一补十"的做法，运用相关记忆规律分析此做法

答： 教师"错一罚十""漏一补十"的做法是违背记忆规律的，也是行之无效的。工作记忆的容量有限，要想尽可能多地复述内容，需要了解并合理利用一些基本的记忆规律。

（1）干扰会导致遗漏现象的发生

干扰会阻碍个体复述刚才所学的信息。在学习时，我们需要考虑短时记忆的有限容量，在进一步学习之前，要在头脑中对刚才所学的信息进行复述，避免干扰。

（2）抑制会影响学生存储和提取信息

前后所学的信息之间的消极影响称为抑制。因为受之前和之后学习内容的影响，所以学生在学习中有遗漏现象也是正常的。

（3）教学中有首因效应和近因效应

心理学家发现，当人们学习完一系列词汇后，马上进行测验，开始和结尾的几个词一般要比中间的词记得牢。这是因为，一方面，人们倾向于记住开始的事，是因为倾注了更多的注意力，这造成了首因效应；另一方面，由于最后的事几乎不存在什么干扰，因而造成了近因效应。

（4）遗忘速度先快后慢

艾宾浩斯遗忘曲线表明，我们的遗忘速度是先快后慢的。遗忘的发生，可能是随着时间的流逝记忆痕迹慢慢衰退，导致记忆下降，也可能是受到知识同化的影响等，并非都是由于学习不认真而导致的。

综上所述，知识遗漏可能是受到干扰、前摄抑制或倒摄抑制、首因效应或近因效应的影响。教师"错一罚十""漏一补十"的做法并不能在实质上帮助学生加深记忆，还易使学生丧失学习兴趣和记忆的信心、主动性，对进一步学习产生一些心理障碍。此外，学生记忆的效果也与学习材料的性质和数量有关，在一定的时间内不宜过多。

教师在帮助学生记忆时，应做到以下四点：

①合理安排学习材料，减少学习材料之间的干扰。

②增加知识之间的联系，构建完整的知识系统。

③合理安排复习时间与复习次数，合理复习与过度学习相结合。

④教授必要的认知策略，增加知识的意义性。

题目 3 有人认为"近墨者黑"，有人认为"近墨者未必黑"。请联系相关理论谈谈你的看法

答： "近墨者黑"说明生活和环境在很大程度上会影响学生的成长，属于环境决定论的观点，该观点看到了环境对人发展的影响，但夸大了这种影响；而"近墨者未必黑"则说明了环境对人能起多大作用，还是取决于人的主观能动性，该观点看到了人的主观能动性对人的发展所起的作用。具体看法阐述如下：

(1) 环境在人的身心发展中的作用

①**环境是人的发展的外部条件。** 在环境的影响下，儿童发展着身心，获得一定的生活经验、知识和语言能力，形成各种思想意识和行为习惯。在不同历史时期、不同地域、不同民族、不同社会阶级中生活的人，他们的思想意识、道德品质、知识才能和行为习惯都会有明显的差别。一个人的身心能否得到发展和发展到什么程度，都与他所处的社会环境分不开，社会环境是儿童得以发展的现实条件和源泉，对人的发展起着重要的作用。

②**环境的给定性与主体的选择性。** 环境的给定性是指由自然与社会、历史遗产与他人为儿童个体所创设的生存环境。它们对于儿童来说是客观的、先在的、给定的。主体的选择性是指人对环境做出积极的或消极的回应是可以由主体内在的意愿来选择和改变的。客观的、复杂多变的环境究竟对人的发展能起多大作用、起什么性质的作用，这在很大程度上取决于个人对待环境的态度及其与环境的互动状况。

因此，环境作为人的发展的外部条件，并不决定人的发展。环境决定论把人看成是环境的产物，夸大了环境对人的发展的作用。

(2) 个体的主观能动性在人的身心发展中的作用

①**个体的主观能动性是人的发展的决定因素。** 个体的主观能动性是在人的活动、社会生活中产生的，并通过人的活动表现出来。遗传、环境等因素为个体发展提供了条件，但这些条件能否发挥作用且在多大程度上发挥作用，最终取决于个体自己。

②**个体的主观能动性制约着环境影响的内化与主体的自我建构。** 人在同环境的相互作用过程中，既改造着环境，也在改造环境的活动中发展和提升了个人的素质，这从人的发展的视域来看，实质上是一个主体的自我建构的过程。在这一过程中，不同主体对环境的内化是不同的。在同样的环境和教育条件下，每个人发展的特点和成就，主要取决于他的态度，取决于他的能动性的发挥状况。

③**个体通过能动的活动选择，建构着自我的发展。** 个人通过能动的活动不仅能把握自己与外部世界的关系，而且能把自身的发展当作认识的对象和自觉实践的对象，逐步地、有目的地、自觉地认识、选择与建构自己的发展。只有达到这一水平，个人才能在完全意义上成为自我发展的主体，而人的发展过程就是一个通过能动的活动不断自我超越的过程。

综上所述，环境在人的发展中起到了一定的作用，但并不是说可以决定人的发展。人的发

展受多方面因素的共同影响，其中个体的主观能动性是决定性因素。

情境题

第六部分
材料题 ★

题目1 加涅的学习层次理论

试根据加涅的学习层次理论，就如何改善材料中这位学生的数学学习情况，给该老师提出建议，并谈谈此教学案例给你带来的启示。

材料：班上来了个插班生，连"7+1"都不会算，在老师一遍又一遍的帮助下他似乎学会了，但当遇到"8+1""9+1"的时候还是不会算，老师越想越生气，不明白这是为什么。

答：(1) 加涅的学习层次理论

①**信号学习：**个体学习对某种信号做出反应。其过程是刺激—强化—反应。(经典性条件作用)

②**刺激—反应学习（S—R的学习）：**在一定情境下，个体做出反应，然后得到强化。其过程是情境—反应—强化。(操作性条件作用)

③**连锁学习：**一系列刺激—反应的联合。

④**言语联想学习：**由言语单位所联结的一系列刺激—反应的联合。

⑤**辨别学习：**个体学会识别多种刺激的异同，并对它们做出不同的反应。

⑥**概念学习：**个体对刺激进行分类时，学会对一类刺激做出同样的反应。

⑦**规则学习：**规则指两个或两个以上概念的联合，规则学习即个体了解两个或两个以上概念之间的关系。

⑧**解决问题的学习：**个体使用所学规则解决问题。

(2) 原因及建议

材料中的插班生由"7+1"的计算不能迁移到"8+1""9+1"的计算，说明该生对加法的计算规则掌握得不够扎实，以至于不能灵活地运用规则解决问题。教师应：

①**了解学生的基础，针对已有的知识基础开展教学。**学生不会计算"7+1"，可能是由于之前没有学过加法计算，这样在没有基础的情况下直接教学，势必会让教学难以开展。因此，教师在教学前必须先了解学生已有的知识基础，再进行教学内容上难度的逐步提升。

②**加强学生规则原理的学习。**知识的迁移离不开对知识内部规则原理的掌握。虽然通过不断地练习，学生能进行"7+1"的计算，但这种学习可能只是表层加工或者是对答案的死记硬背。因此教师在进行教学时，必须明确计算背后的原理，让学生理解"7+1"具体是怎么算的。

③**通过多种练习方式巩固学习成果。**这个阶段学生的认知水平还处于前运算阶段，还不能进行抽象的计算，必须借助具体实物的支持。因此教师在讲解加法时，可以采取数小棒等多种

符合学生认知特点的方式进行练习。这样，一方面能增加练习的趣味性，另一方面也能提高学生学习的主动性。

（3）启示

①教学前，教师需要了解学生已有的知识基础。

②教师要了解学生的认知特点，合理安排教学内容和教学方法。

③教师要尊重学生的学习水平及规律，切勿操之过急。

④教师要培养学生知识迁移的意识。

滴滴小提示 ★

①分析题干，阐述理论。题干已经明确要求要根据加涅的学习层次理论进行分析，因此同学们第一步就是要阐述加涅的学习层次理论。

②基于理论谈原因。材料中的学生不能进行知识迁移，也就是不能灵活地进行问题解决，主要原因是没有很好地完成对规则原理的学习，同学们可以基于这个点展开论述。

③基于原因谈建议。

④基于建议谈启示。

题目2　发现学习的阶段与意义

材料：以下是一位教师在教学"保持水土"一课时的课堂教学结构。主要内容：a.学生通过观看长江流域发生特大洪水的录像提出问题。b.为学生提供黄河上游的资料（文字、录像、图片等），让学生尝试推想：黄河水为什么会含有大量泥沙？c.为学生提供模拟实验的材料，让学生自己设计实验，自己实验验证自己所做的推想。d.学生在教师的指导下，讨论解决水土流失的问题。e.通过阅读材料，结合前面的研究，讨论怎样保持水土问题。

（1）该教师采用的是何种教学方法？该方法主要包含哪几个阶段？

（2）这种方法与传统的教学方法相比，有何积极意义？

答：（1）该教师采用了发现学习的教学方法

发现学习是布鲁纳提出来的，是指学习者用自己的头脑亲自获得知识的一切形式，来源于学习活动中主体对经验的直接发现或创造，并非由他人的传授而得，又叫创造学习。**该方法包含四个阶段：**

①**创设情境，提出问题。**教师先让学生观看录像，了解整个情境，再针对情境提出需要探讨的问题。

②**做出假设。**教师提供各种资料，如图片、文字和录像，帮助学生针对所提出的问题做出假设。

③**验证假设。**教师需要调动学生的积极性和主动性，让学生自己设计实验进行自我验证。

此时教师更多的是扮演促进者与帮助者的角色，而非指导者。

④**引导学生**运用分析思维去验证结论，最终使**问题**得到**解决**，同时可以解决一些衍生问题。

（2）发现学习较传统教育方法的积极意义

发现学习是指学习者用自己的头脑亲自获得知识的一切形式，注重学生在教学中的主体地位。教师只要将学习情境和教材性质向学生解释清楚，激发学生的内部学习动机，引导学生结合自己的经验去学习知识，学生是发现学习的主动者。与传统教学方法相比，发现学习对教师提出了新要求，对学生的成长也有极大的好处。

①**对教师提出的新要求：** a. 鼓励学生勇于发现；b. 激发学生的好奇心和求知欲；c. 帮助学生寻找新问题与已有知识之间的联系；d. 训练学生运用知识解决问题的能力；e. 协助学生进行自我评价；f. 启发学生进行对比。

②**对学生成长的好处：** a. 有利于激发学生的好奇心及探索未知事物的兴趣；b. 有利于调动学生的内部动机和学习的积极性，最大限度地为学生提供自由回旋的余地；c. 有利于学生创造性、批判性思维的发展，有利于激发智力的潜力，使外部奖赏向内部动机转移，帮助学生进行信息的保存与检索。

题目3 观察学习与班杜拉的学习理论

下述材料中的行为属于亲历学习还是观察学习？为消除这种不良影响，结合班杜拉的学习理论，谈谈你的建议。

材料大意：某学生看动画片《喜羊羊与灰太狼》，竟模仿其中灰太狼烤羊的片段去烤同学。

答： 观察学习是指学习者通过对榜样人物的行为及其结果的观察而进行的学习。这种学习不需要学习者亲身经历，是一种从别人的学习经验中学习的方式。材料中的学生模仿灰太狼烤羊去烤同学的行为属于观察学习。

观察学习由四个过程构成：

①**注意过程：** 决定着在大量的榜样中选择什么作为观察对象，抽取榜样哪些信息。影响注意过程的因素有榜样行为的特性、榜样的特征和观察者的特征。

②**保持过程：** 把瞬间的经验转变为符号概念，形成示范活动的内部表征。动作的保持依赖于表象系统、语言系统及动作演练。

③**复制过程（动作再现过程）：** 把原有的行为成分组合成信息的反应模式，就是观察后的模仿过程。

④**动机过程：** 决定哪种经由观察习得的行为得以表现。习得行为是否表现除了受对行为的直接强化的影响外，还受替代强化和自我强化的影响。

学生从观察榜样到表现出相应的行为必须经历这四个过程，因此可从这四个过程出发提出**消除观察学习的不良影响的措施：**

①**为学生选择合适的榜样。**未成年人分辨是非的能力不强，且喜欢模仿，特别容易受到模仿对象（榜样）行为的影响。因此作为成年人，可以帮助未成年人筛选榜样，选择符合未成年人身心和年龄特点的榜样，从而发挥榜样的积极作用。

②**提高学生明辨是非的能力。**观察学习还容易受到观察者的特征的影响，因此成年人要有意识地告知学生什么行为可以模仿，什么行为不能模仿，从而提高他们明辨是非的能力，并提高其独立判断的能力。

③**及时表扬良好行为，促进学生自我强化。**当学生出现不良行为时，应给予惩罚；当学生出现良好行为时，应及时表扬与反馈，借助外部强化巩固学生的良好行为。同时还要引导学生将这种外部强化向自我强化转化，增强自我约束力。

题目4 归因理论的相关知识

材料：张某是个十分聪明的学生，但就是太贪玩，学习不用功。每次考试他都存有侥幸心理，希望能够靠运气过关。这次期末考试张某考得不理想，他认为是运气太差了。

（1）张某的这种归因是否正确？这种归因对他以后的学习会产生怎样的影响？

（2）如果不正确，那正确的归因是怎样的？

（3）对教师来说，正确掌握归因理论有何意义？

答：①张某将考试不理想归因于外在因素，即运气太差，是**不正确**的。如果考得好是因为运气好，考得不好是因为运气差，那在之后的学习中就只会赌运气，而不会努力。他的潜意识里觉得努力不如运气，从而导致成绩越来越差，失去对学习的信心，并会产生不公感，影响他的情绪体验。

②正确的归因能增强学生进一步努力的信心，因此**在进行归因时，应引导学生进行内部的、稳定的、可控的维度的归因**，即引导那些聪明，但成绩不好的学生基于对个体自身情况的认识而归因于努力，这样在之后的学习中就会更加努力。对于一些习得性无助的学生，可以适当引导其进行一些外部的、不稳定的归因。

③教师正确掌握归因理论，能正确地评估学生的成绩和表现，并将其归因于适当的原因，对教育有着重要的意义。**教师正确掌握归因理论主要有以下四个方面的意义：**

a. 提高学生自信心。当教师能够正确地归因学生的成功或进步，而不是简单地归因于运气或其他外在因素，会使学生更容易相信自己的能力，增加自信心，并更倾向于积极努力。

b. 促进积极的学习动机。正确的归因可以帮助学生理解他们的努力与成绩之间的关系。当教师将学生的努力与成功联系起来时，学生更有可能保持积极的学习动机，并努力实现更好的成绩。

c. 促进目标设定和反馈。教师正确地归因学生的表现可以为学生设定明确的学习目标提供指导。通过了解学生取得成功的原因，教师可以根据具体情况提供有针对性的反馈，帮助学生改进和进步。

d. 建立积极的学习氛围。 正确的归因可以帮助学生建立积极的学习氛围。当教师将成功归因于学生的努力和有效的学习策略时，学生更有动力参与学习，并对自己的能力和学习过程有更积极的认知。

综上所述，教师正确掌握归因理论对学生的学习动机、自信心和学习氛围等方面有着积极的影响。这有助于提高学生的学习成效和发展潜力。

题目5 **促进学习迁移的策略**

下述材料中讲述的是学习中的哪种现象？并在解释这一现象的基础上谈谈如何在教学中促进这一现象的发生。

材料："不愤不启，不悱不发，举一隅不以三隅反，则不复也。"——《论语·述而》

答： 材料所讲述的是**学习迁移现象**。学习迁移是指一种学习对另一种学习的影响，可以是先前学习对后继学习的影响，也可以是后继学习对先前学习的影响。这种影响可能是消极的，也可能是积极的。

学校教育的价值并不单单在于"授之以鱼"，简单地给学生传授知识和技能，更重要的是"授之以渔"，教会学生学习，培养和发展学生的迁移能力。**为了在教学中促进学习迁移现象的发生，教师要做到以下几点：**

(1) 确立合理的教学目标

现代教学论认为，确立教学目标是教学过程的起始环节，也是非常重要的环节，它贯穿教学的全程，并指导教学的进行。因此，将"为迁移而教"作为教学目标之一并渗透到知识、动作技能和情感态度三大领域中具有重要的意义。

(2) 科学精选教学材料

在教学过程中，教师不可能将一门学科中所有的知识都传授给学生，学生也不可能毫无选择地学习所有内容。因此，要想让学生用有限的时间和精力来掌握尽可能多的有用的知识经验，教材就必须科学精选。精选教材至少要把握两条原则：一是教学材料要具有时代性；二是教学材料要具有迁移的价值。

(3) 合理组织教学内容

为了发挥教学内容的最大可迁移性，在编排教学内容时要从促进迁移的角度出发，以最优的知识结构、最佳的呈现顺序来帮助学生乃至教师实现迁移。具体来说有三个原则：结构化原则、一体化原则和网络化原则。

(4) 有效设计教学程序

合理编排的教学内容要通过合理的教学程序得以实施。良好的教学程序能够促进学生迁移能力的发展，因此，有效地设计教学程序对于教学来说就显得格外重要。良好的教学程序要把握以下两点原则：一是知识的传授要遵循从一般到个别、从抽象到具体的组织原则；二是要注意知识的纵向和横向联系。

（5）教会学生学习与迁移

要促进学生迁移能力的发展，关键在于教会学生学习与迁移，可以从以下两个方面入手：一是要培养学生的迁移意识；二是要培养学生的迁移能力。

综上所述，教师可以从以上五个方面在教学中促进学习迁移现象的发生。除此之外，也可以从其他方面入手，如提高迁移意识、帮助学生形成积极的学习态度和学习动机等。

题目6 教育的社会功能与教育目的的价值取向

材料： 夫教育目的不能仅在个人。当日多在造成个人为圣为贤，而今教育之最要目的，在谋全社会的进步……若不骂人、不偷、不怒、不谎、不得罪于人等事，先时多谓此道德高，然而此为消极的，于今不能谓此为道德。盖彼者，不过无疵而已，于社会虽有若无。今因于社会进步上着想，吾等当另定道德标准，谓"凡人能于社会公共事业，尽力愈大者，其道德愈高。否则，无道德可言。易言之，即凡于社会上有效劳之能力者……则有道德，否则无道德。"若斯数语，包含无限道理。愿诸生用为量人量己之尺，相染成风，使社会上渐渐均用此尺，度己亦用此尺，量入则去，所谓社会自觉心，社会进步者不远矣。（节选自张伯苓：《以社会之进步为教育目的》，1919年）

（1）从"教育的社会功能"角度，分析上述材料中观点的合理性。

（2）根据相关理论分析上述材料中教育目的的价值取向。

答：（1）合理性： 教育的社会功能是指教育活动对社会发展所产生的影响和作用。材料中的观点针对当时社会国弱民贫的现实以及道德教育的传统，强调发挥教育的社会功能，通过教育促进人的社会化，进而促进整个社会的进步，切中时弊，具有重要的历史意义。从时代发展来看，这种说法具有合理性，特别是在当今社会，教育所具有的经济功能、政治功能、科技功能、文化功能等，使得各个国家越来越重视教育在整个社会系统中的重要作用与意义。

（2）教育目的的价值取向： 材料中所反映的是社会本位论的教育目的的价值取向。材料中"夫教育目的不能仅在个人。当日多在造成个人为圣为贤，而今教育之最要目的，在谋全社会的进步"，充分体现了社会本位论的教育目的的价值取向。社会本位论把满足社会需要视为教育的根本价值，以德国的纳托普、凯兴斯泰纳，法国的涂尔干为代表，主要观点有：

①教育目的不应从人的需要出发，而应从社会需要出发，根据社会需要来确定。

②个人只是教育加工的原料，它的发展必须服从社会需要。

③教育的目的在于把受教育者培养成符合社会准则的公民，使受教育者社会化，保证社会生活的稳定与延续。

④社会价值高于个人价值，个人的存在与发展依赖并从属于社会，评价教育的价值只能以

材料题

其对社会的效益来衡量。

社会本位论的价值取向重视教育的社会价值，强调教育目的从社会出发，满足社会的需要，具有一定的合理性。但其过分强调人对社会的依赖，把教育的社会目的绝对化，完全割裂了人与社会的关系，极易导致教育对人的培养"只见社会不见人"，单纯把人当作社会工具，而不是把人作为社会主体来培养，给人的发展带来的严重束缚和压抑。

题目7 社会发展与个人成长需求

阅读下列材料，分析其中蕴涵的教育思想，并围绕这种教育思想论述教育应如何主动回应现代社会发展与个人成长需求的挑战。

材料：仅从数量上满足对教育的那种无止境的需求（不断地加重课业负担）既不可能也不合适。每个人在人生之初积累知识，尔后就可无限期地加以利用，这实际上已经不够了。他必须有能力在自己的一生中抓住和利用各种机会，去更新、深化和进一步充实最初获得的知识，使自己适应不断变革的世界。

答：(1) 材料中所蕴含的教育思想

材料中所蕴含的教育思想是终身教育思想。终身教育是人一生各阶段当中所受各种教育的总和，也是人所受的不同类型教育的统一综合。它既包括纵向的一个人从婴儿到老年期各个不同发展阶段所受到的各级各类教育，也包括横向的一个人从学校、家庭、社会各个不同领域所受到的教育。

(2) 现代社会发展与个人成长需求对教育的挑战

①社会信息量的飞速增加、知识技术的不断更新、职业结构的迅速变化，对教育的发展提出了客观要求。

②由于科技和社会的进步、人们的闲暇时间增多以及个性发展的多样化，接受多方面的教育已经成为人们自我完善的精神追求。

在这种情况下，仅从数量上满足对教育的无止境的需求已不适应时代的变化，现代社会发展要求人们不断地更新、深化自己的知识，也就是要使自己一生处于学习之中。

(3) 应对挑战的教育变革

①**在教育观念方面，树立"泛教育"观。** 教育不仅在时间上贯穿人生全程，在空间上也存在于人生所处的各种场所。我们不仅要重视学校教育，也要重视家庭教育、社会教育；不仅要有制度化教育，也要有非制度化教育。

②**在教育内容方面，学习综合化的知识。** 在终身教育理念下，学习者不仅要学习已有的科学文化知识，更要形成主动学习的能力，根据时代发展的需要，注重对不同的间接经验与直接经验的积累，不断深化所获得的知识经验，以更好地适应不断变革的社会。

③**在教育方式方面，实施灵活多样的教育。** 终身教育要求灵活运用集体教育、个别教育、

面授或远距离教育。当今教学提倡探究学习、合作学习、自主学习等，要求调动学生的主动性和积极性，引导学生自主学习，培养学生的自学能力，以更好地面对快速变化的社会。

④**在教育体系方面，构建终身教育体系**。终身教育思想强调每个人所受的教育都不会止于学校教育阶段，而是一生都受到连续的教育，直至生命的终结。为了应对社会发展和个人成长的挑战，我们要构建终身教育体系，使任何一个年龄阶段的人都有自己能够接受教育或学习的场所。

滴滴小提示

①审题：先读题目，明确问题，然后带着问题阅读材料。

②析题：根据材料，该题涉及的知识点为终身教育。通过分析题干可知，该题共有三问：一是材料中所蕴含的教育思想；二是现代社会发展与个人成长需求对教育的挑战；三是教育应如何主动回应现代社会发展与个人成长需求的挑战。

③答题：

a.结合所学知识来分析材料中所蕴含的教育思想。根据"每个人在人生之初积累知识，尔后就可无限期地加以利用，这实际上已经不够了。他必须有能力在自己的一生中抓住和利用各种机会，去更新、深化和进一步充实最初获得的知识"可知，材料中所蕴含的教育思想就是终身教育思想。答题时可以先写出观点，然后进一步解释终身教育。

b.阐述现代社会发展与个人成长需求对教育的挑战。注意从两个方面展开：一是社会方面，可以联系经济、文化、科技；二是个人方面，可以联系个人发展需要。

c.阐述应对挑战的教育变革。这里可以换一种思路，即如何构建学习化社会、推动终身教育。可以从教育理念（观念）、教育内容、教育方式、教育体系、教育环境、教育目标等方面来阐述。

题目8 教学组织形式与教育机会均等

分析下列材料所揭示的问题及其原因，并论述如何通过改进课堂教学组织形式来促进教学过程中的机会均等。

材料：每个教师都意识到应努力为班内的所有学生提供均等的学习机会，然而，集体教学中的实际情况与这种理想相去甚远。对师生在课堂里相互作用所进行的观察表明：教师（十分无意识地）针对某些学生进行教学与讲解，而忽视了其他学生。教师给予某些学生更多的积极强化与鼓励，鼓励他们积极参与课堂讨论并回答问题，对待其他学生却并非如此。一般来说，教师对班内三分之一或四分之一的优秀生最为关注并给予最多的鼓励，班内半数较差的学生所得到的关注与帮助最少。师生之间关系的这些差异使得一些学生得到了（其他学生所得不到的）更多的机会与鼓励。

材料题

答：①**问题：** 每个教师都能够意识到在教学中应该努力给班内所有的学生提供均等的学习机会，但是在实践中却难以做到。

②**原因：** 现行的教学组织形式为班级授课制，是一种面向学生集体的教学组织形式，这种教学组织形式影响了学生在教学过程中获得均等的教育机会。

③**可从以下几个方面改进课堂教学组织形式**，促进教学过程中的机会均等：

a. 缩小班级规模，实行小班教学。 班级授课制虽然节省师资，可以快速地传授知识，但不利于尊重学生的个性差异，会影响一部分学生的学习积极性。教育实践也进一步证明，班级规模会以潜在的方式影响学生的学习与行为，而小型化班级有助于学生情感的丰富和发展，有助于课堂教学公平的实现。

b. 加强小组与个别指导。 班级授课制实施的是集体的教学，难以顾及个别学生的兴趣爱好。因此，课堂教学应缩短集体教学的时间，加强对学生尤其是成绩落后的学生的个别辅导，使师生在个别辅导中建立一种激励机制，充分表现出教师对学生的重视。

c. 综合运用多种教学组织形式。 可采用小组合作学习、分组教学。小组合作学习是在班级授课制背景下的一种教学方式，即在承认以课堂教学为基本教学组织形式的前提下，教师以学生学习小组为重要的教学组织形式，通过指导小组成员展开合作，形成"组内成员合作，组间成员竞争"的学习模式，发挥群体的积极功能，提高个体的学习动力和能力。分组教学即按学生的能力或兴趣分组进行教学。分组教学是对班级授课制的完善，它比班级授课制更切合学生个人的水平和特点，便于因材施教，有利于人才的培养。

滴滴小提示

①审题：先读题目，明确问题，然后带着问题阅读材料。

②析题：根据材料，该题涉及的知识点为教学组织形式。通过分析题干可知，该题共有三问：一是材料所揭示的问题；二是问题产生的原因；三是解决问题的对策。

③答题：

a. 阐述材料所揭示的问题。根据题干和材料中第一句"每个教师都意识到应努力为班内的所有学生提供均等的学习机会，然而，集体教学中的实际情况与这种理想相去甚远"可知，材料所揭示的问题是教学过程中的教育机会均等问题，答题时结合材料将问题说清楚即可。

b. 阐述问题产生的原因。根据材料中"教师对班内三分之一或四分之一的优秀生最为关注并给予最多的鼓励，班内半数较差的学生所得到的关注与帮助最少"可知，问题产生的原因就在于当前的教学组织形式为班级授课制。班级授课制是面向集体进行授课的，难以照顾到每一位学生，这是班级授课制的局限性。

c. 阐述解决问题的对策。根据上述分析出的问题和原因，对策其实就是针对班级授课制的局限性而提出的。可以结合所学知识，针对班级授课制不利于照顾个别差异的局限性提出解决问题的对策。

题目9 超前教育

为什么北京市教委要采取这样的措施？你怎样看待这些措施？

材料：北京市教委禁止幼儿园上英语课、拼音课，禁止教小朋友进行20以上的加减乘除运算等小学阶段知识的做法，一旦发现存在这些情况，将会对园长进行严肃问责。

答：（1）北京市教委采取这样的措施的原因

根据材料，"北京市教委禁止幼儿园上英语课、拼音课，禁止教小朋友进行20以上的加减乘除运算等小学阶段知识的做法"说明北京市教委反对幼儿教育小学化，反对幼儿园进行超前教育。

超前教育，又称提前教育，顾名思义是指超越儿童常规发展，把以后需要学习接受的事物提前教育。比如让儿童在3岁以前掌握3~6岁的知识、3~6岁时学习小学的课程、小学时学中学的课程、中学时学大学的课程等。超前教育的弊端体现在以下两点：

①**超前教育影响儿童身体发育**。有研究表明，近年来城市儿童和青少年出现体质下降的现象。调查显示65%的中小学生由于"没有时间"，不得不放弃体育锻炼。在各种超前教育班或补习班中度过课余时间的城市儿童比例很高。另外，专家认为在儿童6岁前学写字易患近视。在我国，写字是超前教育的一个主要内容，许多儿童在6岁前就开始了超前写字训练，这对儿童视力的发展非常不利。

②**超前教育影响儿童心理发育**。超前教育影响儿童的心理发育主要表现在三个方面：一是不当的超前教育影响儿童社会性发展。二是不当的超前教育弱化了儿童的人格培养。人格的发展需要循序渐进，需要生活经历的累积。而一味关注超前的知识技能学习，必然导致人格发展没有足够的时间和经验保证，从而被弱化。三是不当的超前教育容易伤害儿童的自信心。最近发展区理论表明：新知识的难度处于儿童独立完成和在有经验的人帮助下能够完成的水平之间，对儿童能力和自信心的提高最有促进作用。如果新知识超出儿童的最近发展区，将会导致儿童投入大量的时间和精力，却收效甚微。一段时间以后，儿童在几经努力仍没有进步体验的情况下，就会产生习得性无助。

（2）对北京市教委采取这样的措施的看法

我赞成北京市教委的举措。具体看法如下：

①**人的发展具有顺序性、阶段性**。人的发展的顺序性是指人的发展具有一定的方向性和顺序性，既不能逾越，也不能逆向发展。人的发展的阶段性是指人的发展变化既体现出量的积累，又表现出质的飞跃，从而表现出发展的阶段性。总体来看，在个体发展的不同阶段，会表现出不同的年龄特征及主要矛盾。人的发展的顺序性和阶段性要求我们在进行教育时应该循序渐进、有针对性。如果一味强调超前教育，则违背了人的身心发展规律，不利于促进儿童的发展。

②**人的发展具有差异性。**个体的智力发展存在早晚和水平上的差异。在常态人群中智力的分布呈现正态曲线。也就是说智力发展同自然年龄基本同步的约占50%，而智力发展显著高于自然年龄的超常儿童不到3%。所以，并不是所有的儿童都适合超前教育。儿童心理学专家也认为超前教育对个别儿童可能适用，而对绝大多数儿童来说是行不通的。

题目10 家庭教育与家校合作

什么是家庭教育？结合以下材料，简要说明怎样才是正常的家校合作。

材料：QQ群里经常有这样的信息："哪位家长方便打印一下这个材料？""哪位家长有时间来整理一下教室？""学校开民主会，哪位家长有时间过来参加下？"……记者近日采访武汉近百位中小学生家长后发现，对老师在班级群里发出的这类"求助信号"，有些热心家长争先恐后"抢任务"，但也有不少家长叫苦不迭，认为这样的"家校合作"有些越界。

答：(1) 家庭教育的内涵

家庭教育是指以家庭为单位，父母或主要监护人在家庭里对子女自觉、有目的、有意识地进行的教育活动。它具有启蒙性、随机性、经验性和个别性等特点。家庭教育在培养青少年健全人格方面具有重大作用。

(2) 正常家校合作的样态

家校合作是指家庭和学校围绕学生发展而结成的人与人关系的集合，其本质是共同体形态在教育领域中的一种存在形式。

①**家校双方自觉自愿的联合。**家校合作是建立在家校双方共同意愿基础上的，应是一种自觉自愿的联合。它并不是在某个特定条件与环境中基于某种压力而被迫结成的合作关系，而是在人们普遍接受与认同基础上形成的合作关系。自觉自愿的联合展现着家校双方的共同意愿，是一种深层次合作的表现。自觉自愿的联合表明了家校双方是独立的、自由的个体。根据材料，QQ群里经常会有教师发出的"求助信号"，一些家长也在抱怨，很明显这并不是建立在双方自愿的基础上。

②**家校合作的"去中心化"。**"去中心化"是针对"中心—边缘"结构而言的，是从根本上淡化或消除一些人处于中心而更多的人分布在边缘的不对等结构。家校合作的"去中心化"主要是指家校双方在合作过程中逐渐消除"中心主义"观念和依据自我定义的位序定位自身角色的状态。"去中心化"的状态是一种家校双方中的每一个人将自己放置于真正共同体之中的状况，在没有中心与边缘的位差结构中采取共同行动去实现合作目标。根据材料，QQ群里经常会有教师发出的"求助信号"，有些热心家长争先恐后"抢任务"，这表明了家校合作的结构是不对等的，更倾向于以学校为中心。正常的家校合作应该是"去中心化"的，家庭和学校都有自身的职责。

③**家校双方的共同行动。** 家校合作的共同行动是指向学生发展或教育获得而进行的共同行为。家校合作缺少了家校双方的共同行动，也就意味着共同体内部行为出现了差异或不同步。因此，真正意义上的家校合作是家校双方都应有着对于"合作"的共同认识，这种共同认识会成为家校合作共同体的一种主流观念，在人们的合作互动中生成共同行动的行为模式。根据材料可知，QQ 群里的合作更像是为了完成某项任务，缺少真正意义上的合作。正常的家校合作应该是家校双方能够有共同的认识，从而采取共同行动。

滴滴小提示

①审题：先读题目，明确问题，然后带着问题读材料。

②析题：该题涉及的知识点为家庭教育和家校合作。该题共有两问：一是家庭教育的概念；二是说明正常家校合作的样态。

③答题：

a.解释专有名词——家庭教育。可以从基本含义、基本特点、重要意义等方面进行解释。

b.阐述正常家校合作的样态。可以先简单介绍一下家校合作，然后结合材料阐述什么样的家校合作是正常的家校合作。一定要明确，家庭教育和学校教育作为不同的教育形态，对学生的发展都具有重要作用，并不是说哪个更重要。所以阐述正常的家校合作样态可以从家校合作的理念、家校合作的职责和角色等方面进行。

注意：可以进一步思考我国家庭教育的现状、存在的问题及解决对策，家校合作存在的问题及解决对策。

题目 11 新时代教师的素养

请结合下述材料，分析新时代教师应具备的素养。

材料：近日，湖南长沙周南实验中学的化学老师任欣敏因亲手做唇膏送学生成了网友口中"别人的老师"。11 月 17 日，湖南日报记者从周南实验中学了解到，任欣敏老师共送了 49 支唇膏给她所教授的学生。送唇膏是因为此前承诺学生，如果期中考试取得好成绩，她就会送上一份神秘的礼物给他们，而该班级在期中考试中化学成绩获得了年级第一。任欣敏老师说，自己制作唇膏送给学生也是想让他们能学以致用，希望学生们更喜欢化学课。拿到唇膏后，学生很开心，迫不及待地涂了起来。任欣敏老师说，受这次送礼物的启发，接下来，她也会继续探索，利用化学知识制作出更多的东西拿来当礼物奖励给学生。（湖南日报：《暖心！90 后化学老师亲手制作 49 支唇膏送学生》）

答： 在新时代，教师不仅是学生学习的指导者、帮助者，还是与学生共同学习的好伙伴。为了更好地指导学生，教师需具备以下素养：

材料题

(1) 道德素养

师德是教师素质的核心，是提高教师各项素质的动力，是教师形象的突出体现，也是办好一所学校、取得社会良好评价的重要因素。新时代的教师应把师德放在首位。"德高为师，身正为范"，教师是学生行动的标杆，其身正，不令而行；其身不正，虽令不从。"无德无以为师"，教师必须以身作则，率先垂范，只有这样做，才能值得学生尊敬和热爱。只有这样的教师，才能真正做到热爱学生，爱护学生，平等地对待学生。材料中，任老师此前承诺过学生，最终也兑现承诺，她利用所教学科知识自制唇膏，积极引导学生热爱学习，这体现了教师良好的师德素养。

(2) 文化素养

教师的主要任务是通过向学生传授科学文化知识，培养其能力，促进其个性生动活泼地发展。一个好教师的基本条件之一，就是要有渊博的知识和多方面的才能。因此，教师对自己所教学科知识应科学、深入地把握，能对自己所教专业融会贯通、深入浅出，达到运用自如的境界。材料中，任老师运用自身的专业知识给学生自制唇膏，体现了教师需要具备文化素养，能够对自己所教的学科知识运用自如。

(3) 能力素养

为了顺利完成教育教学任务，教师必须把所掌握的知识转化成教育教学的实际能力。教师的能力素养包括加工教学内容、选择教学方法的能力，语言表达的能力，组织教育活动的能力，教育研究的能力、课程开发的能力等。材料中，任老师自制唇膏送给学生，并明确会继续探索，利用化学知识制作出更多的东西拿来当礼物奖励给学生，这充分体现了教师需要具备多方面的能力。

(4) 创新素养

创新素养包括四个方面：①创新意识。要有强烈的广泛的兴趣，敢于挑战权威、文本和自我，又能在继承的基础上有所发现和创造。②创新思维。举一反三，触类旁通；方法灵活，多向思维；独辟蹊径，与众不同。③创新能力。在教育教学工作中，能用独到的思维方式和教育机智，化解教育教学中的矛盾和问题，提高育人效益。④创新人格。具有执着的教育情怀和勇于担当的教育责任与使命，以爱育爱，以生命点燃生命，育人无声。材料中，任老师自制唇膏送给学生，希望学生更喜欢化学课，这充分体现了教师应具备创新素养，在教学过程中不断创新。

(5) 信息素养

信息素养是一种对信息社会的适应能力，涉及获取信息的意识、评价信息的能力和运用信息的手段。在信息化背景下，传统标准化教学被学生个性化网络学习所取代，学生的学习主要通过网络学习来完成，课堂成为师生讨论问题的场所。对教师而言，融信息意识、信息知识、信息技能和信息道德为一体的信息素养显得尤为重要。

作为新时代的教师，我们在自己本学科专业素养不断发展的前提下，应该以终身学习的态度培养自身的综合素质，这样才能更好地培养学生。

题目12 德育原则及其基本要求

请结合材料，分析林老师在对小强的德育中运用了什么德育原则？论述该原则的基本要求。

材料：小强和其他班的同学打架，被班主任林老师发现了，林老师首先询问小强和其他同学打架原因，了解到小强是因为看到自己班的同学被其他班的同学欺负了，才"路见不平，拔刀相助"。林老师肯定了小强的正义之心和对同学的关爱之心，但是也告诉小强光靠打架是解决不了问题的，而且打架是学校明令禁止的行为，希望小强将正义之心转化为学习动力，改掉打架的毛病。

答：（1）材料中的林老师对小强进行德育所运用的德育原则

①**正面引导与纪律约束相结合原则。**青少年正处在世界观、人生观、价值观的形成时期，思想尚不健全，容易受一些错误思想的侵蚀，若不对他们进行正面引导，他们很可能误入歧途。教师在教育学生时应该循循善诱，以理服人，以正面引导、说理教育为主，辅之以纪律约束。材料中，林老师对小强的教育从优点入手，肯定小强的正义之心和关爱之心，但也告诉小强打架是学校明令禁止的行为，体现了正面引导与纪律约束相结合的德育原则。

②**长善救失原则。**此原则也被称为发挥积极因素与克服消极因素相结合原则。在德育工作中，教师要善于依靠、发扬学生自身的积极因素，调动学生自我教育的积极性，克服消极因素，实现品德发展内部矛盾的转化。材料中，林老师希望小强将正义之心转化为学习动力，改掉打架的毛病，体现了长善救失的德育原则。

（2）贯彻这两种德育原则的基本要求

①**贯彻正面引导与纪律约束相结合原则的基本要求。a. 讲明道理，疏通思想。**对青少年进行德育时，要注重摆事实、讲道理，做深入细致的思想工作，启发他们自觉认识问题，自觉履行道德规范。**b. 因势利导，循循善诱。**对青少年进行德育时，要善于把学生的积极性和志趣引导到正确的方向上来。**c. 以表扬、激励为主，坚持正面教育。**在青少年成长过程中，要坚持正面教育，对他们表现出的积极性和微小的进步，都要及时肯定，多加赞许、表扬和鼓励，批评与处分只能作为辅助的方法。

②**贯彻长善救失原则的基本要求。a."一分为二"地看待学生。**教师要以"一分为二"和发展的观点看待学生，既要看到积极的一面，也要看到消极的一面；既要看他过去的表现，也要看他现时的表现和后来的变化；既要看到优秀学生的不足之处，也要善于发现后进生身上的闪光点，以便长善救失，促进他们的转变。**b. 发扬积极因素，克服消极因素。**调动学生的积极性，引导他们自觉地发扬和巩固自身的优点来抑制和克服自身的缺点，以便使他们养成良好的品德。**c. 引导学生自觉评价自己，勇于自我教育。**引导学生长善救失，固然需要教师起主导作用，但主要还是靠学生自我教育、自觉发扬优点来克服缺点。

滴滴小提示

①审题：先读题目，明确问题，然后带着问题读材料。

②析题：该题涉及的知识点是德育原则。该题涉及两问：第一问是材料中所体现的德育原则，第二问是贯彻该德育原则的基本要求。

③答题：

a. 分析材料中的德育原则。首先应该明确有什么德育原则，然后根据材料，分析材料中的教师在进行德育时运用了什么原则。根据材料后半段"林老师肯定了小强的正义之心和对同学的关爱之心，但是也告诉小强光靠打架是解决不了问题的，而且打架是学校明令禁止的行为，希望小强将正义之心转化为学习动力，改掉打架的毛病"可知，教师运用了正面引导与纪律约束相结合原则、长善救失原则，说明这两个原则之后再进一步解释其具体内容。

b. 说明贯彻德育原则的基本要求。根据第一问分析的德育原则，具体阐述贯彻正面引导与纪律约束相结合原则和长善救失原则的基本要求。

附录 A
客观题点睛

中国教育史中的"最"

1. 中国历史上记载**最早的儿童识字课本**——《史籀篇》。

2. **流传最广且一直保存至今**的儿童课本——《急就篇》。

3. 西汉时，**流传最广、影响最大的蒙学教材**——《急就篇》。

4. 中国历史上**最先论述教育与经济发展关系**（"庶、富、教"）的教育家——孔子。

5. 世界上**最早提出启发式教学的教育家**——孔子。

6. **孟子**强调人与动物的本质区别在于**"四心"**——恻隐之心，羞恶之心，恭敬之心，是非之心，**其中"恻隐之心"是最基本的**，是人类发展"仁"的基础。

7. 中国教育史上**最先明确提出"量力"这一教育方法的教育家**——墨子。

8. **先秦儒家最后一位大师**——荀子。

9. 荀子认为，**大儒是最理想的一类人才**。

10. 荀子认为，**行是学习必不可少的，也是最高的阶段**。

11. 汉代**察举中最重要的科目**——孝廉。

12. **王充把最高级的知识分子称为**——"鸿儒"。

13. 唐代科举考试科目中，**秀才科标准最高，录取最难**。

14. 宋朝**"兴文教"政策最直接、最重要的体现**——三次兴学运动。

15. **明朝名声和影响最大的书院**——东林书院。

16. **清朝最基层的地方官学**——社学。

17. **洋务派最早创办的外国语学堂**——京师同文馆。

18. **京师同文馆建立了中国近代最早的化学实验室和博物馆**。

19. 近代中国第一个，也是**洋务运动时期最大的专门制造近代轮船的工厂**——福建船政学堂。

20. 中国近代**第一所由中央政府建立的综合性大学**——京师大学堂。

21. 既是近代中国**最高的学府**，也是中国**最高的教育行政机关**——京师大学堂。

22. 中国**最早介绍和提倡根据心理学的研究来制定学制的人**——梁启超。

23. 1901 年创刊的**中国近代最早的教育专业刊物**——《教育世界》。

24. **最早传入中国的西方教学法**——赫尔巴特的"五段教学法"。

25. 中国**最早的马克思主义教育理论家和青年教育家**——杨贤江。

26. **晏阳初**认为，在"四大教育"中，公民教育最为根本。

27. **陶行知**认为，穷国普及教育最重要的钥匙是"小先生制"。

中国教育史中的"第一"

1. 稷下学宫制定了我国**历史上第一个学生守则**——《弟子职》。

2. **荀子**继承和发展了孔子的"**学、思、行**"思想，**第一次把三者有机联系起来**。

3. 中国乃至世界教育史上**第一篇最完整的教育专文**——《学记》。

4. **汉代中央官学中的太学**是世界教育史上有明确文字记载的**由统一的中央政府设立的第一所官立大学**。

5. **鸿都门学**是世界上**第一所文学艺术专门学校**。

6. 刘劭的《**人物志**》是中国古代**第一部人才教育理论的专著**。

7. 中国教育史上**第一次明确提出教育应培养创造性的学术理论人才的教育家**——**王充**。

8. 中国封建社会**第一部系统完整的家庭教科书**——《颜氏家训》。

9. 中国古代**第一篇集中论述教师问题的文章**——《师说》。

10. 中国教学制度发展史上，**第一次按实际需要**，在同一学校中分设经义斋和治事斋，**实行分科教学的教学制度**——"苏湖教法"。

11. 中国书院发展史上**第一个纲领性学规（第一个完整系统的学规）**——《白鹿洞书院揭示》。

12. 1839 年，**中国第一所西式学校马礼逊学校**在澳门正式开办。

13. 近代中国**第一所实施班级授课制的官办新式学堂**——京师同文馆。

14. 1872 年，应曾国藩和李鸿章之请，**清政府派出第一批幼童赴美留学**。

15. **1877 年** 3 月 31 日，中国近代**第一批被正式派遣的留欧学生**出发赴欧。

16. 中国近代**第一所国人自办的正规女子学校**——经正女学。

17. **梁启超**是中国近代教育史上**第一次专文论述师范教育问题**的人。

18. **严复**是中国近代从**德、智、体**三要素出发构建教育目标模式的第一人。

19. 中国近代**第一个以中央政府名义制定**的全国性学制系统——壬寅学制。

20. 中国近代**由中央政府颁布并首次得到施行的**全国性法定学制系统——癸卯学制。

21. **壬子癸丑学制**是中国近代第一个**资产阶级性质**的学制。

22. **王国维**从受教育者的基本素质出发，在中国近代教育史上第一次提出德、智、体、美**四育并重的教育宗旨**。

23. 中华民国**第一任教育总长**——**蔡元培**。

24. 黄炎培发起中国近代**第一个研究、倡导、实验和推行职业教育的专门机构**——**中华职业教育社**。

25. 中国近代学制发展史上**第一次将学制阶段的划分建立在对我国儿童身心发展阶段的研究上的学制**——1922 年"新学制"。

26. **中华民国第一个教育方针**——"注重道德教育，以实利教育、军国民教育辅之，更以美感教育完成其道德"。

27. **工读主义教育思潮**在中国教育史上**第一次**提出了教育应该与生产劳动相结合的思想。

28. 杨贤江的《新教育大纲》是中国教育史上**第一部**运用马克思主义论述教育原理的专著。

29. 杨贤江的《教育史 ABC》是中国**第一部**运用历史唯物主义分析世界教育历史的著作。

30. 中国**第一所实验幼稚园**——陈鹤琴的鼓楼幼稚园。

外国教育史中的"最"

1. **古印度种姓中地位最高的**——婆罗门。

2. **西方最早的职业教师**——智者。

3. **理想国中教育的最高目**的是培养哲学家兼政治家——**哲学王**。

4. **柏拉图是"寓学习于游戏"的最早倡导者。**

5. 西塞罗认为，练习是培养雄辩家必不可少的环节，最常用的练习法是**模拟演说**。

6. **修道院**是西欧中世纪最主要的教育机构。

7. 中世纪欧洲最普遍的学校教育形式——**堂区学校**。

8. 欧洲**最出名的宫廷学校**——法兰克王宫宫廷学校。

9. 拜占庭**最有影响的高等学校**——君士坦丁堡大学。

10. "文艺复兴时期最彻底的教育书籍"——维夫斯的《知识论》。

11. 蒙田认为**本族语**是最有价值的。

12. 洛克认为一国之中**绅士教育**是最应该注意的。

13. **斯宾塞提出"科学知识最有价值"。**

14. 最早颁布**义务教育法令的国家**——德国。

15. **俄国政府**历史上发布最早的有关国民**教育制度的正式法令**——叶卡捷琳娜二世的《俄罗斯帝国国民学校章程》。

16. 乌申斯基认为，为发展教育学，培养一批教育学者，最好的途径便是**创办教育系**。

17. 裴斯泰洛齐认为，**德育中最基本的要素是儿童对母亲的爱；智育中最基本的要素是数目、形状和语言；体育中最基本的要素是关节活动。**

18. 赫尔巴特认为，教学的最高目的在于养成德行。

19. 马卡连柯认为，纪律是达到集体目的的最好方式。

外国教育史中的"第一"

1. 第一次提出以**考试作为选拔人才的手段之一**的教育家——**柏拉图**。

2. 教育史上**第一次提出双语教育问题**，希望儿童先学希腊语，再学拉丁语，最后，两种语言的学习同时并进的教育家——**昆体良**。

3. **欧洲第一所新式大学**——哈勒大学。

4. **西方教育史上的第一本学前教育学著作**——夸美纽斯的**《母育学校》**。

5. **欧洲第一本儿童看图识字课本**——夸美纽斯的**《世界图解》**。

6. 夸美纽斯第一次从**感觉论**出发论证了直观教学的重要性和实施方法。

7. **裴斯泰洛齐**是第一个明确提出"教育心理学化"口号和诉求的教育家。

8. **裴斯泰洛齐**是西方教育史上第一位把教育与生产劳动相结合的思想付诸实践的教育家。

9. **赫尔巴特**是西方历史上**第一位把心理学作为一门独立学科加以研究**，并努力把它建成为一门科学的思想家。

10. **亚里士多德**在历史上第一次提出了**"教育遵循自然"**的原则。

11. **《费舍教育法》**在英国历史上第一次明确宣布教育立法的实施"要考虑到建立面向全体有能力受益的人的全国公共教育制度"。

12. **《哈多报告》**第一次从国家的角度阐明了初等教育与中等教育衔接，中等教育面向全体儿童的思想。

教育心理学中的"最"

1. 1868 年，**俄国著名教育家乌申斯基**出版了《人是教育的对象》一书，对当时心理学的发展成果进行了总结，并最早尝试在教育工作中系统运用心理学知识。因此，乌申斯基被誉为**"俄罗斯教育心理学的奠基人"**。

2. 1887 年，俄国心理学家**卡普捷列夫**出版了**《教育心理学》**一书，这是**最早正式以"教育心理学"命名的著作**。

3. **埃里克森**是最早研究人的一生发展的心理学家。

4. 布鲁纳认为学生掌握学科基本结构的最好方法是**发现法**。

5. **耶克斯和多德森**等人的研究表明，动机强度与学习效率之间是一种倒 U 形曲线关系，中等强度的动机最有利于任务的完成，即动机强度在中等水平时，工作效率最高。

6. **马斯洛**认为，在**人的需要层次中，生理需要是最基本的需要，自我实现的需要是最高级的**需要。

7. 最早提出归因理论的是**海德**。

8. 最早提出自我效能感理论的是**班杜拉**。

9. **学习程度与遗忘和保持有一定的关系，一般认为，学习程度达到 150% 的过度学习对记忆保持是最适宜的。**

10. **品德**是个性中最有道德评价意义的部分。

教育心理学中的"第一"

1. 机能主义心理学是美国的第一个心理学流派，先驱是**詹姆斯**。

2. 1879 年，德国心理学家**冯特**在莱比锡大学建立了世界上第一个心理实验室，标志着**科学心理学的诞生**。

3. 1903 年，美国心理学家**桑代克**出版了《教育心理学》，这是西方**第一本以"教育心理学"命名的专著**，标志着教育心理学的诞生。

4. **中国出版的第一本教育心理学著作**是 1908 年由房东岳翻译的日本小泉又一所著的**《教育实用心理学》**。

5. 1924 年，**廖世承**编写了我国第一本《教育心理学》教科书。

6. 美国第一个将巴甫洛夫的研究结果作为学习理论基础的心理学家——**华生**。

7. 第一个系统地追踪研究儿童道德认知发展的心理学家——**皮亚杰**。

教育学原理中的"最"

1. 战国末期的**《学记》**是我国古代乃至世界上最早出现的专门论述教育问题的文章。

2. 古罗马昆体良的**《论演说家的培养》**（《雄辩术原理》）是西方**最早的教育专著**。

3. 捷克教育家夸美纽斯的**《大教学论》**是近代最早的一部教育学著作。

4. 在我国，一般认为"教育"的概念最早见于《孟子·尽心上》中"得天下英才而教育之，三乐也"一句。

5. 在我国，**孟子最早将"教""育"二字合成一个词使用**。

6. 在西方，"**课程**"一词最早出现在英国教育家斯宾塞的《什么知识最有价值》一文中。

7. 我国**古代的"六艺"、古希腊的"七艺"和"武士七艺"都可以说是最早的学科课程**。

8. **教学设计最关键的环节——教学内容设计**。

9. **个别教学制是最早出现的教学组织形式**。

10. 在西方教育文献中，**最早使用"教学论"一词**的是德国教育家**拉特克**和捷克教育家**夸美纽斯**。

11. **德育过程中最一般、最普遍的矛盾**是社会通过教师向学生提出的道德要求与学生已有品德水平之间的矛盾。

12. **教师经济待遇**不仅影响教师个体的生存与发展，也影响教师队伍的稳定与专业化程度，它是**教师社会地位最直接的表现**。

教育学原理中的"第一"

1. 古罗马昆体良的《论演说家的培养》（《雄辩术原理》）被称为**世界上第一本研究教学法的书**。

2. 英国哲学家培根在《论科学的价值和发展》中，**首次提出把"教育学"作为一门独立的学科**。

3. 德国教育家赫尔巴特于 1806 年出版的《普通教育学》被认为是**世界上第一本形成了科学体系的教育学著作**，它的出现标志着教育学成为一门独立的学科。

4. 德国哲学家康德于 1776 年开始在哥尼斯堡大学讲授教育学，这是**教育学列入大学课程的开端**。

5. **德国教育学家特普拉是世界上第一位教育学教授**，他出版的《教育学研究》成为西方历史上**第一本以"教育学"命名的专著**，标志着作为学科的教育学基本形成。

6. **生物起源说**是教育学史上**第一个正式提出的有关教育起源的学说**，标志着在教育起源问题上开始从神话解释转向科学解释。

7. **首次阐述终身教育理念**的报告是《学会生存——教育世界的今天和明天》。

8. 美国学者博比特的《课程》一书，标志着课程作为专门研究领域的诞生，这也是**教育史上第一本课程理论专著**。

9. **我国第一次从法律上确认了教师社会地位的专业性和神圣性的法律**是 1993 年通过的《中华人民共和国教师法》。

目录

上篇

核心必背基础题

第一部分
中国教育史

一、教育思想

题目 1 论述孔子的教育实践与教育思想

背诵重点

（1）教育实践：＿＿＿＿＿＿＿＿＿＿＿＿＿＿与＿＿＿＿＿＿＿＿＿＿＿＿＿＿＿

（2）教育与社会的发展：＿＿＿＿＿＿＿＿＿＿＿＿＿＿＿＿＿＿＿＿＿＿＿＿

（3）教育与人的发展：＿＿＿＿＿＿＿＿＿＿＿＿＿＿＿＿＿＿＿＿＿＿＿＿＿

（4）教育对象：＿＿＿＿＿＿＿＿＿＿＿＿＿＿＿＿＿＿＿＿＿＿＿＿＿＿＿＿

（5）教育目标：＿＿＿＿＿＿＿＿＿＿＿＿＿＿＿＿＿＿＿＿＿＿＿＿＿＿＿＿

（6）教育内容：＿＿＿＿＿＿＿＿＿＿＿＿＿＿＿＿＿＿＿＿＿＿＿＿＿＿＿＿

（7）教育方法：①＿＿＿＿＿＿＿；②＿＿＿＿＿＿＿；③＿＿＿＿＿＿＿；④＿＿＿＿＿＿＿

（8）论道德教育：

①道德教育内容：＿＿＿＿＿＿＿＿＿＿＿＿＿＿＿＿＿＿＿＿＿＿＿＿＿＿＿

②道德教育原则和方法：a.＿＿＿＿＿＿＿；b.＿＿＿＿＿＿＿；c.＿＿＿＿＿＿＿；d.＿＿＿＿＿＿＿；

e.＿＿＿＿＿＿＿；f.＿＿＿＿＿＿＿

（9）教师品格：①＿＿＿＿＿＿＿；②＿＿＿＿＿＿＿；③＿＿＿＿＿＿＿；④＿＿＿＿＿＿＿；

⑤＿＿＿＿＿＿＿；⑥＿＿＿＿＿＿＿

题目 2 论述孟子的教育思想

背诵重点

（1）人性论：＿＿＿＿＿＿＿＿＿＿＿＿＿＿＿＿＿＿＿＿＿＿＿＿＿＿＿＿＿

（2）教育的个体作用：＿＿＿＿＿＿＿＿＿＿＿＿＿＿＿＿＿＿＿＿＿＿＿＿＿

（3）教育的社会作用：＿＿＿＿＿＿＿＿＿＿＿＿＿＿＿＿＿＿＿＿＿＿＿＿＿

（4）教育目的：＿＿＿＿＿＿＿＿＿＿＿＿＿＿＿＿＿＿＿＿＿＿＿＿＿＿＿＿

（5）"大丈夫"的理想人格与修养学说：

①内涵：＿＿＿＿＿＿＿＿＿＿＿＿＿＿＿＿＿＿＿＿＿＿＿＿＿＿＿＿＿＿＿＿

②培养途径：a.＿＿＿＿＿＿＿；b.＿＿＿＿＿＿＿；c.＿＿＿＿＿＿＿；d.＿＿＿＿＿＿＿

（6）教学思想（教学方法与原则）：①＿＿＿＿＿＿＿；②＿＿＿＿＿＿＿；③＿＿＿＿＿＿＿；④＿＿＿＿＿＿＿

题目 3 论述荀子的教育思想

背诵建议：☑ 逐字背诵　□ 要点背诵
自测结果：□ 非常熟悉　□ 熟悉　□ 不熟悉

背诵重点

（1）"性恶论"与教育作用：①＿＿＿＿＿＿；②＿＿＿＿＿＿；③＿＿＿＿＿＿

（2）教育目标：＿＿＿＿＿＿＿＿＿＿＿＿＿＿＿＿＿＿＿＿

（3）教育内容：＿＿＿＿＿＿＿＿＿＿＿＿＿＿＿＿＿＿＿＿

（4）学习过程与方法：①＿＿＿＿＿＿；②＿＿＿＿＿＿；③＿＿＿＿＿＿

（5）论教师：①＿＿＿＿＿＿；②＿＿＿＿＿＿；③＿＿＿＿＿＿

题目 4 论述墨子与墨家的教育思想

背诵建议：☑ 逐字背诵　□ 要点背诵
自测结果：□ 非常熟悉　□ 熟悉　□ 不熟悉

背诵重点

（1）"素丝说"（"染丝说"）：＿＿＿＿＿＿＿＿＿＿＿＿＿＿＿＿＿＿

（2）教育目标：＿＿＿＿＿＿＿＿＿＿＿＿＿＿＿＿＿＿＿＿

（3）教育内容：＿＿＿＿＿＿＿＿＿＿＿＿＿＿＿＿＿＿＿＿

①＿＿＿＿＿＿；②＿＿＿＿＿＿；③＿＿＿＿＿＿；④＿＿＿＿＿＿

（4）教育方法：①＿＿＿＿＿＿；②＿＿＿＿＿＿；③＿＿＿＿＿＿；④＿＿＿＿＿＿

题目 5 论述董仲舒的道德教育观

背诵建议：□ 逐字背诵　☑ 要点背诵
自测结果：□ 非常熟悉　□ 熟悉　□ 不熟悉

背诵重点

（1）德育作用：＿＿＿＿＿＿＿＿＿＿＿＿＿＿＿＿＿＿＿＿

（2）德育内容：＿＿＿＿＿＿＿＿＿＿＿＿＿＿＿＿＿＿＿＿

（3）德育原则和方法：①＿＿＿＿＿＿；②＿＿＿＿＿＿；③＿＿＿＿＿＿

题目 6 论述王充的学习观

背诵建议：□ 逐字背诵　☑ 要点背诵
自测结果：□ 非常熟悉　□ 熟悉　□ 不熟悉

背诵重点

（1）＿＿＿＿＿＿＿＿＿与＿＿＿＿＿＿＿＿＿

（2）＿＿＿＿＿＿＿＿＿与＿＿＿＿＿＿＿＿＿

（3）＿＿＿＿＿＿＿＿＿与＿＿＿＿＿＿＿＿＿

题目 7 　论述颜之推的儿童（家庭）教育思想

背诵建议：□ 逐字背诵　☑ 要点背诵
自测结果：□ 非常熟悉　□ 熟悉　□ 不熟悉

背诵重点

（1）早教原因：① _____；② _____

（2）教育内容：_____

（3）原则与方法：① _____；② _____；③ _____；④ _____；

⑤ _____；⑥ _____

题目 8 　论述韩愈的师道观

背诵建议：□ 逐字背诵　☑ 要点背诵
自测结果：□ 非常熟悉　□ 熟悉　□ 不熟悉

背诵重点

（1）尊师的原因：① _____；② _____；③ _____

（2）教师的标准：_____

（3）教师的任务和职责：_____

（4）民主平等的师生关系：_____

题目 9 　论述"朱子（朱熹）读书法"

背诵建议：□ 逐字背诵　☑ 要点背诵
自测结果：□ 非常熟悉　□ 熟悉　□ 不熟悉

背诵重点

（1）_____；（2）_____；（3）_____；

（4）_____；（5）_____；（6）_____

题目 10 　论述王守仁的儿童教育思想

背诵建议：□ 逐字背诵　☑ 要点背诵
自测结果：□ 非常熟悉　□ 熟悉　□ 不熟悉

背诵重点

（1）_____

（2）_____

（3）_____

（4）_____

题目 11 　论述王夫之的教育思想

背诵建议：□ 逐字背诵　☑ 要点背诵
自测结果：□ 非常熟悉　□ 熟悉　□ 不熟悉

背诵重点

（1）教育作用：① _____；② _____

（2）教学思想：① _____；② _____；③ _____

（3）道德观和道德修养论：

道德观：①＿＿＿＿＿＿＿＿＿＿＿＿；②＿＿＿＿＿＿＿＿＿＿＿＿＿

道德修养论：①＿＿＿＿＿＿＿＿；②＿＿＿＿＿＿＿＿；③＿＿＿＿＿＿＿＿

（4）论教师：①＿＿＿＿＿＿＿＿；②＿＿＿＿＿＿＿＿；③＿＿＿＿＿＿＿＿

题目 12 论述颜元的教育实践与教育思想

背诵建议：□ 逐字背诵　☑ 要点背诵
自测结果：□ 非常熟悉　□ 熟悉　□ 不熟悉

背诵重点

（1）教育实践：＿＿＿＿＿＿＿＿＿＿＿＿＿＿＿＿＿＿＿＿＿＿＿＿＿＿

（2）培养目标：＿＿＿＿＿＿＿＿＿＿＿＿＿＿＿＿＿＿＿＿＿＿＿＿＿＿

（3）教育内容：＿＿＿＿＿＿＿＿＿＿＿＿＿＿＿＿＿＿＿＿＿＿＿＿＿＿

（4）教学方法：＿＿＿＿＿＿＿＿＿＿＿＿＿＿＿＿＿＿＿＿＿＿＿＿＿＿

①＿＿＿＿＿＿＿；②＿＿＿＿＿＿＿；③＿＿＿＿＿＿＿；④＿＿＿＿＿＿＿

题目 13 论述张之洞的"中体西用"思想及其历史作用与局限性

背诵建议：☑ 逐字背诵　□ 要点背诵
自测结果：□ 非常熟悉　□ 熟悉　□ 不熟悉

背诵重点

（1）《劝学篇》中对"中体西用"思想的系统阐述：

①"中学"与"西学"的内涵：＿＿＿＿＿＿＿＿＿＿＿＿＿＿＿＿＿＿＿＿

②"中学"与"西学"的关系：＿＿＿＿＿＿＿＿＿＿＿＿＿＿＿＿＿＿＿＿

（2）"中体西用"思想的历史作用与局限性：

①历史作用：a.＿＿＿＿＿＿＿＿；b.＿＿＿＿＿＿＿＿；c.＿＿＿＿＿＿＿＿

②局限性：a.＿＿＿＿＿＿＿＿＿＿＿；b.＿＿＿＿＿＿＿＿＿＿＿

题目 14 论述梁启超的教育思想

背诵建议：□ 逐字背诵　☑ 要点背诵
自测结果：□ 非常熟悉　□ 熟悉　□ 不熟悉

背诵重点

（1）教育作用：①＿＿＿＿＿＿＿＿＿＿＿；②＿＿＿＿＿＿＿＿＿＿＿

（2）教育宗旨（目的）：＿＿＿＿＿＿＿＿＿＿＿＿＿＿＿＿＿＿＿＿＿＿

（3）教育改革主张：①＿＿＿＿＿＿；②＿＿＿＿＿＿；③＿＿＿＿＿＿；④＿＿＿＿＿＿

（4）论西方教育：①＿＿＿＿＿＿＿＿＿＿＿；②＿＿＿＿＿＿＿＿＿＿＿

题目 15 论述严复的"三育论"

背诵建议：□ 逐字背诵 ☑ 要点背诵
自测结果：□ 非常熟悉 □ 熟悉 □ 不熟悉

背诵重点

（1）"鼓民力"：_____

（2）"开民智"：_____

（3）"新民德"：_____

题目 16 论述蔡元培的教育实践与教育思想

背诵建议：☑ 逐字背诵 □ 要点背诵
自测结果：□ 非常熟悉 □ 熟悉 □ 不熟悉

背诵重点

（1）"五育"并举的教育方针：①_____；②_____；③_____；
④_____；⑤_____

（2）改革北京大学的教育实践：①_____；②_____；③_____；④_____

（3）教育独立思想：①_____；②_____；③_____；④_____

题目 17 论述杨贤江的青年教育思想

背诵建议：□ 逐字背诵 ☑ 要点背诵
自测结果：□ 非常熟悉 □ 熟悉 □ 不熟悉

背诵重点

（1）"全人生指导"与青年教育：_____

（2）青年教育的原因：_____

（3）青年教育的内容：①_____；②_____；③_____；④_____

题目 18 论述黄炎培的职业教育思想及实践

背诵建议：☑ 逐字背诵 □ 要点背诵
自测结果：□ 非常熟悉 □ 熟悉 □ 不熟悉

背诵重点

（1）职业教育的探索：_____

（2）职业教育的地位：①_____；②_____；③_____

（3）职业教育的目的：_____

（4）职业教育的作用：①_____；②_____

（5）职业教育的办学方针：①_____；②_____

（6）职业教育的教学原则：_____

（7）职业道德教育：①_____；②_____

题目 19 论述晏阳初的"四大教育"与"三大方式"

背诵建议：☑ 逐字背诵 □ 要点背诵
自测结果：□ 非常熟悉 □ 熟悉 □ 不熟悉

背诵重点

（1）"四大教育"：① _____；② _____；③ _____；④ _____

（2）"三大方式"：_____

① _____；② _____；③ _____

题目 20 论述梁漱溟的乡村建设与乡村教育理论

背诵建议：☑ 逐字背诵 □ 要点背诵
自测结果：□ 非常熟悉 □ 熟悉 □ 不熟悉

背诵重点

（1）乡村建设与乡村教育理论：

① _____

② _____

③ _____

（2）乡村教育的实施：

① _____

② _____：a._____；b._____

③ _____：a._____；b._____

题目 21 论述陈鹤琴的"活教育"思想

背诵建议：☑ 逐字背诵 □ 要点背诵
自测结果：□ 非常熟悉 □ 熟悉 □ 不熟悉

背诵重点

（1）目的论：_____

（2）课程论：_____

（3）教学论：

①教学方法：_____

②教学步骤：a._____；b._____；c._____；d._____

题目 22 论述陶行知的"生活教育"思想及实践

背诵建议：☑ 逐字背诵 □ 要点背诵
自测结果：□ 非常熟悉 □ 熟悉 □ 不熟悉

背诵重点

（1）生活教育实践：① _____；② _____；③ _____；④ _____

（2）生活教育理论：

① "生活即教育"：a.＿＿＿＿＿＿＿＿＿＿＿ ; b.＿＿＿＿＿＿＿＿＿＿＿ ; c.＿＿＿＿＿＿＿＿＿＿＿

② "社会即学校"：a.＿＿＿＿＿＿＿＿＿＿＿＿＿＿ ; b.＿＿＿＿＿＿＿＿＿＿＿＿＿＿

③ "教学做合一"：a.＿＿＿＿＿＿＿＿＿ ; b.＿＿＿＿＿＿＿＿＿＿ ; c.＿＿＿＿＿＿＿＿＿＿ ; d.＿＿＿＿＿＿＿＿＿

二、教育著作

题目 1 论述《大学》的"三纲领"和"八条目"

背诵建议：□ 逐字背诵 ☑ 要点背诵
自测结果：□ 非常熟悉 □ 熟悉 □ 不熟悉

背诵重点

（1）"三纲领"：①＿＿＿＿＿＿＿＿＿ ; ②＿＿＿＿＿＿＿＿＿ ; ③＿＿＿＿＿＿＿＿＿

（2）"八条目"：①＿＿＿＿＿＿＿＿＿ ; ②＿＿＿＿＿＿＿＿＿ ; ③＿＿＿＿＿＿＿＿＿

题目 2 论述《中庸》的教育思想

背诵建议：□ 逐字背诵 ☑ 要点背诵
自测结果：□ 非常熟悉 □ 熟悉 □ 不熟悉

背诵重点

（1）教育的本质与作用：＿＿＿＿＿＿＿＿＿＿＿＿＿＿＿＿＿＿＿＿＿＿＿＿＿＿

（2）道德准则：＿＿＿＿＿＿＿＿＿＿＿＿＿＿＿＿＿＿＿＿＿＿＿＿＿＿＿＿＿＿＿

（3）教育途径：＿＿＿＿＿＿＿＿＿＿＿＿＿＿＿＿＿＿＿＿＿＿＿＿＿＿＿＿＿＿＿

（4）学习过程和步骤：＿＿＿＿＿＿＿＿＿＿＿＿＿＿＿＿＿＿＿＿＿＿＿＿＿＿＿

题目 3 论述《学记》的教育思想

背诵建议：☑ 逐字背诵 □ 要点背诵
自测结果：□ 非常熟悉 □ 熟悉 □ 不熟悉

背诵重点

（1）教育作用与目的：＿＿＿＿＿＿＿＿＿＿＿＿＿＿＿＿＿＿＿＿＿＿＿＿＿＿＿

（2）教育制度与学校管理：①＿＿＿＿＿＿＿＿＿ ; ②＿＿＿＿＿＿＿＿＿ ; ③＿＿＿＿＿＿＿＿＿

（3）教育教学原则：①＿＿＿＿＿＿＿＿ ; ②＿＿＿＿＿＿＿＿ ; ③＿＿＿＿＿＿＿ ; ④＿＿＿＿＿＿＿ ;

⑤＿＿＿＿＿＿＿ ; ⑥＿＿＿＿＿＿＿ ; ⑦＿＿＿＿＿＿＿ ; ⑧＿＿＿＿＿＿＿

（4）教学方法：①＿＿＿＿＿＿＿＿＿＿ ; ②＿＿＿＿＿＿＿＿＿＿ ; ③＿＿＿＿＿＿＿＿＿＿

（5）论教师：＿＿＿＿＿＿＿＿＿＿＿＿＿＿＿＿＿＿＿＿＿＿＿＿＿＿＿＿＿＿＿＿＿

三、教育制度

题目 1 论述西周"六艺"教育的内容和特征

背诵建议：☑ 逐字背诵 □ 要点背诵
自测结果：□ 非常熟悉 □ 熟悉 □ 不熟悉

背诵重点

（1）内容：① _____ ；② _____ ；③ _____ ；④ _____ ；⑤ _____ ；⑥ _____

（2）特征：① _____ ；② _____ ；

③ _____ ；④ _____

题目 2 论述稷下学宫的性质及办学特色

背诵建议：☑ 逐字背诵 □ 要点背诵
自测结果：□ 非常熟悉 □ 熟悉 □ 不熟悉

背诵重点

（1）性质：① _____ ；② _____

（2）办学特色：

① _____ ：a. _____ ；b. _____ ；c. _____ ；d. _____

② _____ ：a. _____ ；b. _____

③ _____

题目 3 论述汉初（董仲舒）的三大文教政策

背诵建议：□ 逐字背诵 ☑ 要点背诵
自测结果：□ 非常熟悉 □ 熟悉 □ 不熟悉

背诵重点

（1）_____

（2）_____

（3）_____

题目 4 论述太学的特点

背诵建议：□ 逐字背诵 ☑ 要点背诵
自测结果：□ 非常熟悉 □ 熟悉 □ 不熟悉

（1）教师与学生：_____

（2）培养目标：_____

（3）教学内容：_____

（4）教学形式：_____

（5）考试制度：_____

题目 5 论述隋唐时期学校教育制度的特点

背诵建议：□ 逐字背诵　☑ 要点背诵
自测结果：□ 非常熟悉　□ 熟悉　□ 不熟悉

背诵重点

（1）_____

（2）_____

（3）_____

（4）_____

（5）_____

题目 6 论述北宋的三次兴学

背诵建议：☑ 逐字背诵　□ 要点背诵
自测结果：□ 非常熟悉　□ 熟悉　□ 不熟悉

背诵重点

（1）"庆历兴学"：①_____；②_____；③_____

（2）"熙宁兴学"：①_____；②_____；③_____；④_____

（3）"崇宁兴学"：①_____；②_____；③_____；

④_____；⑤_____

题目 7 论述洋务学堂的类型及特点

背诵建议：□ 逐字背诵　☑ 要点背诵
自测结果：□ 非常熟悉　□ 熟悉　□ 不熟悉

背诵重点

（1）类型：①_____；②_____；③_____

（2）特点：新旧杂糅。

①新的方面：a._____；b._____；c._____；d._____；e._____

②旧的方面：a._____；b._____；c._____

题目 8 论述"百日维新"中的教育改革

背诵建议：□ 逐字背诵　☑ 要点背诵
自测结果：□ 非常熟悉　□ 熟悉　□ 不熟悉

背诵重点

（1）_____

《京师大学堂章程》的具体内容：①_____；②_____；③_____；④_____

（2）_____

（3）_____

题目 9 论述清末新政时期的教育改革

背诵建议：☐ 逐字背诵　☑ 要点背诵
自测结果：☐ 非常熟悉　☐ 熟悉　☐ 不熟悉

背诵重点

（1）颁布学制：①＿＿＿＿＿＿＿＿＿＿；②＿＿＿＿＿＿＿＿＿＿＿

（2）废科举，兴学堂：＿＿＿＿＿＿＿＿＿＿＿＿＿＿＿＿＿＿＿＿＿

（3）建立教育行政体制：＿＿＿＿＿＿＿＿＿＿＿＿＿＿＿＿＿＿＿＿

（4）制定教育宗旨：＿＿＿＿＿＿＿＿＿＿＿＿＿＿＿＿＿＿＿＿＿＿

（5）留学教育的勃兴：①＿＿＿＿＿＿＿＿＿＿；②＿＿＿＿＿＿＿＿＿

题目 10 论述 1922 年"新学制"

背诵建议：☑ 逐字背诵　☐ 要点背诵
自测结果：☐ 非常熟悉　☐ 熟悉　☐ 不熟悉

背诵重点

（1）"新学制"的七项标准：①＿＿＿＿＿；②＿＿＿＿＿；③＿＿＿＿＿；④＿＿＿＿＿；
⑤＿＿＿＿＿；⑥＿＿＿＿＿；⑦＿＿＿＿＿

（2）"新学制"的特点：①＿＿＿＿＿；②＿＿＿＿＿；③＿＿＿＿＿；④＿＿＿＿＿；
⑤＿＿＿＿＿；⑥＿＿＿＿＿

题目 11 论述平民教育思潮与科学教育思潮的主要内容

背诵建议：☐ 逐字背诵　☑ 要点背诵
自测结果：☐ 非常熟悉　☐ 熟悉　☐ 不熟悉

背诵重点

（1）平民教育思潮：

①初步具有共产主义思想的知识分子：

a. 观点：＿＿＿＿＿＿＿＿＿＿＿＿＿＿＿＿＿＿＿＿＿＿＿＿＿＿＿＿

b. 实践：＿＿＿＿＿＿＿＿＿＿＿＿＿＿＿＿＿＿＿＿＿＿＿＿＿＿＿＿

②资产阶级和小资产阶段知识分子：

a. 观点：＿＿＿＿＿＿＿＿＿＿＿＿＿＿＿＿＿＿＿＿＿＿＿＿＿＿＿＿

b. 实践：＿＿＿＿＿＿＿＿＿＿＿＿＿＿＿＿＿＿＿＿＿＿＿＿＿＿＿＿

（2）科学教育思潮：

①内容：

a. 科学的教育化：＿＿＿＿＿＿＿＿＿＿＿＿＿＿＿＿＿＿＿＿＿＿＿＿

b. 教育的科学化：＿＿＿＿＿＿＿＿＿＿＿＿＿＿＿＿＿＿＿＿＿＿＿＿

②流派：

a.＿＿＿＿＿＿＿＿＿＿＿＿＿＿＿＿＿＿＿＿＿＿＿＿＿＿＿＿＿＿＿

b._____

c._____

③影响：

a._____

b._____

c._____

题目 12 论述革命根据地教育的基本经验

背诵建议：☑ 逐字背诵　□ 要点背诵
自测结果：□ 非常熟悉　□ 熟悉　□ 不熟悉

背诵重点

（1）教育为政治服务：①_____；②_____；③_____

（2）教育与生产劳动相结合：①_____；②_____；③_____

（3）依靠群众办学：_____

题目 13 论述书院的特点

背诵建议：□ 逐字背诵　☑ 要点背诵
自测结果：□ 非常熟悉　□ 熟悉　□ 不熟悉

背诵重点

（1）书院精神：_____

（2）书院功能：_____

（3）书院教学：

①教学目的：_____

②教学内容：_____

③教学组织形式：_____

④教学方法：_____

⑤师生关系：_____

（4）书院管理：

①书院掌管：_____

②书院生徒：_____

③书院学规：_____

④书院经费：_____

⑤书院发展倾向：_____

题目 14 论述科举制的影响及其与学校教育的关系

背诵建议：□ 逐字背诵　☑ 要点背诵
自测结果：□ 非常熟悉　□ 熟悉　□ 不熟悉

背诵重点

（1）影响：

①积极影响：a.＿＿＿＿＿＿＿＿；b.＿＿＿＿＿＿＿＿；c.＿＿＿＿＿＿＿＿；d.＿＿＿＿＿＿＿＿

②消极影响：a.＿＿＿＿＿＿＿＿＿＿＿；b.＿＿＿＿＿＿＿＿＿＿＿；c.＿＿＿＿＿＿＿＿＿＿＿

（2）与学校教育的关系：

①积极作用：a.＿＿＿＿＿＿；b.＿＿＿＿＿＿；c.＿＿＿＿＿＿；d.＿＿＿＿＿＿；e.＿＿＿＿＿＿

②消极作用：＿＿＿＿＿＿＿＿＿＿＿＿＿＿＿＿＿＿＿＿＿＿＿＿＿＿＿＿＿＿＿＿

题目 15 论述蒙学教材的类型及特点

背诵建议：□ 逐字背诵　☑ 要点背诵
自测结果：□ 非常熟悉　□ 熟悉　□ 不熟悉

背诵重点

（1）类型：①＿＿＿＿＿＿；②＿＿＿＿＿＿；③＿＿＿＿＿＿；④＿＿＿＿＿＿；⑤＿＿＿＿＿＿

（2）特点：①＿＿＿＿＿＿＿＿＿＿；②＿＿＿＿＿＿＿＿＿＿；③＿＿＿＿＿＿＿＿＿＿

第二部分
外国教育史

一、古代及近代教育的曙光

题目 1 论述斯巴达教育的特点

背诵建议：□ 逐字背诵 ☑ 要点背诵
自测结果：□ 非常熟悉 □ 熟悉 □ 不熟悉

背诵重点

（1）教育性质：_____

（2）教育对象：①_____；②_____

（3）教育目的：_____

（4）教育内容：_____

（5）教育方法：_____

（6）教育过程：①_____；②_____；③_____；

④_____；⑤_____

题目 2 论述智者派的教育活动

背诵建议：□ 逐字背诵 ☑ 要点背诵
自测结果：□ 非常熟悉 □ 熟悉 □ 不熟悉

背诵重点

智者又称诡辩家，在公元前 5 世纪后期，被用来专指_____。智者派的共同思想特

征是_____、_____、_____和_____。智者派的贡献：

（1）教育对象：_____

（2）教育内容：_____

（3）教育性质：_____

（4）标志：_____

（5）教育活动的特殊性：_____

（6）教育与国家的关系：_____

题目 3 论述中世纪大学产生的原因、特征和意义

背诵建议：□ 逐字背诵 ☑ 要点背诵
自测结果：□ 非常熟悉 □ 熟悉 □ 不熟悉

背诵重点

（1）中世纪大学产生的原因：①_____；②_____；③_____

（2）中世纪著名大学：_____

（3）中世纪大学的特征：①_____；②_____；③_____；④_____；

⑤_____；⑥_____；⑦_____

（4）中世纪大学的意义：①_____；②_____；③_____；④_____；

⑤_____；⑥_____；⑦_____

题目 4 **论述人文主义教育的基本特征和影响**

背诵建议：☐ 逐字背诵 ☑ 要点背诵
自测结果：☐ 非常熟悉 ☐ 熟悉 ☐ 不熟悉

背诵重点

（1）特征：①_____；②_____；③_____；④_____；

⑤_____

（2）积极影响：①_____；②_____；③_____；④_____

（3）消极影响：①_____；②_____

二、国家教育的发展

题目 1 **论述《1944 年教育法》的内容和影响**

背诵建议：☐ 逐字背诵 ☑ 要点背诵
自测结果：☐ 非常熟悉 ☐ 熟悉 ☐ 不熟悉

背诵重点

（1）主要内容：

①_____

②_____

③_____

④_____

（2）影响：_____

题目 2 **论述美国的公立学校运动及其影响**

背诵建议：☐ 逐字背诵 ☑ 要点背诵
自测结果：☐ 非常熟悉 ☐ 熟悉 ☐ 不熟悉

背诵重点

从 19 世纪 20 年代起，随着人们受教育的呼声越来越强烈，美国工人阶级掀起了设立免费公共学校的斗争，即"公立学校运动"，_____是主要推动者。

（1）主要内容：

①教育领导体制：_____

②征收教育税制度：_____

③师范教育的兴起：_____

④学校内部的教育改革：_____

（2）影响：_____

题目3 论述美国初级学院运动

背诵建议：□ 逐字背诵 ☑ 要点背诵
自测结果：□ 非常熟悉 □ 熟悉 □ 不熟悉

背诵重点

（1）性质：_____

（2）改革过程：①_____；②_____

（3）主要内容：①_____；②_____；③_____；④_____；⑤_____

（4）影响：①_____；②_____；③_____

题目4 论述《国防教育法》的内容和影响

背诵建议：□ 逐字背诵 ☑ 要点背诵
自测结果：□ 非常熟悉 □ 熟悉 □ 不熟悉

背诵重点

（1）主要内容：

①_____

②_____

③_____

④_____

（2）影响：_____

题目5 论述明治维新时期的教育改革

背诵建议：□ 逐字背诵 ☑ 要点背诵
自测结果：□ 非常熟悉 □ 熟悉 □ 不熟悉

背诵重点

（1）主要内容：

①_____

②_____

③_____

④_____

⑤_____

（2）评价：_____

三、教育思想

题目 1 论述苏格拉底的教育思想

背诵建议：□ 逐字背诵　☑ 要点背诵
自测结果：□ 非常熟悉　□ 熟悉　□ 不熟悉

背诵重点

（1）教育意义：_____

（2）教育目的：_____

（3）教育方法：_____

①步骤：a._____；b._____；c._____；d._____

②评价：a._____；b._____

（4）教育内容：

①德育：a._____；b._____；c._____；d._____

②智育：_____

③体育：_____

（5）评价：_____

题目 2 论述《理想国》中的教育思想 / 柏拉图的教育思想

背诵建议：□ 逐字背诵　☑ 要点背诵
自测结果：□ 非常熟悉　□ 熟悉　□ 不熟悉

背诵重点

代表作：_____

（1）教育作用：_____

（2）教育目的：_____

（3）教育内容：_____

（4）教育方法：①_____；②_____；③_____

（5）教育制度：①_____；②_____；③_____；④_____

（6）评价：_____

题目 3 论述亚里士多德的教育思想

背诵建议：□ 逐字背诵　☑ 要点背诵
自测结果：□ 非常熟悉　□ 熟悉　□ 不熟悉

背诵重点

（1）理论基础：①_____；②_____

（2）教育作用论：①_____；②_____；③_____

（3）德育论：①_____；②_____；③_____

（4）自由教育论（文雅教育或和谐教育）：＿＿＿＿＿＿＿＿＿＿＿＿＿＿＿＿＿＿＿＿

（5）普遍的公立教育与教育立法：＿＿＿＿＿＿＿＿＿＿＿＿＿＿＿＿＿＿＿＿＿＿＿

（6）自然教育论与年龄分期论：①＿＿＿＿＿＿＿＿＿＿＿＿＿＿＿＿＿＿＿＿＿＿＿

②＿＿＿＿＿＿＿：a.＿＿＿＿＿＿＿＿＿＿＿；b.＿＿＿＿＿＿＿＿＿＿＿＿；c.＿＿＿＿＿＿＿＿＿＿＿

（7）评价：＿＿＿＿＿＿＿＿＿＿＿＿＿＿＿＿＿＿＿＿＿＿＿＿＿＿＿＿＿＿＿＿＿＿＿

题目 4　论述昆体良的教育思想

背诵建议：□ 逐字背诵　☑ 要点背诵
自测结果：□ 非常熟悉　□ 熟悉　□ 不熟悉

背诵重点

（1）教育观：

①教育作用：＿＿＿＿＿＿＿＿＿＿＿＿＿＿＿＿＿＿＿＿＿＿＿＿＿＿＿＿＿＿＿＿＿

②教育目的：＿＿＿＿＿＿＿＿＿＿＿＿＿＿＿＿＿＿＿＿＿＿＿＿＿＿＿＿＿＿＿＿＿

③家庭教育与学校教育的优先级：＿＿＿＿＿＿＿＿＿＿＿＿＿＿＿＿＿＿＿＿＿＿＿

④重视学前教育：＿＿＿＿＿＿＿＿＿＿＿＿＿＿＿＿＿＿＿＿＿＿＿＿＿＿＿＿＿＿＿

（2）教学观：

①教学组织形式：＿＿＿＿＿＿＿＿＿＿＿＿＿＿＿＿＿＿＿＿＿＿＿＿＿＿＿＿＿＿＿

②课程设置：＿＿＿＿＿＿＿＿＿＿＿＿＿＿＿＿＿＿＿＿＿＿＿＿＿＿＿＿＿＿＿＿＿

③教学方法：＿＿＿＿＿＿＿＿＿＿＿＿＿＿＿＿＿＿＿＿＿＿＿＿＿＿＿＿＿＿＿＿＿

④教学原则：＿＿＿＿＿＿＿＿＿＿＿＿＿＿＿＿＿＿＿＿＿＿＿＿＿＿＿＿＿＿＿＿＿

（3）教师观：

对教师的要求：＿＿＿＿＿＿＿＿＿＿＿＿＿＿＿＿＿＿＿＿＿＿＿＿＿＿＿＿＿＿＿＿

（4）评价：＿＿＿＿＿＿＿＿＿＿＿＿＿＿＿＿＿＿＿＿＿＿＿＿＿＿＿＿＿＿＿＿＿＿＿

题目 5　论述夸美纽斯的教育思想

背诵建议：□ 逐字背诵　☑ 要点背诵
自测结果：□ 非常熟悉　□ 熟悉　□ 不熟悉

背诵重点

（1）教育的目的和作用：

①教育目的：＿＿＿＿＿＿＿＿＿＿＿＿＿＿＿＿＿＿＿＿＿＿＿＿＿＿＿＿＿＿＿＿＿

②教育作用：＿＿＿＿＿＿＿＿＿＿＿＿＿＿＿＿＿＿＿＿＿＿＿＿＿＿＿＿＿＿＿＿＿

（2）"泛智"主义与普及教育：

①普及教育的原因：＿＿＿＿＿＿＿＿＿＿＿＿＿＿＿＿＿＿＿＿＿＿＿＿＿＿＿＿＿＿

②"泛智教育"要求"把一切事物教给一切人"：a.＿＿＿＿＿＿＿＿＿＿＿；b.＿＿＿＿＿＿＿＿＿＿＿

③普及教育实践：＿＿＿＿＿＿＿＿＿＿＿＿＿＿＿＿＿＿＿＿＿＿＿＿＿＿＿＿＿＿＿

（3）论教育和教学的基本原则：

①教育适应自然的原则：a.＿＿＿＿＿＿＿＿＿＿＿；b.＿＿＿＿＿＿＿＿＿＿＿＿＿

②教学的主要原则：a.＿＿＿＿＿＿；b.＿＿＿＿＿＿；c.＿＿＿＿＿＿；d.＿＿＿＿＿＿；e.＿＿＿＿＿

（4）论教育和教学管理：①＿＿＿＿＿＿＿＿；②＿＿＿＿＿＿＿；③＿＿＿＿＿＿＿；④＿＿＿＿＿

（5）道德教育与健康教育：①＿＿＿＿＿＿＿＿＿＿＿；②＿＿＿＿＿＿＿＿＿＿＿＿＿＿

（6）评价：＿＿＿＿＿＿＿＿＿＿＿＿＿＿＿＿＿＿＿＿＿＿＿＿＿＿＿＿＿＿＿＿＿＿＿＿

题目6 论述洛克的绅士教育思想

背诵建议：☐ 逐字背诵 ☑ 要点背诵
自测结果：☐ 非常熟悉 ☐ 熟悉 ☐ 不熟悉

背诵重点

（1）绅士教育：

洛克认为一国之中绅士教育是最应该注意的，他注重贵族子弟的教育，主张把他们培养

成为＿＿＿＿＿＿＿＿＿＿＿＿。

①体育：＿＿＿＿＿＿＿＿＿＿＿＿＿＿＿＿＿＿＿＿＿＿＿＿＿＿＿＿＿＿＿＿＿＿＿＿＿＿

②德育：＿＿＿＿＿＿＿＿＿＿＿＿＿＿＿＿＿＿＿＿＿＿＿＿＿＿＿＿＿＿＿＿＿＿＿＿＿＿

③智育：＿＿＿＿＿＿＿＿＿＿＿＿＿＿＿＿＿＿＿＿＿＿＿＿＿＿＿＿＿＿＿＿＿＿＿＿＿＿

（2）评价：＿＿＿＿＿＿＿＿＿＿＿＿＿＿＿＿＿＿＿＿＿＿＿＿＿＿＿＿＿＿＿＿＿＿＿＿＿

题目7 论述斯宾塞的科学教育思想

背诵建议：☐ 逐字背诵 ☑ 要点背诵
自测结果：☐ 非常熟悉 ☐ 熟悉 ☐ 不熟悉

背诵重点

（1）论教育目的：＿＿＿＿＿＿＿＿＿＿＿＿＿＿＿＿＿＿＿＿＿＿＿＿＿＿＿＿＿＿＿＿＿

（2）知识价值论：＿＿＿＿＿＿＿＿＿＿＿＿＿＿＿＿＿＿＿＿＿＿＿＿＿＿＿＿＿＿＿＿＿

（3）课程设置：＿＿＿＿＿＿＿＿＿＿＿＿＿＿＿＿＿＿＿＿＿＿＿＿＿＿＿＿＿＿＿＿＿＿

（4）教学原则与方法：①＿＿＿＿＿＿；②＿＿＿＿＿＿；③＿＿＿＿＿＿；④＿＿＿＿＿；

⑤＿＿＿＿＿＿；⑥＿＿＿＿＿＿

（5）评价：＿＿＿＿＿＿＿＿＿＿＿＿＿＿＿＿＿＿＿＿＿＿＿＿＿＿＿＿＿＿＿＿＿＿＿＿＿

题目8 论述卢梭的自然教育理论

背诵建议：☐ 逐字背诵 ☑ 要点背诵
自测结果：☐ 非常熟悉 ☐ 熟悉 ☐ 不熟悉

背诵重点

（1）自然教育的理论基础：＿＿＿＿＿＿＿＿＿＿＿＿＿＿＿＿＿＿＿＿＿＿＿＿＿＿＿＿

（2）自然教育的基本内容：

①基本含义：a.＿＿＿＿＿＿＿＿；b.＿＿＿＿＿＿＿＿；c.＿＿＿＿＿＿＿；d.＿＿＿＿＿＿

②教育对象：_____

③培养目标：_____

④方法和原则：a._____；b._____；c._____；d._____

⑤自然教育的实施：a._____；b._____；c._____；d._____

（3）评价：_____

题目 9 论述裴斯泰洛齐的教育思想

背诵建议：□逐字背诵 ☑要点背诵
自测结果：□非常熟悉 □熟悉 □不熟悉

背诵重点

（1）论教育目的：①_____；②_____；③_____；④_____

（2）和谐教育论：①_____；②_____；③_____

（3）论教育心理学化：①_____；②_____；③_____；④_____

（4）论要素教育：①_____；②_____；③_____

（5）建立初等学校各科教学法：①_____；②_____；③_____

（6）教育与生产劳动相结合：①_____；②_____

题目 10 论述赫尔巴特的教育思想

背诵建议：□逐字背诵 ☑要点背诵
自测结果：□非常熟悉 □熟悉 □不熟悉

背诵重点

（1）理论基础：①_____；②_____

（2）道德教育理论：

①教育的目的：a._____；b._____

②教育性教学原则：a._____；b._____

③道德教育（儿童管理与训育）：_____

（3）课程理论：

①经验、兴趣与课程：a._____；b._____；c._____

②统觉与课程：a._____；b._____

③儿童发展与课程：_____

④评价：_____

（4）教学理论：

①教学进程理论：a._____；b._____；c._____

②教学形式阶段理论：a._____；b._____；c._____；d._____

（5）评价：_____

题目 11 **论述福禄培尔的教育思想**

背诵建议：☐ 逐字背诵　☑ 要点背诵
自测结果：☐ 非常熟悉　☐ 熟悉　☐ 不熟悉

外国教育史

背诵重点

（1）教育目的：_____

（2）教育的基本原理：_____

（3）幼儿园教育理论：

①幼儿园工作的意义：_____

②幼儿园工作的任务：_____

③幼儿园教育方法：_____

④幼儿园课程：_____

⑤幼儿园到学校的过渡：_____

（4）论学校教育：

①教育目的：_____

②课程设置：_____

（5）评价：_____

题目 12 **论述杜威的教育思想**

背诵建议：☐ 逐字背诵　☑ 要点背诵
自测结果：☐ 非常熟悉　☐ 熟悉　☐ 不熟悉

背诵重点

代表作：_____

（1）论教育的本质：

①"教育即生活"：a._____；b._____；c._____；d._____；e._____

②"教育即生长"：a._____；b._____；c._____

③"教育即经验的改造"：a._____；b._____；c._____

（2）论教育的目的：①_____；②_____

（3）论课程与教材：①_____；②_____；③_____；

④_____：a._____；b._____；c._____

（4）论思维与教学方法：

①含义：_____

②步骤：a._____；b._____；c._____；d._____；e._____

（5）论道德教育：

①任务：_____

②目的：_____

③途径和方法：_____

④原理：_____

题目 13 论述马卡连柯的集体主义教育思想

背诵建议：□ 逐字背诵 ☑ 要点背诵
自测结果：□ 非常熟悉 □ 熟悉 □ 不熟悉

背诵重点

集体主义教育是马卡连柯教育体系的核心。他创立了"_____"的教育体系。

（1）_____

（2）_____

（3）_____

（4）_____

（5）_____

（6）评价：_____

四、教育思潮

题目 1 论述新教育运动

背诵建议：□ 逐字背诵 ☑ 要点背诵
自测结果：□ 非常熟悉 □ 熟悉 □ 不熟悉

背诵重点

（1）基本原则：①_____；②_____；③_____；④_____；

⑤_____；⑥_____；⑦_____

（2）特征：①_____；②_____；③_____

（3）影响：_____

题目 2 论述进步教育运动中的教育制度或实验

背诵建议：□ 逐字背诵 ☑ 要点背诵
自测结果：□ 非常熟悉 □ 熟悉 □ 不熟悉

背诵重点

（1）昆西教学法：

①主要特证：a._____；b._____；c._____；d._____

②评价：_____

（2）道尔顿制：

①主要内容：a._____；b._____；c._____；d._____

②评价：_____

（3）设计教学法：

①主要内容：a.＿＿＿＿＿＿＿＿＿＿；b.＿＿＿＿＿＿＿＿＿＿；c.＿＿＿＿＿＿＿＿＿＿

②评价：＿＿＿＿＿＿＿＿＿＿＿＿＿＿＿＿＿＿＿＿＿＿＿＿＿＿＿＿＿＿＿＿＿＿＿＿

外国教育史

题目 3 论述进步主义教育运动

背诵建议：□ 逐字背诵　☑ 要点背诵
自测结果：□ 非常熟悉　□ 熟悉　□ 不熟悉

背诵重点

（1）主要特征：①＿＿＿＿＿＿＿；②＿＿＿＿＿＿＿；③＿＿＿＿＿＿＿；④＿＿＿＿＿＿＿

（2）影响：①＿＿＿＿＿＿＿＿＿；②＿＿＿＿＿＿＿＿＿＿＿＿；③＿＿＿＿＿＿＿＿＿

题目 4 论述改造主义教育的主要观点及其影响

背诵建议：□ 逐字背诵　☑ 要点背诵
自测结果：□ 非常熟悉　□ 熟悉　□ 不熟悉

背诵重点

（1）＿＿＿＿＿＿＿＿＿＿＿＿＿＿＿＿＿＿＿＿＿＿＿＿＿＿＿＿＿＿＿＿＿＿＿＿＿＿

（2）＿＿＿＿＿＿＿＿＿＿＿＿＿＿＿＿＿＿＿＿＿＿＿＿＿＿＿＿＿＿＿＿＿＿＿＿＿＿

（3）＿＿＿＿＿＿＿＿＿＿＿＿＿＿＿＿＿＿＿＿＿＿＿＿＿＿＿＿＿＿＿＿＿＿＿＿＿＿

（4）＿＿＿＿＿＿＿＿＿＿＿＿＿＿＿＿＿＿＿＿＿＿＿＿＿＿＿＿＿＿＿＿＿＿＿＿＿＿

（5）＿＿＿＿＿＿＿＿＿＿＿＿＿＿＿＿＿＿＿＿＿＿＿＿＿＿＿＿＿＿＿＿＿＿＿＿＿＿

（6）影响：＿＿＿＿＿＿＿＿＿＿＿＿＿＿＿＿＿＿＿＿＿＿＿＿＿＿＿＿＿＿＿＿＿＿＿

题目 5 论述要素主义教育思潮的主要观点及其影响

背诵建议：□ 逐字背诵　☑ 要点背诵
自测结果：□ 非常熟悉　□ 熟悉　□ 不熟悉

背诵重点

（1）＿＿＿＿＿＿＿＿＿＿＿＿＿＿＿＿＿＿＿＿＿＿＿＿＿＿＿＿＿＿＿＿＿＿＿＿＿＿

（2）＿＿＿＿＿＿＿＿＿＿＿＿＿＿＿＿＿＿＿＿＿＿＿＿＿＿＿＿＿＿＿＿＿＿＿＿＿＿

（3）＿＿＿＿＿＿＿＿＿＿＿＿＿＿＿＿＿＿＿＿＿＿＿＿＿＿＿＿＿＿＿＿＿＿＿＿＿＿

（4）＿＿＿＿＿＿＿＿＿＿＿＿＿＿＿＿＿＿＿＿＿＿＿＿＿＿＿＿＿＿＿＿＿＿＿＿＿＿

（5）影响：＿＿＿＿＿＿＿＿＿＿＿＿＿＿＿＿＿＿＿＿＿＿＿＿＿＿＿＿＿＿＿＿＿＿＿

题目 6 论述永恒主义教育的主要观点及其影响

背诵建议：□ 逐字背诵　☑ 要点背诵
自测结果：□ 非常熟悉　□ 熟悉　□ 不熟悉

背诵重点

（1）＿＿＿＿＿＿＿＿＿＿＿＿＿＿＿＿＿＿＿＿＿＿＿＿＿＿＿＿＿＿＿＿＿＿＿＿＿＿

（2）_____

（3）_____

（4）_____

（5）影响：_____

题目 7 论述结构主义教育的主要观点及其影响

背诵建议：□ 逐字背诵　☑ 要点背诵
自测结果：□ 非常熟悉　□ 熟悉　□ 不熟悉

背诵重点

（1）_____

（2）_____

（3）_____

（4）_____

（5）_____

（6）影响：_____

题目 8 论述现代人本主义教育的主要观点及其影响

背诵建议：□ 逐字背诵　☑ 要点背诵
自测结果：□ 非常熟悉　□ 熟悉　□ 不熟悉

背诵重点

（1）_____

（2）_____

（3）_____

（4）影响：_____

题目 9 论述终身教育的主要观点及其影响

背诵建议：□ 逐字背诵　☑ 要点背诵
自测结果：□ 非常熟悉　□ 熟悉　□ 不熟悉

背诵重点

（1）_____

（2）_____

（3）_____

（4）_____

（5）_____

（6）影响：_____

第三部分
教育心理学

一、心理发展与教育

题目 1　试从智力、人格、性别等角度，分析儿童的个体差异

背诵建议：☐ 逐字背诵　☑ 要点背诵
自测结果：☐ 非常熟悉　☐ 熟悉　☐ 不熟悉

背诵重点

（1）智力水平的差异（认知水平的差异）：①_____；②_____

（2）智力类型的差异（认知方式的差异）：①_____；②_____；
③_____；④_____

（3）性格差异的类型：①_____；②_____

（4）气质的类型：_____

（5）性别的差异：①_____；②_____；③_____；④_____

题目 2　论述皮亚杰的认知发展阶段理论

背诵建议：☑ 逐字背诵　☐ 要点背诵
自测结果：☐ 非常熟悉　☐ 熟悉　☐ 不熟悉

背诵重点

（1）感知运动阶段：_____

（2）前运算阶段：_____

（3）具体运算阶段：_____

（4）形式运算阶段：_____

题目 3　论述维果茨基的文化历史发展理论

背诵建议：☑ 逐字背诵　☐ 要点背诵
自测结果：☐ 非常熟悉　☐ 熟悉　☐ 不熟悉

背诵重点

（1）心理发展的本质：①_____；②_____；③_____；④_____

（2）文化历史发展理论的主要观点：①_____；②_____；③_____

（3）教学与发展的关系——最近发展区：_____

（4）教育应用：①_____；②_____；③_____；④_____

题目 4 论述埃里克森的心理社会发展理论

背诵建议：☐ 逐字背诵　☑ 要点背诵
自测结果：☐ 非常熟悉　☐ 熟悉　☐ 不熟悉

背诵重点

（1）第一阶段：＿＿＿＿＿＿＿＿＿＿＿＿＿＿＿＿＿＿＿＿＿＿

（2）第二阶段：＿＿＿＿＿＿＿＿＿＿＿＿＿＿＿＿＿＿＿＿＿＿

（3）第三阶段：＿＿＿＿＿＿＿＿＿＿＿＿＿＿＿＿＿＿＿＿＿＿

（4）第四阶段：＿＿＿＿＿＿＿＿＿＿＿＿＿＿＿＿＿＿＿＿＿＿

（5）第五阶段：＿＿＿＿＿＿＿＿＿＿＿＿＿＿＿＿＿＿＿＿＿＿

（6）第六阶段：＿＿＿＿＿＿＿＿＿＿＿＿＿＿＿＿＿＿＿＿＿＿

（7）第七阶段：＿＿＿＿＿＿＿＿＿＿＿＿＿＿＿＿＿＿＿＿＿＿

（8）第八阶段：＿＿＿＿＿＿＿＿＿＿＿＿＿＿＿＿＿＿＿＿＿＿

题目 5 论述科尔伯格的道德认知发展阶段理论

背诵建议：☑ 逐字背诵　☐ 要点背诵
自测结果：☐ 非常熟悉　☐ 熟悉　☐ 不熟悉

背诵重点

（1）前习俗水平：①＿＿＿＿＿＿＿＿＿＿＿＿；②＿＿＿＿＿＿＿＿＿＿＿＿

（2）习俗水平：①＿＿＿＿＿＿＿＿＿＿＿＿；②＿＿＿＿＿＿＿＿＿＿＿＿

（3）后习俗水平：①＿＿＿＿＿＿＿＿＿＿＿；②＿＿＿＿＿＿＿＿＿＿＿＿

题目 6 论述布朗芬布伦纳的生态系统理论

背诵建议：☐ 逐字背诵　☑ 要点背诵
自测结果：☐ 非常熟悉　☐ 熟悉　☐ 不熟悉

背诵重点

（1）系统模型：①＿＿＿＿；②＿＿＿＿；③＿＿＿＿；④＿＿＿＿；⑤＿＿＿＿

（2）评价：

①优点：a.＿＿＿＿＿＿＿；b.＿＿＿＿＿＿＿；c.＿＿＿＿＿＿＿

②局限性：a.＿＿＿＿＿＿＿＿＿＿；b.＿＿＿＿＿＿＿＿＿＿

二、学习及其理论解释

题目 1 论述社会（观察）学习理论及其应用

背诵建议：☑ 逐字背诵　☐ 要点背诵
自测结果：☐ 非常熟悉　☐ 熟悉　☐ 不熟悉

背诵重点

（1）影响因素：

①注意过程：＿＿＿＿＿＿＿＿＿＿＿＿＿＿＿＿＿＿＿＿＿＿＿＿＿

②保持过程：_____

③动作再现过程（复制过程）：_____

④动机过程：_____

a._____; b._____; c._____

（2）应用：

① _____

② _____

教育心理学

题目 2 论述布鲁纳的认知结构发现说

背诵建议：☑ 逐字背诵 □ 要点背诵
自测结果：□ 非常熟悉 □ 熟悉 □ 不熟悉

背诵重点

（1）认知学习观：① _____ ；② _____

（2）结构教学观：① _____ ；② _____

（3）发现学习法：_____

（4）评价：① _____ ；② _____ ；③ _____ ；④ _____

题目 3 论述有意义学习的实质与条件

背诵建议：☑ 逐字背诵 □ 要点背诵
自测结果：□ 非常熟悉 □ 熟悉 □ 不熟悉

背诵重点

（1）外部条件：_____

（2）内部条件：① _____ ；② _____ ；③ _____

题目 4 论述加涅的学习阶段理论

背诵建议：□ 逐字背诵 ☑ 要点背诵
自测结果：□ 非常熟悉 □ 熟悉 □ 不熟悉

背诵重点

（1）动机阶段：_____

（2）领会阶段：_____

（3）习得阶段（获得阶段）：_____

（4）保持阶段：_____

（5）回忆阶段：_____

（6）概括阶段：_____

（7）操作阶段：_____

（8）反馈阶段：_____

题目5 论述人本主义理论及其教学应用

背诵建议：☑ 逐字背诵 □ 要点背诵
自测结果：□ 非常熟悉 □ 熟悉 □ 不熟悉

背诵重点

（1）罗杰斯的学习观与教学观：

①知情统一的教学目标：_____

②学习观：_____

③教学观：_____

④师生关系：_____

（2）人本主义理论的教学应用：

①_____；②_____；

③_____；④_____

题目6 论述建构主义理论的基本观点

背诵建议：☑ 逐字背诵 □ 要点背诵
自测结果：□ 非常熟悉 □ 熟悉 □ 不熟悉

背诵重点

（1）知识观：①_____；②_____；③_____

（2）学生观：①_____；②_____

（3）学习观：①_____；②_____；③_____

（4）教学观：①_____；②_____

三、学习动机

题目1 论述学习动机的分类

背诵建议：□ 逐字背诵 ☑ 要点背诵
自测结果：□ 非常熟悉 ☑ 熟悉 □ 不熟悉

背诵重点

（1）_____

（2）_____

（3）_____

（4）_____

（5）_____

（6）_____

题目 2 论述需要层次理论

背诵建议：☐ 逐字背诵 ☑ 要点背诵
自测结果：☐ 非常熟悉 ☐ 熟悉 ☐ 不熟悉

背诵重点

（1）基本观点：

① _____ ；② _____ ；③ _____ ；

④ _____ ；⑤ _____ ；⑥ _____ ；

⑦ _____

（2）特点：

①类别方面：_____

②层次方面：_____

题目 3 从学习动机的角度，论述自由学习理论

背诵建议：☐ 逐字背诵 ☑ 要点背诵
自测结果：☐ 非常熟悉 ☐ 熟悉 ☐ 不熟悉

背诵重点

（1）主要观点：

①从学生方面看：_____ ；②从学的方面看：_____ ；

③从教的方面看：_____ ；④从师生关系看：_____

（2）原则：

① _____ ；② _____ ；③ _____ ；④ _____ ；

⑤ _____ ；⑥ _____ ；⑦ _____ ；⑧ _____

（3）应用：_____

题目 4 论述成就动机理论

背诵建议：☐ 逐字背诵 ☑ 要点背诵
自测结果：☐ 非常熟悉 ☐ 熟悉 ☐ 不熟悉

背诵重点

（1）成就动机含义：_____

（2）公式：_____

（3）具体阐释：_____

题目 5 论述成败归因理论

背诵建议：☐ 逐字背诵 ☑ 要点背诵
自测结果：☐ 非常熟悉 ☐ 熟悉 ☐ 不熟悉

背诵重点

（1）不同归因对学生产生的不同影响：

① _____ ；② _____ ；③ _____

（2）成败归因理论对教育的启示：
①＿＿＿＿＿＿＿＿＿＿＿；②＿＿＿＿＿＿＿＿＿＿＿＿＿；③＿＿＿＿＿＿＿＿＿＿＿＿

题目6 论述自我效能感理论

背诵建议：□ 逐字背诵　☑ 要点背诵
自测结果：□ 非常熟悉　□ 熟悉　□ 不熟悉

背诵重点

（1）自我效能感形成的影响因素：①＿＿＿＿＿＿；②＿＿＿＿＿＿＿＿；③＿＿＿＿＿＿；
④＿＿＿＿＿＿；⑤＿＿＿＿＿＿
（2）自我效能感的功能：①＿＿＿＿＿＿；②＿＿＿＿＿＿；③＿＿＿＿＿＿；④＿＿＿＿＿＿

题目7 论述自我价值理论

背诵建议：□ 逐字背诵　☑ 要点背诵
自测结果：□ 非常熟悉　□ 熟悉　□ 不熟悉

背诵重点

（1）代表人物：＿＿＿＿＿＿＿＿＿＿＿＿＿＿＿＿＿＿
（2）观点：＿＿＿＿＿＿＿＿＿＿＿＿＿＿＿＿＿＿＿＿
（3）分类：①＿＿＿＿＿＿；②＿＿＿＿＿＿；③＿＿＿＿＿＿；④＿＿＿＿＿＿
（4）应用：①＿＿＿＿＿＿；②＿＿＿＿＿＿；③＿＿＿＿＿＿

题目8 论述成就目标理论（目标定向理论）

背诵建议：□ 逐字背诵　☑ 要点背诵
自测结果：□ 非常熟悉　□ 熟悉　□ 不熟悉

背诵重点

（1）能力观：①＿＿＿＿＿＿＿＿＿＿＿；②＿＿＿＿＿＿＿＿＿＿
（2）目标类型：①＿＿＿＿＿＿；②＿＿＿＿＿＿；③＿＿＿＿＿＿；④＿＿＿＿＿＿

题目9 论述激发学生学习动机的措施

背诵建议：□ 逐字背诵　☑ 要点背诵
自测结果：□ 非常熟悉　□ 熟悉　□ 不熟悉

背诵重点

（1）＿＿＿＿＿＿＿＿＿＿＿＿＿＿＿＿＿＿＿＿＿＿＿＿
（2）＿＿＿＿＿＿＿＿＿＿＿＿＿＿＿＿＿＿＿＿＿＿＿＿
（3）＿＿＿＿＿＿＿＿＿＿＿＿＿＿＿＿＿＿＿＿＿＿＿＿
（4）＿＿＿＿＿＿＿＿＿＿＿＿＿＿＿＿＿＿＿＿＿＿＿＿
（5）＿＿＿＿＿＿＿＿＿＿＿＿＿＿＿＿＿＿＿＿＿＿＿＿
（6）＿＿＿＿＿＿＿：①＿＿＿＿＿＿；②＿＿＿＿＿＿；③＿＿＿＿＿＿

四、知识的建构

题目 1 论述知识理解的影响因素

背诵建议：□ 逐字背诵　☑ 要点背诵
自测结果：□ 非常熟悉　□ 熟悉　□ 不熟悉

背诵重点

（1）主观因素：①＿＿＿＿＿＿；②＿＿＿＿＿＿；③＿＿＿＿＿＿

（2）客观因素：①＿＿＿＿＿＿；②＿＿＿＿＿＿；③＿＿＿＿＿＿

题目 2 论述促进知识整合的措施

背诵建议：□ 逐字背诵　☑ 要点背诵
自测结果：□ 非常熟悉　□ 熟悉　□ 不熟悉

背诵重点

（1）＿＿＿＿＿＿＿＿＿＿＿＿＿＿＿＿＿＿＿＿＿＿＿＿＿＿＿

（2）＿＿＿＿＿＿＿＿＿＿＿＿＿＿＿＿＿＿＿＿＿＿＿＿＿＿＿

（3）＿＿＿＿＿＿＿＿＿＿＿＿＿＿＿＿＿＿＿＿＿＿＿＿＿＿＿

（4）＿＿＿＿＿＿＿＿＿＿＿＿＿＿＿＿＿＿＿＿＿＿＿＿＿＿＿

（5）＿＿＿＿＿＿＿＿＿＿＿＿＿＿＿＿＿＿＿＿＿＿＿＿＿＿＿

题目 3 论述学习迁移的影响因素

背诵建议：□ 逐字背诵　☑ 要点背诵
自测结果：□ 非常熟悉　□ 熟悉　□ 不熟悉

背诵重点

（1）相似性：①＿＿＿＿＿＿；②＿＿＿＿＿＿；③＿＿＿＿＿＿

（2）学习定势：＿＿＿＿＿＿＿＿＿＿＿＿＿＿＿＿＿＿＿＿＿＿＿

（3）学生的理解与巩固程度：＿＿＿＿＿＿＿＿＿＿＿＿＿＿＿＿＿

（4）学习者原有的认知结构：①＿＿＿＿＿＿；②＿＿＿＿＿＿；③＿＿＿＿＿＿

题目 4 论述促进学习迁移的措施

背诵建议：□ 逐字背诵　☑ 要点背诵
自测结果：□ 非常熟悉　□ 熟悉　□ 不熟悉

背诵重点

（1）＿＿＿＿＿＿＿＿＿＿＿＿＿＿＿＿＿＿＿＿＿＿＿＿＿＿＿

（2）＿＿＿＿＿＿＿＿＿＿＿＿＿＿＿＿＿＿＿＿＿＿＿＿＿＿＿

（3）＿＿＿＿＿＿＿＿＿＿＿＿＿＿＿＿＿＿＿＿＿＿＿＿＿＿＿

（4）＿＿＿＿＿＿＿＿＿＿＿＿＿＿＿＿＿＿＿＿＿＿＿＿＿＿＿

（5）＿＿＿＿＿＿＿＿＿＿＿＿＿＿＿＿＿＿＿＿＿＿＿＿＿＿＿

五、技能的形成

题目 1 论述加里培林的心智技能形成阶段理论

背诵建议：□ 逐字背诵 ☑ 要点背诵
自测结果：□ 非常熟悉 □ 熟悉 □ 不熟悉

背诵重点

（1）_____

（2）_____

（3）_____

（4）_____

（5）_____

题目 2 论述心智技能的培育方法

背诵建议：□ 逐字背诵 ☑ 要点背诵
自测结果：□ 非常熟悉 □ 熟悉 □ 不熟悉

背诵重点

（1）_____

（2）_____

（3）_____

（4）_____

（5）_____

题目 3 论述操作技能的训练要求

背诵建议：□ 逐字背诵 ☑ 要点背诵
自测结果：□ 非常熟悉 □ 熟悉 □ 不熟悉

背诵重点

（1）_____

（2）_____

（3）_____

（4）_____

六、学习策略及其教学

题目 1 论述学习策略的分类及内容

背诵建议：☑ 逐字背诵　□ 要点背诵
自测结果：□ 非常熟悉　□ 熟悉　□ 不熟悉

背诵重点

（1）_____

（2）_____

（3）_____

题目 2 论述元认知策略的类型

背诵建议：☑ 逐字背诵　□ 要点背诵
自测结果：□ 非常熟悉　□ 熟悉　□ 不熟悉

背诵重点

（1）_____

（2）_____

（3）_____

题目 3 论述资源管理策略的类型

背诵建议：□ 逐字背诵　☑ 要点背诵
自测结果：□ 非常熟悉　□ 熟悉　□ 不熟悉

背诵重点

（1）_____

（2）_____

（3）_____

（4）_____

七、问题解决能力与创造性的培养

题目 1 论述多元智力理论

背诵建议：□ 逐字背诵　☑ 要点背诵
自测结果：□ 非常熟悉　□ 熟悉　□ 不熟悉

背诵重点

（1）_____

（2）_____

（3）_____

（4）_____

教育心理学

(5)＿＿＿＿＿＿＿＿＿＿＿＿＿＿＿＿＿＿＿＿＿＿＿＿＿＿＿＿＿＿
(6)＿＿＿＿＿＿＿＿＿＿＿＿＿＿＿＿＿＿＿＿＿＿＿＿＿＿＿＿＿＿
(7)＿＿＿＿＿＿＿＿＿＿＿＿＿＿＿＿＿＿＿＿＿＿＿＿＿＿＿＿＿＿
(8)＿＿＿＿＿＿＿＿＿＿＿＿＿＿＿＿＿＿＿＿＿＿＿＿＿＿＿＿＿＿
(9)＿＿＿＿＿＿＿＿＿＿＿＿＿＿＿＿＿＿＿＿＿＿＿＿＿＿＿＿＿＿

题目 2 论述成功智力理论

背诵建议：☑逐字背诵　□要点背诵
自测结果：□非常熟悉　□熟悉　□不熟悉

背诵重点
(1)＿＿＿＿＿＿＿＿＿＿＿＿＿＿＿＿＿＿＿＿＿＿＿＿＿＿＿＿＿＿
(2)＿＿＿＿＿＿＿＿＿＿＿＿＿＿＿＿＿＿＿＿＿＿＿＿＿＿＿＿＿＿
(3)＿＿＿＿＿＿＿＿＿＿＿＿＿＿＿＿＿＿＿＿＿＿＿＿＿＿＿＿＿＿

题目 3 论述问题解决的基本过程

背诵建议：□逐字背诵　☑要点背诵
自测结果：□非常熟悉　□熟悉　□不熟悉

背诵重点
(1)＿＿＿＿＿＿＿＿＿＿＿＿＿＿＿＿＿＿＿＿＿＿＿＿＿＿＿＿＿＿
(2)＿＿＿＿＿＿＿＿＿＿＿＿＿＿＿＿＿＿＿＿＿＿＿＿＿＿＿＿＿＿
(3)＿＿＿＿＿＿＿＿＿＿＿＿＿＿＿＿＿＿＿＿＿＿＿＿＿＿＿＿＿＿
(4)＿＿＿＿＿＿＿＿＿＿＿＿＿＿＿＿＿＿＿＿＿＿＿＿＿＿＿＿＿＿

题目 4 论述结构不良问题解决的过程

背诵建议：□逐字背诵　☑要点背诵
自测结果：□非常熟悉　□熟悉　□不熟悉

背诵重点
(1)＿＿＿＿＿＿＿＿＿＿＿＿＿＿＿＿＿＿＿＿＿＿＿＿＿＿＿＿＿＿
(2)＿＿＿＿＿＿＿＿＿＿＿＿＿＿＿＿＿＿＿＿＿＿＿＿＿＿＿＿＿＿
(3)＿＿＿＿＿＿＿＿＿＿＿＿＿＿＿＿＿＿＿＿＿＿＿＿＿＿＿＿＿＿
(4)＿＿＿＿＿＿＿＿＿＿＿＿＿＿＿＿＿＿＿＿＿＿＿＿＿＿＿＿＿＿
(5)＿＿＿＿＿＿＿＿＿＿＿＿＿＿＿＿＿＿＿＿＿＿＿＿＿＿＿＿＿＿
(6)＿＿＿＿＿＿＿＿＿＿＿＿＿＿＿＿＿＿＿＿＿＿＿＿＿＿＿＿＿＿
(7)＿＿＿＿＿＿＿＿＿＿＿＿＿＿＿＿＿＿＿＿＿＿＿＿＿＿＿＿＿＿

题目 5 论述影响问题解决的因素

背诵建议：☐ 逐字背诵　☑ 要点背诵
自测结果：☐ 非常熟悉　☐ 熟悉　☐ 不熟悉

背诵重点

（1）_____

（2）_____

（3）_____

（4）_____

（5）_____

题目 6 论述问题解决能力的培养措施

背诵建议：☐ 逐字背诵　☑ 要点背诵
自测结果：☐ 非常熟悉　☐ 熟悉　☐ 不熟悉

背诵重点

（1）_____

（2）_____

（3）_____

（4）_____

（5）_____

题目 7 论述影响创造性发展的因素

背诵建议：☐ 逐字背诵　☑ 要点背诵
自测结果：☐ 非常熟悉　☐ 熟悉　☐ 不熟悉

背诵重点

（1）个人因素：①_____；②_____；③_____；④_____；⑤_____

（2）环境因素：①_____；②_____；③_____

题目 8 论述培养创造性的措施

背诵建议：☐ 逐字背诵　☑ 要点背诵
自测结果：☐ 非常熟悉　☐ 熟悉　☐ 不熟悉

背诵重点

（1）_____

（2）_____

（3）_____

（4）_____

（5）_____

八、态度与品德发展

题目 1 论述皮亚杰的道德认知发展阶段理论

背诵建议：☑ 逐字背诵 □ 要点背诵
自测结果：□ 非常熟悉 □ 熟悉 □ 不熟悉

背诵重点

（1）_____

（2）_____

（3）_____

题目 2 论述品德的培养

背诵建议：□ 逐字背诵 ☑ 要点背诵
自测结果：□ 非常熟悉 □ 熟悉 □ 不熟悉

背诵重点

（1）_____

（2）_____

（3）_____

（4）_____

（5）_____

（6）_____

题目 3 论述影响品德发展的因素

背诵建议：□ 逐字背诵 ☑ 要点背诵
自测结果：□ 非常熟悉 □ 熟悉 □ 不熟悉

背诵重点

（1）家庭环境：_____

（2）学校集体：_____

（3）社会因素：_____

（4）道德认识：_____

（5）个性品质：_____

（6）适应能力：_____

题目 4 论述如何纠正学生的不良品德

背诵建议：□ 逐字背诵 ☑ 要点背诵
自测结果：□ 非常熟悉 □ 熟悉 □ 不熟悉

背诵重点

（1）_____

（2）_____

（3）＿＿＿＿＿＿＿＿＿＿＿＿＿＿＿＿＿＿＿＿＿＿＿＿＿＿＿＿＿＿＿

（4）＿＿＿＿＿＿＿＿＿＿＿＿＿＿＿＿＿＿＿＿＿＿＿＿＿＿＿＿＿＿＿

（5）＿＿＿＿＿＿＿＿＿＿＿＿＿＿＿＿＿＿＿＿＿＿＿＿＿＿＿＿＿＿＿

（6）＿＿＿＿＿＿＿＿＿＿＿＿＿＿＿＿＿＿＿＿＿＿＿＿＿＿＿＿＿＿＿

教育心理学

第四部分 教育学原理

一、教育及其产生与发展

<table>
<tr><td>题目 1 论述教育概念的内涵和外延</td><td>背诵建议：☑ 逐字背诵 □ 要点背诵
自测结果：□ 非常熟悉 □ 熟悉 □ 不熟悉</td></tr>
</table>

背诵重点

（1）教育的概念：

①广义的教育：_____

②狭义的教育：_____

③教育的本质：_____

（2）依据教育活动的正规化程度：①_____；②_____

（3）依据教育活动存在的范围：①_____；②_____；

③_____

<table>
<tr><td>题目 2 论述教育的功能</td><td>背诵建议：☑ 逐字背诵 □ 要点背诵
自测结果：□ 非常熟悉 □ 熟悉 □ 不熟悉</td></tr>
</table>

背诵重点

（1）依据教育作用对象的不同：①_____；②_____

（2）依据教育作用方向的不同：①_____；②_____

（3）依据教育作用呈现形式的不同：①_____；②_____

<table>
<tr><td>题目 3 论述现代教育的特征</td><td>背诵建议：□ 逐字背诵 ☑ 要点背诵
自测结果：□ 非常熟悉 □ 熟悉 □ 不熟悉</td></tr>
</table>

背诵重点

（1）_____

（2）_____

（3）_____

（4）_____

（5）_____

二、教育与社会发展

| 题目 1 | 论述教育的社会制约性 |

背诵建议：☐ 逐字背诵　☑ 要点背诵
自测结果：☐ 非常熟悉　☐ 熟悉　☐ 不熟悉

背诵重点

（1）生产力对教育的影响和制约：

① _____

② _____

③ _____

（2）政治经济制度对教育的影响和制约：

① _____

② _____

③ _____

④ _____

（3）文化对教育的影响和制约：

① _____

② _____

③ _____

（4）科学技术对教育的影响和制约：

① _____

② _____

③ _____

（5）人口对教育的影响和制约：

① _____

② _____

③ _____

（6）媒介对教育的影响和制约：

① _____

② _____

③ _____

教育学原理

题目 2 论述教育的社会功能

背诵建议：☐ 逐字背诵 ☑ 要点背诵
自测结果：☐ 非常熟悉 ☐ 熟悉 ☐ 不熟悉

背诵重点

（1）教育的经济功能：

① _____

② _____

③ _____

（2）教育的政治功能：

① _____

② _____

③ _____

④ _____

（3）教育的文化功能：

① _____

② _____

③ _____

（4）教育的科技功能：

① _____

② _____

（5）教育的人口功能：

① _____

② _____

③ _____

④ _____

（6）教育的生态功能：

① _____

② _____

③ _____

题目 3 论述当代社会发展对教育的需求与挑战

背诵建议：☐ 逐字背诵 ☑ 要点背诵
自测结果：☐ 非常熟悉 ☐ 熟悉 ☐ 不熟悉

背诵重点

（1）现代化与教育变革：① _____ ；② _____ ；③ _____ ；

④ _____

（2）全球化与教育变革：①＿＿＿＿＿＿＿＿＿＿＿＿；②＿＿＿＿＿＿＿＿＿＿＿＿

（3）人工智能与教育变革：①＿＿＿＿＿＿＿＿＿＿＿＿；②＿＿＿＿＿＿＿＿＿＿＿＿

（4）知识经济与教育变革：①＿＿＿＿＿＿＿＿＿＿＿＿；②＿＿＿＿＿＿＿＿＿＿＿＿

（5）信息社会与教育变革：①＿＿＿＿＿＿＿＿＿＿＿＿；②＿＿＿＿＿＿＿＿＿＿＿＿

（6）学习化社会与教育变革：①＿＿＿＿＿＿＿＿＿＿；②＿＿＿＿＿＿＿＿＿＿＿＿

（7）多元文化与教育变革：①＿＿＿＿＿＿＿＿＿＿＿＿；②＿＿＿＿＿＿＿＿＿＿＿＿

（8）民主化与教育变革：＿＿＿＿＿＿＿＿＿＿＿＿＿＿＿＿＿＿＿＿＿＿＿＿＿＿＿＿

（9）本土化、民族化与教育变革：①＿＿＿＿＿＿＿＿＿＿；②＿＿＿＿＿＿＿＿＿＿

三、教育与人的发展

教育学原理

题目 1 论述人的身心发展特点及其对教育的制约

背诵建议：☑ 逐字背诵 □ 要点背诵
自测结果：□ 非常熟悉 □ 熟悉 □ 不熟悉

背诵重点

（1）人的身心发展特点：①＿＿＿＿＿＿＿＿；②＿＿＿＿＿＿＿＿＿；③＿＿＿＿＿＿＿＿；

④＿＿＿＿＿＿＿＿＿

（2）人的身心发展特点对教育的制约：①＿＿＿＿＿＿＿＿；②＿＿＿＿＿＿＿＿；③＿＿＿＿＿＿；

④＿＿＿＿＿＿＿＿＿

题目 2 论述影响人的身心发展的基本因素

背诵建议：☑ 逐字背诵 □ 要点背诵
自测结果：□ 非常熟悉 □ 熟悉 □ 不熟悉

背诵重点

（1）遗传在人的身心发展中的作用：

①＿＿＿＿＿＿＿＿＿＿＿＿＿＿＿＿＿＿＿＿＿＿＿＿＿＿＿＿＿＿＿＿＿＿＿＿＿＿＿

②＿＿＿＿＿＿＿＿＿＿＿＿＿＿＿＿＿＿＿＿＿＿＿＿＿＿＿＿＿＿＿＿＿＿＿＿＿＿＿

③＿＿＿＿＿＿＿＿＿＿＿＿＿＿＿＿＿＿＿＿＿＿＿＿＿＿＿＿＿＿＿＿＿＿＿＿＿＿＿

（2）环境在人的身心发展中的作用：

①＿＿＿＿＿＿＿＿＿＿＿＿＿＿＿＿＿＿＿＿＿＿＿＿＿＿＿＿＿＿＿＿＿＿＿＿＿＿＿

②＿＿＿＿＿＿＿＿＿＿＿＿＿＿＿＿＿＿＿＿＿＿＿＿＿＿＿＿＿＿＿＿＿＿＿＿＿＿＿

（3）个体的主观能动性在人的身心发展中的作用：

①＿＿＿＿＿＿＿＿＿＿＿＿＿＿＿＿＿＿＿＿＿＿＿＿＿＿＿＿＿＿＿＿＿＿＿＿＿＿＿

②＿＿＿＿＿＿＿＿＿＿＿＿＿＿＿＿＿＿＿＿＿＿＿＿＿＿＿＿＿＿＿＿＿＿＿＿＿＿＿

③_____

（4）学校教育在人的身心发展中的作用：_____

题目 3 论述教育在人的身心发展中的作用及
其有效发挥的条件

背诵建议：□ 逐字背诵　☑ 要点背诵
自测结果：□ 非常熟悉　□ 熟悉　□ 不熟悉

背诵重点

（1）教育在人的身心发展中起主导作用：①_____；②_____

（2）学校教育主导作用有效发挥的条件：①_____；②_____

四、教育目的与培养目标

题目 1 论述个人本位论和社会本位论

背诵建议：☑ 逐字背诵　□ 要点背诵
自测结果：□ 非常熟悉　□ 熟悉　□ 不熟悉

背诵重点

（1）个人本位论：①_____；②_____；③_____；④_____

（2）社会本位论：①_____；②_____；③_____；④_____

题目 2 论述马克思主义关于人的全面发展学说

背诵建议：□ 逐字背诵　☑ 要点背诵
自测结果：□ 非常熟悉　□ 熟悉　□ 不熟悉

背诵重点

（1）人的全面发展的内涵：_____

（2）人的全面发展必须具备的社会条件：

①_____

②_____

③_____

（3）人的全面发展学说在教育学上的意义：

①_____

②_____

③_____

（4）人的全面发展学说的现实意义：

①_____

②_____

③_____

④_____

| **题目 3** 论述我国教育目的的精神实质 | 背诵建议：☐ 逐字背诵　☑ 要点背诵
自测结果：☐ 非常熟悉　☐ 熟悉　☐ 不熟悉 |

背诵重点

（1）_____

（2）_____

（3）_____

| **题目 4** 论述全面发展教育的组成部分及其相互关系 | 背诵建议：☑ 逐字背诵　☐ 要点背诵
自测结果：☐ 非常熟悉　☐ 熟悉　☐ 不熟悉 |

教育学原理

背诵重点

（1）全面发展教育的组成部分：①_____；②_____；③_____；

④_____；⑤_____

（2）全面发展教育各组成部分之间的关系：①_____；②_____；③_____

五、教育制度

| **题目 1** 论述学校教育制度及其主要类型 | 背诵建议：☐ 逐字背诵　☑ 要点背诵
自测结果：☐ 非常熟悉　☐ 熟悉　☐ 不熟悉 |

背诵重点

（1）学制的内涵：_____

（2）学制的类型：

①_____

②_____

③_____

| **题目 2** 论述现代教育制度的改革 | 背诵建议：☐ 逐字背诵　☑ 要点背诵
自测结果：☐ 非常熟悉　☐ 熟悉　☐ 不熟悉 |

背诵重点

（1）_____

（2）_____

（3）_____

（4）_____

（5）_____

（6）_____

六、课程

题目 1 论述学科课程和活动课程的特点及优缺点

背诵建议：□ 逐字背诵　☑ 要点背诵
自测结果：□ 非常熟悉　□ 熟悉　□ 不熟悉

背诵重点

（1）学科课程：

①学科课程的特点：

a._____

b._____

c._____

②学科课程的优缺点：

a. 优点：_____

b. 缺点：_____

（2）活动课程：

①活动课程的特点：

a._____

b._____

c._____

②活动课程的优缺点：

a. 优点：_____

b. 缺点：_____

题目 2 论述泰勒的目标模式

背诵建议：□ 逐字背诵　☑ 要点背诵
自测结果：□ 非常熟悉　□ 熟悉　□ 不熟悉

背诵重点

（1）四个基本问题：

①_____

②_____

③_____

④_____

（2）四个问题的关系：_____

题目3 论述世界各国课程改革发展的趋势

背诵建议：□ 逐字背诵 ☑ 要点背诵
自测结果：□ 非常熟悉 □ 熟悉 □ 不熟悉

背诵重点

（1）课程政策：①_____；②_____

（2）课程结构：①_____；②_____；③_____

（3）课程内容：①_____；②_____

（4）课程实施：①_____；②_____；③_____

（5）课程评价：①_____；②_____；③_____

题目4 论述我国基础教育课程改革的具体目标

背诵建议：☑ 逐字背诵 □ 要点背诵
自测结果：□ 非常熟悉 □ 熟悉 □ 不熟悉

背诵重点

（1）_____

（2）_____

（3）_____

（4）_____

（5）_____

（6）_____

七、教学

题目1 论述教学原则

背诵建议：☑ 逐字背诵 □ 要点背诵
自测结果：□ 非常熟悉 □ 熟悉 □ 不熟悉

背诵重点

（1）_____

（2）_____

（3）_____

（4）_____

教育学原理

（5）_____

（6）_____

（7）_____

（8）_____

题目2 论述教学过程中应处理好的几种关系

背诵建议：☑ 逐字背诵 □ 要点背诵
自测结果：□ 非常熟悉 □ 熟悉 □ 不熟悉

背诵重点

（1）间接经验与直接经验的关系：

① _____

② _____

③ _____

（2）掌握知识与发展智力的关系：

① _____

② _____

③ _____

（3）掌握知识与进行教育（培养思想品德）的关系：

① _____

② _____

③ _____

（4）智力活动与非智力活动的关系（智力因素与非智力因素的关系）：

① _____

② _____

③ _____

（5）教师主导作用与学生主体作用的关系：

① _____

② _____

③ _____

（6）教学方式与教学内容的关系：

① _____

② _____

③ _____

题目 3 论述教学工作的基本环节

背诵建议：□ 逐字背诵　☑ 要点背诵
自测结果：□ 非常熟悉　□ 熟悉　□ 不熟悉

背诵重点

（1）＿＿＿＿＿＿＿＿＿＿＿＿＿＿＿＿＿＿＿＿＿＿＿＿＿＿＿

（2）＿＿＿＿＿＿＿＿＿＿＿＿＿＿＿＿＿＿＿＿＿＿＿＿＿＿＿

（3）＿＿＿＿＿＿＿＿＿＿＿＿＿＿＿＿＿＿＿＿＿＿＿＿＿＿＿

（4）＿＿＿＿＿＿＿＿＿＿＿＿＿＿＿＿＿＿＿＿＿＿＿＿＿＿＿

（5）＿＿＿＿＿＿＿＿＿＿＿＿＿＿＿＿＿＿＿＿＿＿＿＿＿＿＿

题目 4 论述班级授课制的优缺点及教学组织形式的改革

背诵建议：☑ 逐字背诵　□ 要点背诵
自测结果：□ 非常熟悉　□ 熟悉　□ 不熟悉

教育学原理

背诵重点

（1）班级授课制的优点：

①＿＿＿＿＿＿＿＿＿＿＿＿＿＿＿＿＿＿＿＿＿＿＿＿＿＿＿

②＿＿＿＿＿＿＿＿＿＿＿＿＿＿＿＿＿＿＿＿＿＿＿＿＿＿＿

③＿＿＿＿＿＿＿＿＿＿＿＿＿＿＿＿＿＿＿＿＿＿＿＿＿＿＿

④＿＿＿＿＿＿＿＿＿＿＿＿＿＿＿＿＿＿＿＿＿＿＿＿＿＿＿

⑤＿＿＿＿＿＿＿＿＿＿＿＿＿＿＿＿＿＿＿＿＿＿＿＿＿＿＿

⑥＿＿＿＿＿＿＿＿＿＿＿＿＿＿＿＿＿＿＿＿＿＿＿＿＿＿＿

⑦＿＿＿＿＿＿＿＿＿＿＿＿＿＿＿＿＿＿＿＿＿＿＿＿＿＿＿

（2）班级授课制的缺点：

①＿＿＿＿＿＿＿＿＿＿＿＿＿＿＿＿＿＿＿＿＿＿＿＿＿＿＿

②＿＿＿＿＿＿＿＿＿＿＿＿＿＿＿＿＿＿＿＿＿＿＿＿＿＿＿

③＿＿＿＿＿＿＿＿＿＿＿＿＿＿＿＿＿＿＿＿＿＿＿＿＿＿＿

④＿＿＿＿＿＿＿＿＿＿＿＿＿＿＿＿＿＿＿＿＿＿＿＿＿＿＿

（3）教学组织形式的改革：

①＿＿＿＿＿＿＿＿＿＿＿＿＿＿＿＿＿＿＿＿＿＿＿＿＿＿＿

②＿＿＿＿＿＿＿＿＿＿＿＿＿＿＿＿＿＿＿＿＿＿＿＿＿＿＿

③＿＿＿＿＿＿＿＿＿＿＿＿＿＿＿＿＿＿＿＿＿＿＿＿＿＿＿

题目 5 论述教学方法

背诵建议：☑ 逐字背诵 □ 要点背诵
自测结果：□ 非常熟悉 □ 熟悉 □ 不熟悉

背诵重点

（1）讲授法：_____

（2）谈话法（问答法）：_____

（3）讨论法：_____

（4）实验法：_____

（5）实习法：_____

（6）演示法：_____

（7）练习法：_____

（8）参观法：_____

（9）自学辅导法：_____

（10）角色扮演法：_____

（11）情境模拟法：_____

题目 6 论述教学评价的类型

背诵建议：□ 逐字背诵 ☑ 要点背诵
自测结果：□ 非常熟悉 □ 熟悉 □ 不熟悉

背诵重点

（1）根据评价在教学中的作用不同：①_____；②_____；③_____

（2）根据评价所运用的方法和标准不同：①_____；②_____

（3）根据评价的主体不同：①_____；②_____

题目 7 论述教学评价的改革

背诵建议：□ 逐字背诵 ☑ 要点背诵
自测结果：□ 非常熟悉 □ 熟悉 □ 不熟悉

背诵重点

（1）从_____到_____

（2）从_____到_____

（3）从_____到_____

（4）从_____转向_____

（5）从_____转向_____

八、德育

题目 1　论述德育过程的规律

背诵重点

（1）德育过程是学生在教师教导下个体品德的自主建构过程：

① _____

② _____

③ _____

（2）德育过程是培养学生知、情、意、行整体和谐发展的过程：

① _____

② _____

（3）德育过程是提高学生自我教育能力的过程：

① _____

② _____

③ _____

题目 2　论述德育原则

背诵重点

（1）_____

（2）_____

（3）_____

（4）_____

（5）_____

（6）_____

（7）_____

题目 3　论述德育方法

背诵重点

（1）_____

（2）_____

（3）_____

教育学原理

（4）_____

（5）_____

（6）_____

（7）_____

题目 4 论述德育途径

背诵建议：☑逐字背诵 □要点背诵
自测结果：□非常熟悉 □熟悉 □不熟悉

背诵重点

（1）直接的道德教育：_____

（2）间接的道德教育：①_____；②_____；③_____；

④_____；⑤_____；⑥_____

题目 5 论述德育模式

背诵建议：☑逐字背诵 □要点背诵
自测结果：□非常熟悉 □熟悉 □不熟悉

背诵重点

（1）道德认知发展模式：

①代表人物：_____

②研究重点：_____

③理论假设：a._____；b._____

④方法和策略：a._____；b._____；c._____；

d._____；e._____

⑤评价：_____

（2）体谅模式：

①代表人物：_____

②研究重点：_____

③理论假设：a._____；b._____；c._____；d._____

④实践操作：_____

⑤评价：_____

（3）价值澄清模式：

①代表人物：_____

②研究重点：_____

③理论假设：a._____；b._____

④实践操作：a._____；b._____；c._____

⑤教学方法：a._____；b._____；c._____

⑥评价：_____

九、教师与学生

题目 1 论述教师劳动的特点

背诵建议：☑ 逐字背诵　□ 要点背诵
自测结果：□ 非常熟悉　□ 熟悉　□ 不熟悉

背诵重点

（1）_____ : ①_____ ; ②_____ ; ③_____
（2）_____
（3）_____
（4）_____

题目 2 论述教师的专业素养和专业发展

背诵建议：☑ 逐字背诵　□ 要点背诵
自测结果：□ 非常熟悉　□ 熟悉　□ 不熟悉

背诵重点

（1）教师专业素养的结构：
①_____
②_____ : a._____ ; b._____ ; c._____ ; d._____
③_____
（2）教师专业发展的途径：
①教师个体专业发展的途径：a._____ ; b._____ ; c._____ ; d._____ ;
e._____ ; f._____ ; g._____
②教师队伍专业发展的途径：a._____ ; b._____ ; c._____ ; d._____

题目 3 论述教师的权利和义务

背诵建议：□ 逐字背诵　☑ 要点背诵
自测结果：□ 非常熟悉　□ 熟悉　□ 不熟悉

背诵重点

（1）教师的专业权利与专业自主：
①教师的专业权利：a._____ ; b._____ ; c._____ ; d._____ ;
e._____ ; f._____
②教师的专业自主：a._____ ; b._____ ; c._____ ; d._____
（2）教师的职业道德与法律义务：
①教师的职业道德：_____

②教师的法律义务：a._____；b._____；c._____；d._____；
e._____；f._____

题目 4 论述良好师生关系的标准及建构策略

背诵建议：☑ 逐字背诵 □ 要点背诵
自测结果：□ 非常熟悉 □ 熟悉 □ 不熟悉

背诵重点

（1）良好师生关系的标准：

① _____

② _____

③ _____

④ _____

（2）良好师生关系的建构策略：

①教师方面：a._____；b._____；c._____

②学生方面：a._____；b._____；c._____

下篇

技巧拓展
拔高题

第一部分 比较题 ★★

题目 1 论述孟子与荀子教育思想的异同　　　　　自测结果：□ 非常熟悉　□ 熟悉　□ 不熟悉

背诵重点

（1）孟子的教育实践与教育思想：＿＿＿＿＿＿＿＿＿＿＿＿＿＿＿＿＿＿＿＿＿＿＿＿

（2）荀子的教育实践与教育思想：＿＿＿＿＿＿＿＿＿＿＿＿＿＿＿＿＿＿＿＿＿＿＿＿

（3）相同点：

①思想渊源：＿＿＿＿＿＿＿＿＿＿＿＿＿＿＿＿＿＿＿＿＿＿＿＿＿＿＿＿＿＿＿＿＿＿＿

②教育作用：＿＿＿＿＿＿＿＿＿＿＿＿＿＿＿＿＿＿＿＿＿＿＿＿＿＿＿＿＿＿＿＿＿＿＿

③教育目的：＿＿＿＿＿＿＿＿＿＿＿＿＿＿＿＿＿＿＿＿＿＿＿＿＿＿＿＿＿＿＿＿＿＿＿

④教育内容：＿＿＿＿＿＿＿＿＿＿＿＿＿＿＿＿＿＿＿＿＿＿＿＿＿＿＿＿＿＿＿＿＿＿＿

（4）不同点：

①教育作用：＿＿＿＿＿＿＿＿＿＿＿＿＿＿＿＿＿＿＿＿＿＿＿＿＿＿＿＿＿＿＿＿＿＿＿

②教育目的：＿＿＿＿＿＿＿＿＿＿＿＿＿＿＿＿＿＿＿＿＿＿＿＿＿＿＿＿＿＿＿＿＿＿＿

③教育方法：＿＿＿＿＿＿＿＿＿＿＿＿＿＿＿＿＿＿＿＿＿＿＿＿＿＿＿＿＿＿＿＿＿＿＿

④教师观：＿＿＿＿＿＿＿＿＿＿＿＿＿＿＿＿＿＿＿＿＿＿＿＿＿＿＿＿＿＿＿＿＿＿＿＿

题目 2 论述儒家与墨家教育思想的异同　　　　　自测结果：□ 非常熟悉　□ 熟悉　□ 不熟悉

背诵重点

（1）儒家的教育实践与教育思想：＿＿＿＿＿＿＿＿＿＿＿＿＿＿＿＿＿＿＿＿＿＿＿＿

（2）墨家的教育实践与教育思想：＿＿＿＿＿＿＿＿＿＿＿＿＿＿＿＿＿＿＿＿＿＿＿＿

（3）相同点：

①时代背景：＿＿＿＿＿＿＿＿＿＿＿＿＿＿＿＿＿＿＿＿＿＿＿＿＿＿＿＿＿＿＿＿＿＿＿

②教育作用：＿＿＿＿＿＿＿＿＿＿＿＿＿＿＿＿＿＿＿＿＿＿＿＿＿＿＿＿＿＿＿＿＿＿＿

③教育目的：＿＿＿＿＿＿＿＿＿＿＿＿＿＿＿＿＿＿＿＿＿＿＿＿＿＿＿＿＿＿＿＿＿＿＿

④教育内容：＿＿＿＿＿＿＿＿＿＿＿＿＿＿＿＿＿＿＿＿＿＿＿＿＿＿＿＿＿＿＿＿＿＿＿

⑤教育方法：＿＿＿＿＿＿＿＿＿＿＿＿＿＿＿＿＿＿＿＿＿＿＿＿＿＿＿＿＿＿＿＿＿＿＿

（4）不同点：

①教育实践：＿＿＿＿＿＿＿＿＿＿＿＿＿＿＿＿＿＿＿＿＿＿＿＿＿＿＿＿＿＿＿＿＿＿＿

②人性论：_____

③教育对象：_____

④教育目的：_____

⑤教育内容：_____

⑥教育方法：a._____；b._____；c._____；d._____

题目 3 论述晏阳初与梁漱溟乡村教育思想的异同

自测结果：□非常熟悉　□熟悉　□不熟悉

背诵重点

（1）晏阳初的教育实践与教育思想：_____

（2）梁漱溟的教育实践与教育思想：_____

（3）相同点：

①教育作用：_____

②实践目的：_____

③实践途径：_____

④影响作用：_____

（4）不同点：

①问题认识：_____

②改革思路：_____

③教育措施：_____

题目 4 论述陶行知的"生活教育"思想和陈鹤琴的"活教育"思想及二者的共同特点

自测结果：□非常熟悉　□熟悉　□不熟悉

背诵重点

（1）陶行知的"生活教育"思想：_____

（2）陈鹤琴的"活教育"思想：_____

（3）共同特点：

①理论基础：_____

②教育目的：_____

③书本观：_____

④教育与生活的关系：_____

⑤教育方法：_____

⑥儿童观：_____

比较题

题目 5　论述察举制与九品中正制的异同　　自测结果：□ 非常熟悉　□ 熟悉　□ 不熟悉

背诵重点

（1）察举制：＿＿＿＿＿＿＿＿＿＿＿＿＿＿＿＿＿＿＿＿＿＿＿＿

（2）九品中正制：＿＿＿＿＿＿＿＿＿＿＿＿＿＿＿＿＿＿＿＿＿

（3）相同点：

①制度性质：＿＿＿＿＿＿＿＿＿＿＿＿＿＿＿＿＿＿＿＿＿＿＿

②考核内容：＿＿＿＿＿＿＿＿＿＿＿＿＿＿＿＿＿＿＿＿＿＿＿

③考核方式：＿＿＿＿＿＿＿＿＿＿＿＿＿＿＿＿＿＿＿＿＿＿＿

④制度特点：＿＿＿＿＿＿＿＿＿＿＿＿＿＿＿＿＿＿＿＿＿＿＿

⑤社会影响：＿＿＿＿＿＿＿＿＿＿＿＿＿＿＿＿＿＿＿＿＿＿＿

（4）不同点：

①产生背景：＿＿＿＿＿＿＿＿＿＿＿＿＿＿＿＿＿＿＿＿＿＿＿

②选才标准：＿＿＿＿＿＿＿＿＿＿＿＿＿＿＿＿＿＿＿＿＿＿＿

③授官对象：＿＿＿＿＿＿＿＿＿＿＿＿＿＿＿＿＿＿＿＿＿＿＿

④选才方式：＿＿＿＿＿＿＿＿＿＿＿＿＿＿＿＿＿＿＿＿＿＿＿

⑤社会影响：＿＿＿＿＿＿＿＿＿＿＿＿＿＿＿＿＿＿＿＿＿＿＿

题目 6　与"癸卯学制"相比，"壬子癸丑学制"有哪些进步之处　　自测结果：□ 非常熟悉　□ 熟悉　□ 不熟悉

背诵重点

（1）"癸卯学制"：＿＿＿＿＿＿＿＿＿＿＿＿＿＿＿＿＿＿＿＿＿

（2）"壬子癸丑学制"：＿＿＿＿＿＿＿＿＿＿＿＿＿＿＿＿＿＿＿

（3）与"癸卯学制"相比，"壬子癸丑学制"的进步之处：

①性质：＿＿＿＿＿＿＿＿＿＿＿＿＿＿＿＿＿＿＿＿＿＿＿＿＿

②学校系统：＿＿＿＿＿＿＿＿＿＿＿＿＿＿＿＿＿＿＿＿＿＿＿

③学制年限：＿＿＿＿＿＿＿＿＿＿＿＿＿＿＿＿＿＿＿＿＿＿＿

④课程内容和教学方法：＿＿＿＿＿＿＿＿＿＿＿＿＿＿＿＿＿

⑤教育对象：＿＿＿＿＿＿＿＿＿＿＿＿＿＿＿＿＿＿＿＿＿＿＿

题目 7 论述斯巴达教育和雅典教育的异同　　自测结果：□ 非常熟悉　□ 熟悉　□ 不熟悉

背诵重点

（1）斯巴达教育：＿＿＿＿＿＿＿＿＿＿＿＿＿＿＿＿＿＿＿＿＿＿＿＿＿＿＿

（2）雅典教育：＿＿＿＿＿＿＿＿＿＿＿＿＿＿＿＿＿＿＿＿＿＿＿＿＿＿＿＿

（3）相同点：

①教育对象：＿＿＿＿＿＿＿＿＿＿＿＿＿＿＿＿＿＿＿＿＿＿＿＿＿＿＿＿＿

②教育内容：＿＿＿＿＿＿＿＿＿＿＿＿＿＿＿＿＿＿＿＿＿＿＿＿＿＿＿＿＿

③教育与生产劳动的关系：＿＿＿＿＿＿＿＿＿＿＿＿＿＿＿＿＿＿＿＿＿＿＿

（4）不同点：

①教育性质：＿＿＿＿＿＿＿＿＿＿＿＿＿＿＿＿＿＿＿＿＿＿＿＿＿＿＿＿＿

②教育对象：＿＿＿＿＿＿＿＿＿＿＿＿＿＿＿＿＿＿＿＿＿＿＿＿＿＿＿＿＿

③教育目的：＿＿＿＿＿＿＿＿＿＿＿＿＿＿＿＿＿＿＿＿＿＿＿＿＿＿＿＿＿

④教育内容：＿＿＿＿＿＿＿＿＿＿＿＿＿＿＿＿＿＿＿＿＿＿＿＿＿＿＿＿＿

⑤教育方法：＿＿＿＿＿＿＿＿＿＿＿＿＿＿＿＿＿＿＿＿＿＿＿＿＿＿＿＿＿

比较题

题目 8 比较福禄培尔和蒙台梭利幼儿教育思想的异同　　自测结果：□ 非常熟悉　□ 熟悉　□ 不熟悉

背诵重点

（1）福禄培尔的幼儿教育思想：＿＿＿＿＿＿＿＿＿＿＿＿＿＿＿＿＿＿＿＿＿

（2）蒙台梭利的幼儿教育思想：＿＿＿＿＿＿＿＿＿＿＿＿＿＿＿＿＿＿＿＿＿

（3）相同点：

①儿童地位：＿＿＿＿＿＿＿＿＿＿＿＿＿＿＿＿＿＿＿＿＿＿＿＿＿＿＿＿＿

②儿童教育的理论和实践：＿＿＿＿＿＿＿＿＿＿＿＿＿＿＿＿＿＿＿＿＿＿＿

③影响：＿＿＿＿＿＿＿＿＿＿＿＿＿＿＿＿＿＿＿＿＿＿＿＿＿＿＿＿＿＿＿

（4）不同点：

①教育方法：＿＿＿＿＿＿＿＿＿＿＿＿＿＿＿＿＿＿＿＿＿＿＿＿＿＿＿＿＿

②教学组织形式：＿＿＿＿＿＿＿＿＿＿＿＿＿＿＿＿＿＿＿＿＿＿＿＿＿＿＿

③教育内容：＿＿＿＿＿＿＿＿＿＿＿＿＿＿＿＿＿＿＿＿＿＿＿＿＿＿＿＿＿

④教师作用：＿＿＿＿＿＿＿＿＿＿＿＿＿＿＿＿＿＿＿＿＿＿＿＿＿＿＿＿＿

题目 9 论述赫尔巴特和杜威的教育思想的异同　　自测结果：□ 非常熟悉 □ 熟悉 □ 不熟悉

背诵重点

（1）赫尔巴特：_____

（2）杜威：_____

（3）相同点：

①思想基础：_____

②研究问题：_____

③在教育史上的地位：_____

（4）不同点：

①教育目的：_____

②师生地位：_____

③教学方法：_____

④课程理论：_____

⑤教学过程和目的：_____

⑥道德教育：_____

题目 10 论述新教育运动与进步教育运动的异同
自测结果：□ 非常熟悉 □ 熟悉 □ 不熟悉

背诵重点

（1）新教育运动：_____

（2）进步教育运动：_____

（3）相同点：

①_____

②_____

③_____

④_____

（4）不同点：

①教育机构：_____

②教育对象：_____

③教育目的：_____

④理论基础：_____

⑤改革影响：_____

题目 11 论述陈述性知识和程序性知识的区别与联系

自测结果：□非常熟悉　□熟悉　□不熟悉

背诵重点

（1）陈述性知识：_____

（2）程序性知识：_____

（3）区别：

①性质：_____

②获得机制：_____

③表征形式：_____

④测量方式：_____

⑤意识控制角度：_____

⑥学习与遗忘速度：_____

⑦学习过程：_____

（4）联系：

①_____

②_____

题目 12 论述心智技能和操作技能的区别与联系

自测结果：□非常熟悉　□熟悉　□不熟悉

背诵重点

（1）心智技能：_____

（2）操作技能：_____

（3）区别：

①动作对象：_____

②动作执行：_____

③动作结构：_____

（4）联系：

①_____

②_____

比较题

题目 13 论述经典性条件作用与操作性条件作用的异同

自测结果：□非常熟悉 □熟悉 □不熟悉

背诵重点

（1）经典性条件作用：＿＿＿＿＿＿＿＿＿＿＿＿＿＿＿＿＿＿＿＿＿

（2）操作性条件作用：＿＿＿＿＿＿＿＿＿＿＿＿＿＿＿＿＿＿＿＿＿

（3）相同点：＿＿＿＿＿＿＿＿＿＿＿＿＿＿＿＿＿＿＿＿＿＿＿＿＿

（4）不同点：

①行为消退的方式：＿＿＿＿＿＿＿＿＿＿＿＿＿＿＿＿＿＿＿＿＿＿

②使用领域：＿＿＿＿＿＿＿＿＿＿＿＿＿＿＿＿＿＿＿＿＿＿＿＿＿＿

③动物的反应：＿＿＿＿＿＿＿＿＿＿＿＿＿＿＿＿＿＿＿＿＿＿＿＿

④形式：＿＿＿＿＿＿＿＿＿＿＿＿＿＿＿＿＿＿＿＿＿＿＿＿＿＿＿＿

⑤刺激—反应：＿＿＿＿＿＿＿＿＿＿＿＿＿＿＿＿＿＿＿＿＿＿＿＿

题目 14 论述接受学习与发现学习的异同

自测结果：□非常熟悉 □熟悉 □不熟悉

背诵重点

（1）接受学习：＿＿＿＿＿＿＿＿＿＿＿＿＿＿＿＿＿＿＿＿＿＿＿＿

（2）发现学习：＿＿＿＿＿＿＿＿＿＿＿＿＿＿＿＿＿＿＿＿＿＿＿＿

（3）相同点：

①＿＿＿＿＿＿＿＿＿＿＿＿＿＿＿＿＿＿＿＿＿＿＿＿＿＿＿＿＿＿＿

②＿＿＿＿＿＿＿＿＿＿＿＿＿＿＿＿＿＿＿＿＿＿＿＿＿＿＿＿＿＿＿

（4）不同点：

①心理过程：＿＿＿＿＿＿＿＿＿＿＿＿＿＿＿＿＿＿＿＿＿＿＿＿＿＿

②教师作用：＿＿＿＿＿＿＿＿＿＿＿＿＿＿＿＿＿＿＿＿＿＿＿＿＿＿

③教学特点：＿＿＿＿＿＿＿＿＿＿＿＿＿＿＿＿＿＿＿＿＿＿＿＿＿＿

④学习过程：＿＿＿＿＿＿＿＿＿＿＿＿＿＿＿＿＿＿＿＿＿＿＿＿＿＿

题目 15 论述个体个性化和个体社会化的关系

自测结果：□非常熟悉 □熟悉 □不熟悉

背诵重点

（1）个体个性化和个体社会化的内涵：

①个体个性化：＿＿＿＿＿＿＿＿＿＿＿＿＿＿＿＿＿＿＿＿＿＿＿＿＿

②个体社会化：＿＿＿＿＿＿＿＿＿＿＿＿＿＿＿＿＿＿＿＿＿＿＿＿＿

（2）个体个性化和个体社会化的统一：

① _____

② _____

③ _____

④ _____

（3）个体个性化和个体社会化的对立：

①基点：_____

②目的指向：_____

③人与社会的关系：_____

题目16 论述学科课程和活动课程的联系与区别

自测结果：□非常熟悉 □熟悉 □不熟悉

背诵重点

（1）含义：

①学科课程：_____

②活动课程：_____

（2）联系：

① _____

② _____

（3）区别：

①课程目的：_____

②内容编排：_____

③教学方式：_____

④教学评价：_____

比较题

第二部分
综述题

题目 1 论述中国古代教育史的人性论及教育作用理论

自测结果：□ 非常熟悉 □ 熟悉 □ 不熟悉

背诵重点

（1）先秦：全面论述"人性是什么"。

①孔子：_____

②孟子：_____

③荀子：_____

④墨子：_____

⑤法家：_____

（2）汉、唐：对人性进行品级划分，提出"性三品说"。

①董仲舒：_____

②韩愈：_____

③王充：_____

（3）宋、明、清：超越"性三品说"，从理性和欲望的角度讨论。

①朱熹：_____

②王守仁：_____

③王夫之：_____

④颜元：_____

题目 2 论述先秦时期诸子学派教育宗旨的变化

自测结果：□ 非常熟悉 □ 熟悉 □ 不熟悉

背诵重点

（1）儒家培养"君子"

①孔子：_____

②孟子：_____

③荀子：_____

（2）墨家培养"兼士"：_____

（3）道家培养"真人"：_____

（4）法家培养"耕战之士"与"智术能法之士"：_____

题目 3　论述近代以来公民教育宗旨的变化

自测结果：□ 非常熟悉　□ 熟悉　□ 不熟悉

背诵重点

（1）早期改良派：_____

（2）洋务派：_____

（3）维新派：_____

（4）清末新政时期：_____

（5）民国初年：_____

（6）南京国民政府：_____

（7）抗日民主根据地：_____

题目 4　论述先秦时期关于为学过程的观点

自测结果：□ 非常熟悉　□ 熟悉　□ 不熟悉

背诵重点

（1）孔子提出学、思、行结合：

①_____

②_____

③_____

（2）荀子提出闻、见、知、行：

①_____

②_____

③_____

（3）《中庸》提出学、问、思、辨、行：_____

_____

综述题

题目 5　论述中国古代选士（取士）制度的沿革

自测结果：□ 非常熟悉　□ 熟悉　□ 不熟悉

背诵重点

（1）发展历史：

①先秦考试制的萌芽：_____

②汉代察举制：_____

③魏晋南北朝九品中正制：_____

④科举制的发展：_____

（2）中国古代选士制度对封建社会的影响：

①行政管理：_____

②制度本身：_____

③学校教育：_____

题目 6 论述中国古代教育家的教师观　　　　　　自测结果：□ 非常熟悉　□ 熟悉　□ 不熟悉

背诵重点

（1）中国古代教育家的教师观：

①孔子：_____

②荀子：_____

③王充：_____

④韩愈：_____

（2）中国古代教师观的特点（评价）：

①对教师：_____

②对学生：_____

③对社会：_____

题目 7 20 世纪二三十年代苏联相继颁布实施了《国家学术委员会教学大纲》和《关于小学和中学的决定》。试论述其中有关系统知识教学与生产劳动相结合的规定及其实施结果　　自测结果：□ 非常熟悉　□ 熟悉　□ 不熟悉

背诵重点

（1）20 世纪 20 年代颁布《国家学术委员会教学大纲》：

①_____

②_____

③实施结果：a._____；b._____

（2）20 世纪 30 年代颁布《关于小学和中学的决定》：

①具体实施内容：

a._____；b._____；c._____；

d._____；e._____；f._____

②实施结果: a._____ ; b._____

题目 8 试论述二战后英国高等教育改革概况　　自测结果: □ 非常熟悉　□ 熟悉　□ 不熟悉

背诵重点

(1) 20 世纪 60 年代颁布《罗宾斯报告》:_____

_____

(2) 20 世纪 80 年代颁布《雷弗休姆报告》:_____

_____

(3) 20 世纪 80 年代颁布《1988 年教育改革法》:_____

_____

(4) 20 世纪 90 年代颁布《1992 年继续教育和高等教育法》:_____

_____

(5) 20 世纪 90 年代发表《学习社会中的高等教育》:_____

_____

题目 9 论述赫尔巴特的兴趣观及兴趣观在其
教育理论体系中的作用　　自测结果: □ 非常熟悉　□ 熟悉　□ 不熟悉

背诵重点

(1) 赫尔巴特的兴趣观:

①兴趣的含义:_____

②兴趣的地位:_____

③兴趣的类型:_____

④兴趣活动的过程:_____

(2) 兴趣观在其教育理论体系中的作用:

①在教育目的论中:_____

②在课程理论中:_____

③在教学形式阶段理论中:_____

题目 10 论述人本主义学习理论有哪些贡献与局限

自测结果：□ 非常熟悉　□ 熟悉　□ 不熟悉

背诵重点

（1）贡献：

① _____

② _____

（2）局限：

① _____

② _____

③ _____

④ _____

题目 11 论述建构主义学习理论的积极影响与局限

自测结果：□ 非常熟悉　□ 熟悉　□ 不熟悉

背诵重点

（1）积极影响：

① _____

② _____

③ _____

（2）局限：

① _____

② _____

③ _____

④ _____

题目 12 论述如何提高学生的成就动机

自测结果：□ 非常熟悉　□ 熟悉　□ 不熟悉

背诵重点

（1）强化成就意识：

① _____

② _____

（2）设置中等难度的任务：

① _____

②_____

③_____

④_____

（3）利用期望效应：_____

（4）营造成功的课堂氛围：_____

题目13 论述如何进行正确的积极归因　　　　自测结果：□非常熟悉　□熟悉　□不熟悉

背诵重点

（1）_____

（2）_____

（3）_____

题目14 论述当代教育的发展趋势　　　　自测结果：□非常熟悉　□熟悉　□不熟悉

背诵重点

（1）_____

（2）_____

（3）_____

（4）_____

（5）_____

（6）_____

（7）_____

综述题

第三部分 ★★
启示题

题目 1 论述孔子的教师观及其启示(现实意义)　　自测结果：□ 非常熟悉　□ 熟悉　□ 不熟悉

背诵重点

（1）孔子的教师观：

① _____ ；② _____ ；③ _____ ；

④ _____ ；⑤ _____ ；⑥ _____ ；

（2）启示：

①观念上：_____

②行为上：_____

③方法上：_____

④结果上：_____

题目 2 论述孔子的道德教育思想，并谈谈其对当今德育改革的启示　　自测结果：□ 非常熟悉　□ 熟悉　□ 不熟悉

背诵重点

（1）孔子的德育论（道德教育思想）：_____

（2）对当今德育改革的启示

①在德育目标上：_____

②在德育内容上：_____

③在德育方法上：_____

④在德育评价上：_____

题目 3 论述蔡元培改革北大的措施及其对我国"双一流"高校建设的启示　　自测结果：□ 非常熟悉　□ 熟悉　□ 不熟悉

背诵重点

（1）蔡元培：_____

（2）"双一流"：_____

（3）蔡元培改革北大的措施：

① _____；② _____；

③ _____；④ _____

（4）对我国"双一流"高校建设的启示：

① _____

② _____

③ _____

④ _____

⑤ _____

题目4 论述《郎之万－瓦隆教育改革方案》的主要内容及其对教育民主化的启示

自测结果：□ 非常熟悉　□ 熟悉　□ 不熟悉

背诵重点

（1）主要内容：

① _____

② _____

③ _____

（2）对教育民主化的启示：

① _____

② _____

③ _____

④ _____

⑤ _____

题目5 论述杜威对传统教育思想的批判与超越

自测结果：□ 非常熟悉　□ 熟悉　□ 不熟悉

背诵重点

（1）在教育本质上：

① _____

② _____

③ _____

（2）在教育目的上：

① _____

启示题

② _____

（3）在课程与教材上：

① _____

② _____

③ _____

（4）在思维与教学方法上：_____

（5）在道德教育上：_____

题目 6 论述终身教育思想及其对当今学习化社会建设的意义   自测结果：□ 非常熟悉 □ 熟悉 □ 不熟悉

背诵重点

（1）主要观点：

① _____

② _____

③ _____

④ _____

（2）对当今学习化社会建设的意义：

① _____

② _____

③ _____

④ _____

题目 7 论述多元智力理论的教育启示   自测结果：□ 非常熟悉 □ 熟悉 □ 不熟悉

背诵重点

（1）_____

（2）_____

（3）_____

（4）_____

题目 8 论述人本主义理论的教学应用   自测结果：□ 非常熟悉 □ 熟悉 □ 不熟悉

背诵重点

（1）_____

（2）_____

（3）_____

（4）_____

题目9 论述建构主义教学理论及其对我国基础教育教学改革的启示

自测结果：□ 非常熟悉　□ 熟悉　□ 不熟悉

背诵重点

（1）主要观点：

① _____

② _____

③ _____

④ _____

（2）启示：

① _____

② _____

③ _____

④ _____

题目10 联系实际论述分科课程和综合课程的关系及其对我国基础教育课程改革的启示

自测结果：□ 非常熟悉　□ 熟悉　□ 不熟悉

背诵重点

（1）分科课程：_____

（2）综合课程：_____

（3）关系：

① _____

② _____

（4）启示：

①在课程结构方面：_____

②在课程内容方面：_____

③在课程实施方面：_____

启示题

第四部分
热点题 ★★

题目1 习近平总书记提出"四有"好老师的标准，孔子也对教师提出一些具体的要求，请将二者结合起来谈谈你的看法

自测结果：☐ 非常熟悉　☐ 熟悉　☐ 不熟悉

背诵重点

（1）孔子的教师观：_____

（2）"四有"好老师的标准：_____

（3）通过比较发现二者具有以下特征：

①继承性：

a. 在师德要求上，_____

b. 在知识要求上，_____

c. 在师生关系上，_____

②创新性：

a. 在师德创新上，_____

b. 在学识创新上，_____

③时代性：

a._____

b._____

题目2 论述"朱子读书法"的内容和要点，再谈谈当代社会快餐文化与"朱子读书法"二者之间有何区别

自测结果：☐ 非常熟悉　☐ 熟悉　☐ 不熟悉

背诵重点

（1）"朱子读书法"的内容和要点：_____

（2）快餐文化：_____

（3）"朱子读书法"与当代社会快餐文化的区别：

①学习目标：

a."朱子读书法"：_____

b. 快餐文化：＿＿＿＿＿＿＿＿＿＿＿＿＿＿＿＿＿＿＿＿＿＿＿＿＿＿＿

②学习内容：

a. "朱子读书法"：＿＿＿＿＿＿＿＿＿＿＿＿＿＿＿＿＿＿＿＿＿＿＿＿

b. 快餐文化：＿＿＿＿＿＿＿＿＿＿＿＿＿＿＿＿＿＿＿＿＿＿＿＿＿＿＿

③学习方式：

a. "朱子读书法"：＿＿＿＿＿＿＿＿＿＿＿＿＿＿＿＿＿＿＿＿＿＿＿＿

b. 快餐文化：＿＿＿＿＿＿＿＿＿＿＿＿＿＿＿＿＿＿＿＿＿＿＿＿＿＿＿

④学习评价：

a. "朱子读书法"：＿＿＿＿＿＿＿＿＿＿＿＿＿＿＿＿＿＿＿＿＿＿＿＿

b. 快餐文化：＿＿＿＿＿＿＿＿＿＿＿＿＿＿＿＿＿＿＿＿＿＿＿＿＿＿＿

题目 3 结合我国教育实际，谈谈怎么提升学生的核心素养

自测结果：□ 非常熟悉 □ 熟悉 □ 不熟悉

背诵重点

（1）＿＿＿＿＿＿＿＿＿＿＿＿＿＿＿＿＿＿＿＿＿＿＿＿＿＿＿＿＿＿＿

（2）＿＿＿＿＿＿＿＿＿＿＿＿＿＿＿＿＿＿＿＿＿＿＿＿＿＿＿＿＿＿＿

（3）＿＿＿＿＿＿＿＿＿＿＿＿＿＿＿＿＿＿＿＿＿＿＿＿＿＿＿＿＿＿＿

（4）＿＿＿＿＿＿＿＿＿＿＿＿＿＿＿＿＿＿＿＿＿＿＿＿＿＿＿＿＿＿＿

题目 4 结合实际，谈谈你对"公平而有质量的教育"的看法

自测结果：□ 非常熟悉 □ 熟悉 □ 不熟悉

背诵重点

（1）提出的原因：

①理论方面：＿＿＿＿＿＿＿＿＿＿＿＿＿＿＿＿＿＿＿＿＿＿＿＿＿＿

②实践方面：＿＿＿＿＿＿＿＿＿＿＿＿＿＿＿＿＿＿＿＿＿＿＿＿＿＿

（2）实现路径：

①政府：＿＿＿＿＿＿＿＿＿＿＿＿＿＿＿＿＿＿＿＿＿＿＿＿＿＿＿＿

②学校：＿＿＿＿＿＿＿＿＿＿＿＿＿＿＿＿＿＿＿＿＿＿＿＿＿＿＿＿

③教师：＿＿＿＿＿＿＿＿＿＿＿＿＿＿＿＿＿＿＿＿＿＿＿＿＿＿＿＿

热点题

题目5 论述新时代教育家精神的内涵及其培养路径

自测结果：□ 非常熟悉　□ 熟悉　□ 不熟悉

背诵重点

（1）新时代教育家精神的内涵：

①理想信念：_____

②道德情操：_____

③育人智慧：_____

④躬耕态度：_____

⑤仁爱之心：_____

⑥弘道追求：_____

（2）新时代教育家精神的培养路径：

①政府层面：_____

②学校层面：_____

③个人层面：_____

题目6 论述当前教育评价存在的问题及改进对策

自测结果：□ 非常熟悉　□ 熟悉　□ 不熟悉

背诵重点

（1）当前教育评价存在的问题：

①学生地位：_____

②评价内容：_____

③评价方式：_____

（2）改进教育评价的对策：

①评价主体：_____

②评价内容：_____

③评价方式：_____

题目 7 何谓立德树人？如何落实立德树人的
根本任务

自测结果：□ 非常熟悉 □ 熟悉 □ 不熟悉

背诵重点

（1）立德树人的内涵：

① "立什么德"：_____

② "树什么人"：_____

（2）落实立德树人要避免的误区：

① _____

② _____

③ _____

（3）落实立德树人的路径：

① _____

② _____

③ _____

题目 8 结合党的二十大报告，论述如何培养
创新型人才

自测结果：□ 非常熟悉 □ 熟悉 □ 不熟悉

背诵重点

（1）培养创新型人才的必要性：

① _____

② _____

（2）创新型人才的培养需要创新教育：

① _____

② _____

③ _____

题目 9 论述跨学科学习实施的困境及策略

自测结果：□ 非常熟悉 □ 熟悉 □ 不熟悉

背诵重点

（1）跨学科学习实施的困境：

① _____

② _____

热点题

③_____

④_____

（2）跨学科学习实施的策略：

①_____

②_____

③_____

④_____

第五部分 ★★
情境题

题目1 如果一个学生自暴自弃、放弃学习，作为教师应该怎么做

自测结果：□非常熟悉 □熟悉 □不熟悉

背诵重点

（1）明确原因：

① _____

② _____

③ _____

④ _____

（2）寻找对策：

① _____

② _____

③ _____

④ _____

⑤ _____

⑥ _____

题目2 如何看待教师"错一罚十""漏一补十"的做法，运用相关记忆规律分析此做法

自测结果：□非常熟悉 □熟悉 □不熟悉

背诵重点

（1）记忆规律：

① _____

② _____

③ _____

④ _____

（2）教师在帮助学生记忆时，应做到以下四点：

① _____

情境题

② _____

③ _____

④ _____

题目 3 有人认为"近墨者黑"，有人认为"近墨者未必黑"。请联系相关理论谈谈你的看法

自测结果：□ 非常熟悉　□ 熟悉　□ 不熟悉

背诵重点

（1）环境在人的身心发展中的作用：

① _____

② _____

（2）个体的主观能动性在人的身心发展中的作用：

① _____

② _____

③ _____

第六部分 ★★
材料题

题目 1　加涅的学习层次理论
自测结果：□非常熟悉　□熟悉　□不熟悉

背诵重点

（1）加涅的学习层次理论：

① _____ ；② _____ ；③ _____ ；

④ _____ ；⑤ _____ ；⑥ _____ ；

⑦ _____ ；⑧ _____

（2）原因及建议：

① _____

② _____

③ _____

（3）启示：

① _____

② _____

③ _____

④ _____

题目 2　发现学习的阶段与意义
自测结果：□非常熟悉　□熟悉　□不熟悉

背诵重点

（1）该教师采用了发现学习的教学方法：

① _____

② _____

③ _____

④ _____

（2）发现学习： _____

对教师提出的新要求：

① _____

② _____

材料题

③_____

④_____

⑤_____

⑥_____

对学生成长的好处：

①_____

②_____

③_____

题目 3 观察学习与班杜拉的学习理论　　　自测结果：□ 非常熟悉　□ 熟悉　□ 不熟悉

背诵重点

（1）观察学习由四个过程构成：

①_____

②_____

③_____

④_____

（2）消除观察学习的不良影响的措施：

①_____

②_____

③_____

题目 4 归因理论的相关知识　　　自测结果：□ 非常熟悉　□ 熟悉　□ 不熟悉

背诵重点

（1）归因不正确：_____

（2）正确的归因：_____

（3）教师正确掌握归因理论的意义：

①_____

②_____

③_____

④_____

题目 5 促进学习迁移的策略

自测结果：□ 非常熟悉　□ 熟悉　□ 不熟悉

背诵重点

为了在教学中促进学习迁移现象的发生，教师可以这样做：

（1）教学目标：_____

（2）教学材料：_____

（3）教学内容：_____

（4）教学程序：_____

（5）教会学生学习与迁移：_____

题目 6 教育的社会功能与教育目的的价值取向

自测结果：□ 非常熟悉　□ 熟悉　□ 不熟悉

背诵重点

（1）合理性：_____

（2）教育目的的价值取向：_____

①依据：_____

②原因：_____

③目的：_____

④衡量：_____

题目 7 社会发展与个人成长需求

自测结果：□ 非常熟悉　□ 熟悉　□ 不熟悉

背诵重点

（1）材料中所蕴含的教育思想：_____

（2）现代社会发展与个人成长需求对教育的挑战：

①_____

②_____

（3）应对挑战的教育变革：

①在教育观念方面：_____

②在教育内容方面：_____

③在教育方式方面：_____

④在教育体系方面：_____

材料题

题目8 教学组织形式与教育机会均等

自测结果：□ 非常熟悉 □ 熟悉 □ 不熟悉

背诵重点

（1）问题：_____

（2）原因：_____

（3）可从以下几个方面改进课堂教学组织形式：

① _____

② _____

③ _____

题目9 超前教育

自测结果：□ 非常熟悉 □ 熟悉 □ 不熟悉

背诵重点

（1）北京市教委对超前教育采取禁止措施的原因：

① _____

② _____

（2）对北京市教委采取这样的措施的看法：

① _____

② _____

题目10 家庭教育与家校合作

自测结果：□ 非常熟悉 □ 熟悉 □ 不熟悉

背诵重点

（1）家庭教育的内涵：_____

（2）正常家校合作的样态：

① _____

② _____

③ _____

题目11 新时代教师的素养

自测结果：□ 非常熟悉 □ 熟悉 □ 不熟悉

背诵重点

教师需具备以下五点基本素养：

（1）_____

（2）_____

（3）_____

（4）_____

（5）_____

题目 12 德育原则及其基本要求

自测结果：□ 非常熟悉　□ 熟悉　□ 不熟悉

背诵重点

（1）所运用的德育原则：

①_____

②_____

（2）贯彻这两种德育原则的基本要求：

①_____

②_____

材料题